Oberbayern

Ferienregion Oberland

Von Lillian Schacherl

Intro

Unterwegs

Chiemgau – heitere Festszenerie 130

Berchtesgadener Land und Rupertiwinkel – die schönste Ecke Bayerns 152

Oberbayern Kaleidoskop

Karten und Pläne

Service

Oberbayern Impressionen

Föhniges Arkadien – Ferienland voll himmlischer Heiterkeit und irdischer Seligkeit

Das Gebirge wächst scharfkantig unmittelbar über den Stadttürmen empor. Indes Einheimische kopfgeschmerzt stöhnen, macht der Fremde die Wegwerfhand: »Föhn-Hysterie! Ich? Null Beschwerden.«

Besucher und Besuchte

Die Putti nehmen das Kirchengewölbe auf ihren Flügeln huckepack und sind drauf und dran, es himmelwärts zu lüpfen. Während Einheimische ihnen fachkundig nachschauen, beiläufig Meister und Datierung taxierend, befindet der Fremde indigniert: »Überladen!«

Nach den Namen der allseits unübersehbaren Bergmajestäten gefragt, geht der Einheimische ungerührt in die Offensive: »Koa Ahnung, i bin ja vo do, i muass' ja net wiss'n«, derweilen der Fremde eifrig beispringt und die ganze Zick-Zack-Reihe mitsamt den allerkleinsten Spornen herunterschnurrt.

Schlaglichter der **Jahresabschnitts-Partnerschaft** zwischen Besuchern und Besuchten in Oberbayern, zu der auf Besucherseite watzmannhohes Lob und partnachklammtiefe Vorurteile, auf Besuchtenseite eine von Granitadern durchzogene Bärigkeit gehören. Dennoch ist die Scheidung nicht vorprogrammiert, das zeigen die hellen Scharen von Immerwiederkehrern und Fürimmerdableibern, die recht bald die Berge nicht mehr auswendig lernen, sondern unter die Füße nehmen, eines Tages in einer ›überladenen‹ Rokokokirche die wirbelnde irdische Seligkeit erkennen, und nach ungefähr drei bis fünf Jahren, denn so lang kann es dauern, unweigerlich von der süßen Geißel des **Föhns** ereilt werden: Er zwickt und zwackt und reißt an den Nerven, aber dafür zaubert er um Berg und Baum, Giebel und Segel betörende Lichtlinien. Wo er auftaucht, modelliert er die Schönheit des Landes neu.

Zwischen Graten und Parks

Was macht diese Schönheit aus? Der harmonische Wechsel von Großgeartetem und Kleinteiligem: Wie die ausdrucksvol-

Oben: *Würdige Trachtenträger – Garmischer Kinder beim Festumzug*
Rechts: *Romantische Landschaftskomposition – Wilparting vor der Wendelstein-Kulisse*
Rechts oben: *Engelgejauchze – Bayerns himmlische Heiterkeit*

len Bergmonumente über melodische Waldbuckel und Wiesenmugel in blitzende Seeflächen, tupfenfarbige Moore und Talgründe, die an englische Parks erinnern. Und dann die **Vielfalt der Ortsbilder**: Holzgegiebel und Fassadenbuntheit zwischen Mittenwald und Berchtesgaden. Palazzo-Monumentalität mit Licht- und Schattenwirkungen in den Inn- und Salzachstädten von Rosenheim bis Tittmoning. Spitzgiebelig und mauerumgürtet Landsberg und Schongau, kurbadelegant Tölz, Bad Wiessee, Bad Reichenhall. Villengediegenheit und Strandbadlässigkeit in Starnberg oder Tutzing. Die Dörfer sind heiter, hell und blumenprangend auf Balkonen und in Bauerngärten, versammeln Einfirsthöfe, die sich mit tempelgleichen Giebelfeldern, Lauben, Lüftlmalerei oder Bundwerk brüsten. Die klassischen Proportionen dieser bayerischen **Bauernarchitekturen** sind so offensichtlich wie der klassische Charakter der **Kalkgebirge**, die sie überragen, was übrigens den großen klassizistischen Architekten Leo von Klenze im 19. Jh. zu der verwegenen Theorie von einer gemeinsamen Abstammung der Griechen und Bayern verführte. Die Römer wären natürlich viel näher gelegen, und die sieht man hier noch in manchem Bauernkopf geistern.

Himmel auf Erden

Und über jedem Dorf, neben jedem Weiler, auf jedem Hügel gluckt eine Kirche. »Mehr Kirchen als Küche« sind Reisebuchrezensenten oft geneigt zu monieren. Aber ja doch! Wenn sie wie in Oberbayern fast allesamt eine(n), zwei oder drei Himmelssterne oder Bischofsmützen verdienen. Und wenn sie wie hier mit ihren geschwungenen Violinenleibern und gekurvten Hauben der schwingenden Landschaft geradewegs entwachsen scheinen.

Natürlich waren es Italiener, auch Graubündner, die Bayerns explosive Kunstentfaltung im Barock seit dem späteren 17. Jh. mit Repräsentationsbauten von der Münchner Theatinerkirche bis zur Ettaler Klosterkirche einleiteten. Aber vom zweiten Drittel des 18. Jh. an schuf eine Schar **einheimischer Künstler** mit so funkelnden Namen wie die Brüder Asam und die Brüder Zimmermann, Joh. Michael Fi-

Oben: *Barocke Fröhlichkeit und Löwenstrenge – Theatinerkirche und Feldherrnhalle am Münchner Odeonsplatz*
Oben links: *Hier speist, wer in München ›in‹ ist – Restaurant Lenbach*
Unten: *Fratzendämonie in Wessobrunn, nirgends eleganter*

scher, Ignaz Günther oder Matthäus Günther jene **Rokoko-Meisterwerke** in München und zwischen Andechs und Raitenhaslach, die mit ihren vieldeutigen, fast irrealen Raumformen und ihren festlich flirrenden Ausgestaltungen den Himmel auf die Erde holen.

Nirgendwo sonst ist ein Hofstil so zum Allgemeingut geworden wie Spätbarock und Rokoko hierzulande. Das kann man von Fassadenmalerei über Bauernmöbel bis zum Andachtsbildchen vor allem in den durch ihr Nebeneinander von Hoch- und Volkskunst stets faszinierenden Heimatmuseen der Region studieren.

Maler-Jungbrunnen

Allerdings fielen jener Barockexplosion und dem sie begleitenden ›Modernisierungs‹-Fieber viele früheren Kunstwerke zum Opfer. Zeugnisse der Gotik sind in reicherer Zahl nur im salzburgisch beeinflussten Osten – Chiemgau, Berchtesgadener Land, Inn-Salzachgebiet – zu finden, karolingische und romanische Solitäre in Altenstadt, Frauenchiemsee, Bad Reichenhall oder Altötting, Römerzeit hauptsächlich in Seebruck.

Im 19. Jh. entstanden durch die Wittelsbacher und in ihrem Gefolge Herrensitze und Villen vor allem an den Seen, doch landschaftsbeherrschend wirken nur die vom Publikum so viel geliebten Anlagen Ludwigs II.

Im 19. und im 20. Jh. hat sich Oberbayern noch auf andere Art in die Kunstgeschichte eingeschrieben: Die Gruppen oder Kolonien von Künstlern, die seiner Schönheit verfielen und sich hier niederließen, haben ein Erkleckliches zur Erneuerung der Landschaftsmalerei durch den ›Freiluft‹-Realismus, später gar zur Revolutionierung der Kunst durch die Abstraktion beigetragen. An den Seen und im Angesicht der Berge wurde eine neue Malerei geboren.

sprühendem Stuck und gestikulierenden Heiligenfiguren. Wo findet er Exquisiteres dieser Art als in Wessobrunn, Rottenbuch oder der Wies? Weitblick vom Hohenpeißenberg, Tiefblick in die Ammerschlucht.

Nun aber hinan – vom Märchenkönigsschlösslein Linderhof zur märchenhaften Zugspitz-Aussicht im **Werdenfelser Land**. Unumgänglich ist ein Lüftlfassaden-Spaziergang durch einen typischen Gebirgsort, ob Oberammergau, ob Mittenwald. Und was dem einen seine Partnachklamm, ist dem anderen sein Ettaler Großbarock. Zurück ins Vorland: Baden am Walchen- oder Staffelsee, in Gabriele Münters Atelier in Murnau hineinspitzen, und nach ausgiebigem Bummel durchs heitere Bad Tölz einen Sommerabend mit Panoramablick bei Reutberger Klosterbier.

Eine Tour um den mondänen **Tegernsee**, um den bäuerlichen **Schliersee** und durchs anmutige Leitzachtal wäre ein ›Tal-Programm‹ aus dem Bilderbuch, eine Rundtour von Brannenburg mit Zahnradbahn zum Wendelstein und mit Seilbahn und Bus zurück eine famose Alpenpartie. Am **Mangfallknie** locken Ignaz Günther in Weyarn und Wilhelm Leibl in Berbling.

Zu der außergewöhnlichen **Chiemgau**-Szenerie des ›Bayerischen Meeres‹ mit Königs-Insel und Fischer-Eiland gehört die Gebirgskette von Kampenwand bis Hochstaufen, zu deren Füßen die Deutsche Alpenstraße über berühmte

Oberland-›Landln‹

Der Regierungsbezirk Oberbayern reicht mit 20 Landkreisen von der Zugspitze bis über Eichstätt hinaus. In diesem Band ist jedoch nur von seiner südlichen Hälfte die Rede, den Alpen und dem Alpenvorland, wartet doch allein schon diese Ferienlandschaft mit einer großen Fülle an Sehens- und Erlebenswertem auf. Die ›Landln‹ des **Oberlandes** sind von recht verschiedenen historischen und kulturellen Traditionen geprägt, Eigenwuchs jedes einzelne. Es liegt nahe, sie von West nach Ost – und jeweils vom Hauptort ausgehend – vorzuführen, zumal sich daraus eine zwanglose, doch ›dramaturgisch gesteigerte‹ Führungslinie ergibt.

Bei einer Schiffsrundfahrt um den **Starnberger See** kann der Neuling die reizvolle Voralpenlandschaft vor der zartprofilierten Bergkette und die münchennahe Villenkultur am bequemsten kennen lernen, mit Andechs und Dießen am **Ammersee** die ersten Paukenschläge der hiesigen Kirchenkunst auf sich wirken lassen. Oder zieht er die Wirkung des Andechser Biers vor? Im **Pfaffenwinkel** werden seine Wege dann gesäumt sein von

Oben: *Himmelsflitzer – Gleitschirmflieger vor Zugspitze und Waxenstein*
Rechts: *Augenweide – der hübsche Hauptplatz von Landsberg mit Rokoko-Rathaus und Marienbrunnen*
Rechts oben: *Ins Blaue hinein – Bootsidylle in Gstadt am Chiemsee*

Orte wie Reit im Winkl und Inzell entlangführt. Rund um den Chiemsee sind stimmungsvolle Kunst- und Naturfleckerl an alten Wegen zu finden: Kloster Seeon, Urschalling, Streichen und viele andere mehr.

Eine ganz eigene Architekturwelt tut sich in den hübschen **Inn- und Salzach-Städten** auf, die Chiemgau und Rupertiwinkel umgeben. Wer sie nicht ›abfahren‹ kann, mag sich wenigstens einen Abstecher nach Wasserburg, Burghausen oder Tittmoning gönnen, Rotts Rokokograzie nicht ausgelassen.

Die Dramatik der wahrlich »schönsten Ecke Bayerns«, des **Berchtesgadener Landes**, reicht von der 2700-Meter-Höhe des Watzmann zur 190-Meter-Tiefe des Königssees und umschließt Bizarres wie Wimbach- oder Almbachklamm, Schellenberger Eishöhle, die Gänge des Salzbergwerks, aber auch lyrische Winkel wie Maria Gern, Nonn oder Höglwörth. Wer hier Abschied von Oberbayern nehmen muss, wird nun von Herzen dem alten Reim zustimmen: »Blau und weiß bringt's Paradeis.«

Der Reiseführer

Dieser Band stellt **Oberbayerns Ferienregion** mit all ihren Reizen in acht Kapiteln vor. **Übersichtskarten** und ein **Stadtplan** von München erleichtern die Orientierung. Besondere Empfehlungen zu Sehenswürdigkeiten, Hotels, Restaurants, Biergärten, Museen und Aussichtsgipfeln etc. bieten die **Top Tipps**. Den Besichtigungspunkten sind **Praktische Hinweise** mit Tourismusbüros sowie Hotel- und Restaurantadressen angegliedert. Das Kapitel **Oberbayern aktuell vonA bis Z** bietet Nützliches von Informationen vor Reiseantritt über Sport- und Wandermöglichkeiten bis zu Verkehrsmitteln. Das **Oberbayern Kaleidoskop** präsentiert informative und unterhaltsame Kurzessays zur Abrundung des Reiseführers.

Geschichte, Kunst, Kultur im Überblick

Von Kelten und Klöstern, Königen und Künstlern, Barock und Bier, Salz, Seen und Schlössern

um 2000 v. Chr. Erste Besiedlung einzelner Landstriche.

8. Jh. v. Chr. Kelten lassen sich nieder. Die Solequellen um Reichenhall sind bereits bekannt und werden genutzt.

ab 15. v. Chr. Gründung der römischen Provinzen Raetia (zwischen Bodensee und Inn) und Noricum (zwischen Inn und Wienerwald).

5. Jh. n. Chr. Mit dem Ende des Reiches ziehen sich die Römer zurück.

bis Mitte 6. Jh. Stammesbildung der ›Bajuwaren‹ aus der ansässigen keltisch-romanischen Mischbevölkerung mit den zugewanderten Alemannen, Thüringern, Markomannen, Langobarden u. a. Der Name kommt von den Kelten (Boier), von denen auch die Böhmen den ihrigen haben.

531–788 Stammesherzogtum der Agilolfinger in Bayern.

um 620 Eine erste Missionierungswelle kommt aus dem Frankenreich.

650–724 Zweite Missionierngswelle unter Emmeram, Rupert,und Korbinian.

738–39 Der hl. Bonifatius etwabliert die Bistümer Regensburg, Passau, Freising, Salzburg werden.

8. Jh. Gründung zahlreicher wichtiger Klöster, darunter 739 Benediktbeuern, um 740 Schlehdorf, um 746 Tegernsee, 750 Polling, 753 Wessobrunn, 765 Herren- und Frauenchiemsee.

748–788 Herzog Tassilo III.

788–895 Epoche der Karolinger-Herrschaft in Bayern.

789–1803 Ungeachtet der politischen Territorialveränderungen ist Salzburg Erzbistum der bayerischen Kirchenprovinz bis zum Inn.

um 814 Niederschrift des Wessobrunner Gebets.

895–947 Herrschaftsepoche der Luitpoldinger.

947–1027 In Bayern haben die Sachsen das Sagen.

um 1000 Werkstätten der Buchmalerei existieren in Seeon und Tegernsee.

Kostbare Kunstinsignie der Agilolfinger: der Brautkelch Tassilos III. in Kremsmünster

1027–70 Die Jahre der Salier-Herrschaft.

1070 Die Welfen werden Herzöge in Bayern. Gründung von Rottenbuch (1073) und Steingaden (1147).

1158 Gründung Münchens durch den Welfen Heinrich den Löwen.

1180–1918 Das Haus Wittelsbach regiert in Bayern.

1248 Das Geschlecht der Andechser Grafen, zu dessen weitgestreutem Besitz das Herzogtum Meranien gehört, stirbt im Mannesstamm aus.

1255 Bei der ersten Landesteilung durch Nachfolgezwiste entstehen die Herzogtümer Ober- und Niederbayern.

1275 Territorialkämpfe des Hauses Wittelsbach mit dem Erzstift Salzburg werden beendet: Salzburg verzichtet auf Chiemgau, Bayern auf das Salzachgebiet um Laufen und Tittmoning.

1314–47 Ludwig IV. der Bayer, Herzog, König (ab 1314), Kaiser (ab 1328). Hausmachtpolitik.

1330 Gründung des Klosters Ettal.

1467–1508 Regierungszet Herzog Albrechts IV., genannt der Weise. Blüte der Spätgotik: Jörg von Halsbach, Erasmus Grasser und Meister von Rabenden.

1492 Die Kesselbergstraße zwischen Mittenwald und München wird angelegt.

1504/05 Landshuter Erbfolgekrieg und Wiedervereinigung Bayerns. München wird Hauptstadt.

1516 Das Reinheitsgebot für Bier wird in Bayern etabliert.

1550–79 Herzog Albrecht V., der Großmütige, regiert. Förderung der Gegenreformation.

um 1570 Der spätere Bildhauer Hans Krumper wird in Weilheim geboren († 1634 in München). Der zukünftige Skulpteur Hans Reichle kommt in Schongau zur Welt († 1642 in Brixen).

1579–97 Unter Herzog Wilhelm V., dem Frommen, kommt es zur Blüte der Renaissancekultur und der Erzgießerei mit Meistern wie Krumper, Reichle oder Gerhard.

1597–1651 Maximilian I. ist als Herzog und Kurfürst (ab 1623) an der Macht und bewerkstelligt den politischer Aufstieg Bayerns. Auftakt des Barock in Kunst und Architektur (München, Fürs-

Wunderwerk der Schnitzkunst: Kurfürst Ferdinand Marias Lustschiff ›Bucentaur‹ auf dem Starnberger See ▷

tenfeldbruck u. a.). Die in ganz Europa tätige Wessobrunner Stuckatorengemeinschaft besteht von ca. 1600 bis nach 1800.

1609 Gründung der Katholischen Liga in München.

1617–19 Bau der Soleleitung von Reichenhall nach Traunstein durch Hans und Simon Reiffenstuel.

1623 Bayern wird Kurfürstentum.

1632–34 Während des Dreißigjährigen Krieges kämpfen schwedische Truppen in Bayern.

1634 Erstes Passionsspiel in Oberammergau.

1651–79 Regierungszeit des Kurfürsten Ferdinand Maria. Unter italienischem Einfluss blüht der Hochbarock in München und Oberbayern (z. B. Theatinerkirche, Schloss Nymphenburg, Benediktbeuern, Tegernsee). Der Starnberger See ist in dieser Periode auch häufig Schauplatz berühmter Seefeste.

1679–1726 Regierungsperiode des Kurfürsten Max II. Emanuel. Sie ist gekennzeichnet durch Großmachtpolitik und Ausreizen des habsburgisch-bayerischen Gegensatzes.

1686 Der spätere Künstler Cosmas Damian Asam wird in Benediktbeuern geboren († 1739 in München).

1687 Der zukünftige Baumeister Joseph Effner wird in Dachau geboren († 1745 in München).

1692 Egid Quirin Asam wird in Tegernsee geboren († 1750 in Mannheim).

1701–14 Spanischer Erbfolgekrieg: Bayern verbündet sich mit Frankreich gegen Österreich.

1705–14 München wird von den Österreichern besetzt. Die Bauernerhebung der Sendlinger ›Mordweihnacht‹ 1705 wird niedergeschlagen.

1706–14 Max Emanuel ist in Reichsacht. Nach seiner Rückkehr aus dem Exil in den Niederlanden und Frankreich beginnt die Blüte der Spätbarockkunst in Bayern – zuerst unter französischem Einfluss, dann eigenständig – zu europäischem Rang. Meister sind Giovanni Viscardi, Joseph Effner und die Brüder Asam.

1726–45 Herrschaft von Kurfürst Karl Albrecht, ab 1742 Kaiser Karl VII. Münchner Blüte der Rokoko-Hofkunst mit glanzvollen Ausprägungen im Voralpenland (Andechs, Ettal, Rottenbuch, Wies u. a.). Meister sind Joh. Michael Fischer, Joh. Baptist Straub, Dominikus und Joh. Baptist Zimmermann.

1742–44 Neuerliche Okkupation Bayerns durch die Österreicher, da Bayern und Frankreich im Österreichischen Erbfolgekrieg wieder verbündet sind.

1745–77 Regierungszeit Kurfürst Max III. Joseph. Das ausklingende höfische Ro-

Erstes Münchner Oktoberfest 1810: Ein Pferderennen für Adel und Bürger zur Hochzeit von Kronprinz Ludwig mit Therese von Sachsen-Hildburghausen

◁ *König Ludwig II. (1845–1886), Bauherr der ›Märchenschlösser‹*

koko erfährt in seiner volkstümlichen Abwandlung im Land weite Verbreitung.

1777–99 Der Kurfürst Karl Theodor von Pfalz-Sulzbach wird Nachfolger des kinderlosen Max III. Joseph. Wiedervereinigung von Pfalz und Bayern, die seit 1329 getrennt waren.

1779 Aufgrund von Erbansprüchen erhält Österreich das Innviertel, Burghausen wird seines Hinterlandes beraubt.

um 1780/90 Landschaftsmaler wie etwa Johann Georg von Dillis, Wilhelm von Kobell u. a. ›entdecken‹ Oberbayern als Motiv.

1799–1825 Regentschaft des Kurfürsten Max IV. Joseph, ab 1806 König Max I. Joseph.

1803 Säkularisation: Aufhebung der Klöster und Vernichtung immenser Kulturschätze. Großer Landgewinn Bayerns durch Arrondierung der geistlichen Besitztümer, z. B. des Werdenfelser Landes.

1806 Bayern wird Königreich, München Königliche Haupt- und Residenzstadt.

1810 Erstes Oktoberfest. – Die Soleleitung wird von Traunstein nach Rosenheim verlängert. – Das Berchtesgadener Land, bis zur Säkularisation ein geistliches Fürstentum, fällt an Bayern.

1816 Nach dem Wiener Kongress wird das Salzburger Herrschaftsgebiet geteilt: Das Territorium links der Salzach fällt an Bayern, das übrige geht an Österreich. Der Rupertiwinkel gehört dadurch endgültig zu Bayern.

1817 Bau der Soleleitung von Berchtesgaden nach Reichenhall.

1818 Bayern erhält eine Verfassung. München wird Sitz des neuen Erzbistums München-Freising.

1820 Die erste bekanntgewordene Ersteigung der Zugspitze durch Josef Naus.

1824 Zweite Blüte des Erzgusses unter Meistern wie Joh. Baptist Stiglmaier, Ferdinand von Miller.

1825–48 König Ludwig I. macht München zur Kunstmetropole. Höhepunkt des Klassizismus und Beginn der Neogotik unter den Baumeistern Leo von Klenze, Friedrich von Gärtner und Malern wie Peter Cornelius, Johann Friedrich Overbeck u. a.

1826 Die Universität wird von Landshut nach München verlegt.

1828 Freilichtmaler gründen auf der Fraueninsel eine Malerkolonie, die rund 100 Jahre bestehen wird.

1836 Der zukünftige Maler Franz von Lenbach wird in Schrobenhausen geboren († 1904 in München).

1848–64 König Max II. beruft zahlreiche norddeutsche Gelehrte und Literaten nach München (sog. Nordlichter): Justus von Liebig, Wilhelm Heinrich Riehl, Friedrich von Bodenstedt, Felix Dahn, Paul Heyse u. a. Ausbildung des ›Maximiliansstils‹ in der Architektur.

1857 Die ›Erfindung‹ der Weißwurst.

1864–86 Regentschaft König Ludwigs II. Unter dem Märchenkönig kommt es zur Blüte des Musiklebens, der Architektur und des Kunsthandwerks. Er veranlasst den Bau der Schlösser Neuschwanstein bei Füssen, Linderhof bei Garmisch und Herrenchiemsee im Chiemsee. Rätselhaft belibt der tragische Tod des Königs bei Berg im Starnberger See.

1870 Eintritt Bayerns an der Seite Preußens in den Krieg gegen Frankreich.

1871 Bayern wird nichtsouveränes Mitglied des Deutschen Reiches.

1886–1912 Epoche des Prinzregenten Luitpold. Bewegte Phase für Kunst, Literatur und Theater in München (Jugendstil und Expressionismus) mit Wirkung ins Umland. München ist Halbmillionenstadt.

1889 Eröffnung der wichtigen Eisenbahnstrecke von München nach Garmisch.

1908–14 Protagonisten des ›Blauen Reiters‹ in Oberbayern: Murnau am Staffelsee wird zur Sommerresidenz der Maler Wassily Kandinsky, Gabriele Münter, Alexej Jawlensky, Marianne von Werefkin u. a. Im benachbarten Ort Sindelsdorf malt Franz Marc, in Tegernsee August Macke. Die oberbayerische Landschaft geht als Motiv in die avantgardistische Kunst ein.

Der Verfassungskonvent auf Herrenchiemsee im Jahre 1948: Prof. Carlo Schmid (links) und Prof. Naviasky (rechts) ▷

1911 Die Künstlergruppe ›Der Blaue Reiter‹ wird in München gegründet. Sie stellt eine Initialzündung moderner Kunst dar.
1913–18 Die Wirren des Ersten Weltkriegs fallen in die Regierungszeit König Ludwigs III.
1918 Novemberrevolution. Ende der Wittelsbacher-Herrschaft und Gründung des Freistaats Bayern.
1919 Ministerpräsident Kurt Eisner wird ermordet und die Räterepublik niedergeschlagen. Die zweite Bayerische Verfassung tritt in Kraft.
1923 Putsch gegen Hitler im Münchner Bürgerbräukeller.
1934 Durch das Hitlerregime verliert Bayern seine Eigenstaatlichkeit.
1935 Hitler verleiht München den Titel ›Hauptstadt der Bewegung‹.
1936 Olympische Winterspiele in Garmisch-Partenkirchen.
1946 Dritte Bayerische Verfassung. Freistaat Bayern.
1948 Auf der Insel Herrenchiemsee findet der Verfassungskonvent der westdeutschen Länder statt.
1949 Der Freistaat Bayern wird Bundesland.
1957 München ist Millionenstadt.
1970 Gründung der Internationalen Jazzwochen in Burghausen.
1972 Neuzuwachs bei der Landkreisreform: Oberbayern umfasst nun 20 Landkreise. – XX. Olympische Spiele in München.
1978 Der bayerische Nationalpark Berchtesgaden wird gegründet.
1981 Eröffnung der Neuen Pinakothek in München.
1992 Fertigstellung des Internationalen Flughafens Franz Josef Strauß im Erdinger Moos bei München.
2001 Das lange umstrittene Buchheim Museum wird in Bernried am Starnberger See eröffnet.
2002 München: Die Pinakothek der Moderne wird der Öffentlichkeit vorgestellt. Der Neubau von Stephan Braunfels ist Teil des bislang aus drei berühmten Gemäldesammlungen bestehenden Kunstareals.
2003 Inbetriebnahme des neuen Terminal 2 des Münchner Flughafens.
2005 Am 19. April wird Joseph Alois Ratzinger (* 1927), gebürtig aus Marktl am Inn bei Passau, zum Papst gewählt. Bis 1958 lebte Papst Benedikt XVI. in Oberbayern. Er wuchs in Tittmoning, Aschau und Traunstein auf, studierte in München und Freising. – Im Juni wird die Münchner Allianz Arena eröffnet, ein Werk der Architekten Jacques Herzog und Pierre de Meuron (ab 2002).

Schlauchboot, Fußball-Ufo oder Sofakissen? – Die Münchner Allianz Arena, einer der Schauplätze der WM 2006, fordert zu originellen Vergleichen förmlich heraus

Inspiration für Münchner Landschaftsmaler – Schliersee und Ort Schliersee mit Brecherspitz

Unterwegs

München – Weltstädtchen angetupft!

Eine moderne **Großstadt** mit internationalen Wirtschaftsaktivitäten und smarten Festivitäten, eine traditionsversponnene **Residenzstadt** mit viel gerühmten Kunstschönheiten, eine hartnäckige **Landstadt**, die an Althergebrachtem wie Trambahn, Dult, Eisstockschießen, Kirchweihpredigt und Adventssingen festhält: Diese Dreieinigkeit bildet die Hauptstadt des Freistaates Bayern, die Sitz der Landesregierung, des Landtags und der Regierung von Oberbayern ist und 1,27 Mio. Einwohner beherbergt (davon etwa 30% ›echte‹ Münchner).

Für die Ansässigen wie für jährlich 3,7 Mio. Gäste walten ihres Amtes: etwa 245 Gotteshäuser, 3800 Sportstätten, 45 Museen, 57 Theater, 76 Kinos, 7000 Einkaufsläden, 4300 Lokale, 120 000 Biergartenplätze und – 1 Oktoberfest. Woraus erhellt, dass eine Oberbayern-Reise ohne München-Besuch wie ein Schweinsbraten ohne Bier wäre. Die wenigen folgenden Seiten für eine **Stippvisite in München** können freilich grad' ein Schnapsglasl voll Bier sein. Wem sie nicht reichen, für den gibt's in derselben Reiseführer-Reihe ›die volle Maß‹.

1 München

Plan Seite 20/21

Die Metropole Bayerns – heimelig und übersichtlich – mit weltberühmten Museen, Prachtstraßen, Schlössern, Parks und Biergärten.

München begann am **Marienplatz** ❶. Hier kreuzte sich einst die Ost-West-Handelsachse mit den beiden seitlich verlaufenden Nord-Süd-Verbindungen, hier lag der Salz- und Getreidemarkt. Aus der merkantilen Keimzelle erwuchsen Bauten dicht bei dicht, heute Denkmäler. So kostet es nur wenig Sohlen, in der Altstadt Jahrhunderte zu durcheilen.

Wo anders als hier, in Münchens Herz, könnte das geliebteste und graziöseste Wahrzeichen, die **Mariensäule**, stehen? Die 11 m hohe Marmorsäule hebt eine goldene Himmelskönigin mit Kind auf der Mondsichel empor, indes auf ihrem Sockel Putti gegen Drache (Hunger), Löwe (Krieg), Schlange (Unglaube) und Basilisk (Pest) kämpfen. Hubert Gerhard schuf 1590 die Madonna, Hans Reichle die Sockelfiguren: die Säule wurde weitum zum Vorbild.

Vor dem **Neuen Rathaus**, dem effektvollen Monumentalbau der Neogotik von Georg von Hauberrisser (1867–1908), gibt's täglich ein Massenrendezvous: Im Turmerker zieht beim *Glockenspiel* (tgl. 11 und 12 Uhr, sommers auch 17 Uhr) ein Reigen von 32 Figuren vorbei, die ans Hochzeitsturnier Wilhelms V. 1568 und den traditionellen Schäfflertanz erinnern. ›Richtige‹ Gotik, wenn auch restauriert und rekonstruiert, sind das **Alte Rathaus** und sein Turm.

In der ältesten Pfarrkirche Münchens, **St. Peter** ❷, sind die Jahrhunderte vom 11. bis zum 18. ineinander geschachtelt, wobei Spätgotik und Spätbarock Hand in Hand dominieren: Man bewundere nur, wie in dem herrlich inszenierten *Hochaltar* der Thronende Petrus (1490) von Erasmus Grasser mit den Vier Kirchenvätern (Fassung 1753) von Egid Quirin Asam harmoniert. Im originellen Renaissanceturm führen 302 Stufen bei Föhn nah an die Alpen.

Westlich des Marienplatzes ragen die kugeligen Turmkuppeln der **Domkirche zu Unserer Lieben Frau** ❸, Frauenkirche genannt, auf. Der spätgotische Backsteinbau ist von karger Noblesse, im strengen Wechsel von Wänden und Fenstern gar fast modern. Erbaut 1468–88 von Jörg von Halsbach, war der mächtige, durch Pfeilerpaare gut gegliederte Hallenraum für 20 000 Menschen gedacht, obzwar München damals nur 13 000 hatte. Aus

München leuchtet – Das Herz der Altstadt mit Frauenkirche, Neuem Rathaus am Marienplatz und dem Turm des Alten Rathauses im Vordergrund

der Fülle der schönen Altäre, Gemälde, Glasfenster, Epitaphien sei nur auf die *Apostel- und Prophetenköpfe* und *Heiligenfiguren* (1502) von Grasser und seiner Werkstatt im Chor hingewiesen, die mit anmutigen *Marienleben-Reliefs* (1774) von Ignaz Günther kombiniert sind, sowie auf das großartige *Prunkgrabdenkmal* Kaiser Ludwigs des Bayern hinten rechts mit einer spätgotischen Deckplatte (1490) und Bronzefiguren von Hans Krumper und Hubert Gerhard, den Großen in der Münchner Blüte des Erzgusses um 1600. Die *Fürstengruft* birgt die Gebeine Kaiser Ludwigs.

TOP TIPP Weiter westlich, in der Kaufingerstraße, steht **St. Michael** 4, die größte Renaissancekirche nördlich der Alpen, die zugleich dem Barock in Süddeutschland den Weg wies. Hinter die prunkvolle Spätrenaissancefassade mit Gerhards furioser Figurengruppe *St. Michael siegt über den Satan* baute Friedrich Sustris 1597 eine über 20 m frei gespannte Tonnenwölbung auf mächtigen Wandpfeilern, dazu Quertonnen, Emporen, einen steilen, tiefen Chor: Raum- und Lichtwirkungen, wie man sie noch nicht kannte. Der Bau war von Herzog Wilhelm V. als gegenreformatorische Machtdemonstration beabsichtigt – überwältigend war sein baukünstlerischer Einfluss. In der *Fürstengruft* stehen die Sarkophage von Wilhelm V., Kurfürst Maximilian I. und Ludwig II. Schöne Plastiken sind der *Weihbrunnengel* von Gerhard, *Maria Mag-*

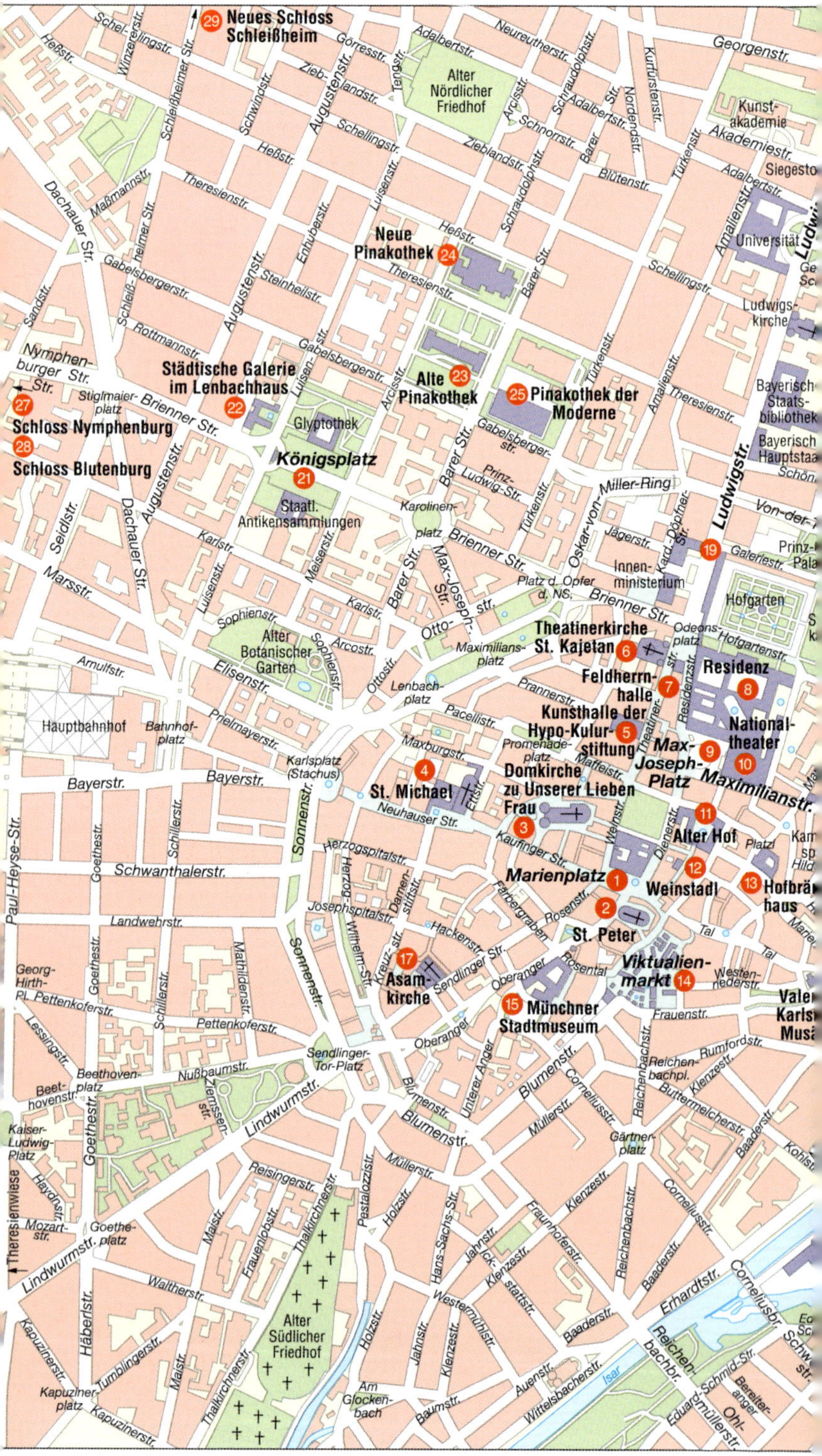
29 Neues Schloss Schleißheim
Alter Nördlicher Friedhof
Kunstakademie
Akademiestr.
Universität
Neue Pinakothek 24
Ludwigskirche
Städtische Galerie im Lenbachhaus 22
Alte Pinakothek 23
25 Pinakothek der Moderne
27 Schloss Nymphenburg
28 Schloss Blutenburg
Glyptothek
Königsplatz 21
Staatl. Antikensammlungen
Bayerische Staatsbibliothek
Ludwigstr.
19
Innenministerium
Hofgarten
Alter Botanischer Garten
Theatinerkirche St. Kajetan 6
Feldherrnhalle 7
Residenz 8
Kunsthalle der Hypo-Kulturstiftung 5
Max-Joseph-Platz 9
Nationaltheater 10
Maximilianstr.
Hauptbahnhof
Karlsplatz (Stachus)
St. Michael 4
Domkirche zu Unserer Lieben Frau 3
11 Alter Hof
Marienplatz 1
12 Weinstadl
13 Hofbräuhaus
2 St. Peter
Viktualienmarkt 14
17 Asamkirche
15 Münchner Stadtmuseum
Sendlinger-Tor-Platz
Gärtnerplatz
Theresienwiese
Alter Südlicher Friedhof
Isar
Bayerstr.
Schwanthalerstr.
Sonnenstr.
Brienner Str.
Dachauer Str.
Augustenstr.
Lindwurmstr.
Blumenstr.
Frauenstr.
Erhardtstr.

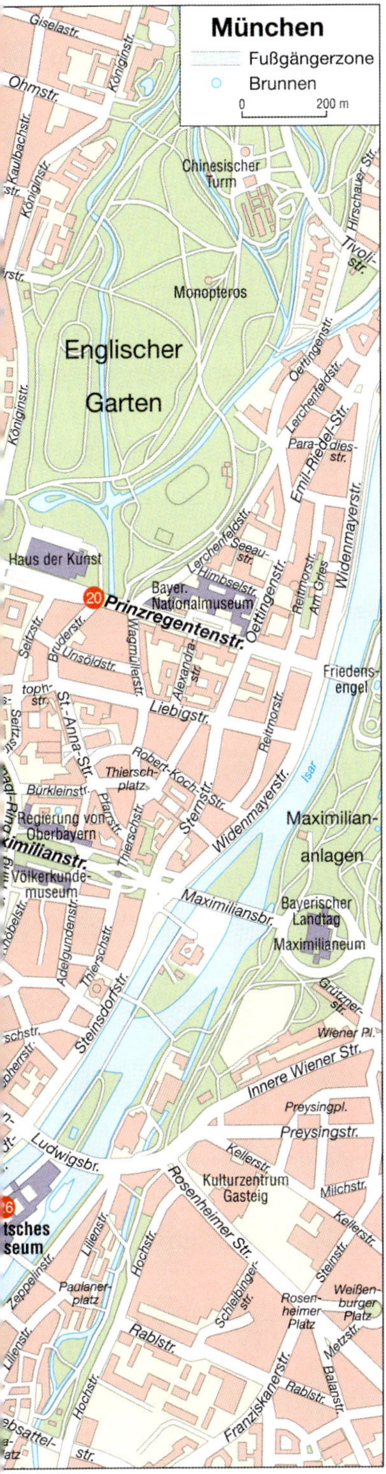

dalena vor dem Gekreuzigten von Hans Reichle und das *Beauharnais-Grabmal* von Bertel Thorvaldsen (1830).

Auf der Kaufingerstraße, dem Einkaufsparadies für jedermann, bis zum Marienplatz zurück, dann scharf links auf die Achse Weinstraße–Theatinerstraße (mit Anliegern) – und schon sind wir im Quartier der erlesenen Modeauslagen, schicken Münchnerinnen, Parfümerie- und Konditoreidüfte. Wer für solcherlei Betörungen unempfindlich ist, mehr für Bankpaläste oder Barock- und Rokokopalais übrig hat, schlendert die westlich parallel liegende Kardinal-Faulhaber-Straße entlang oder schaut in die **Kunsthalle der Hypo-Kulturstiftung** 5 (Theatinerstraße 8, Tel. 089/22 44 12, www.hypo-kunsthalle.de, tgl. 10–20 Uhr) hinein, die für attraktive Ausstellungen bekannt ist und 2001 wieder eröffnet wurde, zusammen mit den exklusiv dynamisch gestalteten Shopping-Passagen der **Fünf Höfe**. Wo sich diese Achse dann zum Odeonsplatz öffnet, baut sich das strahlende Barockgelb der **Theatinerkirche St. Kajetan** 6 auf – so strahlend wie ihr Anlass: die ersehnte Geburt Max Emanuels (1662), Sohn des Kurfürstenpaars Ferdinand Maria und Henriette Adelaide. Auch dieser Bau hatte Nachfolger, freilich keine von solch römischer Hochbarock-Grandezza wie er selbst. Seine breit gelagerte *Doppelturmfassade* mit der imponierenden Kuppel und den wulstig behelmten Türmen ist auf pathetische Fernwirkung angelegt. Die Fassadenmitte im würdevollen Rokokogeist stammt von François Cuvilliés (1765), der weit früher entstandene Bau selbst (1663–75) von Enrico Zuccalli u. a. Der dreischiffige *Innenraum* auf Kreuzgrundriss mit kurzem Querhaus, durchlichteter Kuppel, wuchtigen Wandpfeilern ist mit schwerem italienischem *Stuck* ausgekleidet, den sich die Wessobrunner [s. S. 55] zwar zum Vorbild nahmen, aber eleganter weiterentwickelten. Ein wahres Meisterwerk ist Andreas Faistenbergers *Kanzel* (1690). In der Fürstengruft der ehem. Hofkirche sind Mitglieder des Hauses Wittelsbach vom Kirchenstifter bis zum letzten Regenten beigesetzt.

Der **Odeonsplatz** entfaltet festliche Architekturgebärde: Zwischen barocker Theatinerkirche und Renaissancetrakt der Residenz gibt die klassizistische **Feldherrnhalle** 7 der Ludwigstraße den Auftakt. Nach Vorbild der Loggia dei Lanzi in Florenz von Friedrich von Gärtner 1844 geschaffen, ist sie eine Gedenkhalle für

Theatinerkirche St. Kajetan – Urbanes Leben im einstigen Klosterhof

die bayerische Armee und die Generäle Tilly und Wrede, jener Sieger im Dreißigjährigen Krieg in der Schlacht am Weißen Berg 1620, dieser gegen die Franzosen 1814. Nach dem gescheiterten Hitler-Putsch wurde sie Nazi-Kultobjekt. Wer den Posten den befohlenen Gruß verweigern wollte, ging durchs ›Drückebergergasserl‹ (Viscardigasse) auf die andere Seite.

Die Besichtigung der **Residenz** 8 (Max-Joseph-Platz 3, Tel. 089/29 06 71, www.schloesser.bayern.de, April–15. Okt. tgl. 9–18, sonst tgl. 10–16 Uhr) muss der Besucher auf Stippvisite wohl aussparen, ist sie doch ein ganzer fürstlicher Kosmos. Der Sitz der Wittelsbacher Regenten von 1385 bis 1918 bildet einen groß angelegten Schlosskomplex aus vielen Bauphasen mit einem der reichsten ›Raumkunstmuseen‹ Europas. Bei längerem Verweilen jedoch sind der Vormittags- oder/und der Nachmittagsrundgang (allein oder mit Führung) zu empfehlen, die verschiedenartigen Führungslinien folgen, aber den Höhepunkt gemeinsam haben, nämlich die *Reichen Zimmer mit Grüner Galerie* von François Cuvilliés, Joh. Baptist Zimmermann und anderen Rokokozauberern, sowie die klassizistischen *Nibelungensäle* von Leo von Klenze mit Monumentalbildern von Schnorr von Carolsfeld. Nur vormittags zu besuchen ist das *Antiquarium* – größter profaner Renaissanceraum nördlich der Alpen, 1571 von Wilhelm Egkl gestaltet–, ganztägig dagegen die *Schatzkammer* mit exquisiter Sammlung weltlicher und liturgischer Kostbarkeiten. Beim Umrunden des Komplexes sind drei Haupttrakte zu unter-

Größtes Tonnengewölbe nach St. Peter in Rom: der Innenraum der Münchner Michaelskirche, Vorbild für viele oberbayerische Kirchenbauten

scheiden: der *Königsbau Ludwigs I.* (Klenze, 1835) mit Schauseite zum Max-Joseph-Platz, der *Festsaaltrakt* (Klenze, 1842) mit Front zum Hofgarten und der Maximilianische *Renaissancetrakt* (Baumeister unbekannt, 1619) zur Residenzstraße. An der Ostseite wurde 2003 die *Allerheiligen-Hofkirche* (Klenze, 1842) als Konzertsaal wieder eröffnet. Durch den schönsten der sechs Höfe, den *Brunnenhof* mit dem Wittelsbacherbrunnen, gelangt man nun zum *Cuvilliés-Theater*, einem Rokokojuwel ohnegleichen – nach seinem genialen Baumeister (und Hofzwerg) benannt –, in dem eine Mozartoper zu hören schierer Seligkeit gleichkommt.

Am **Max-Joseph-Platz** 9 empfängt den Passanten der erste bayerische König *Max I. Joseph* mit Grußgeste, biedermeierlich und münchnerisch recht bequem sitzend (Christian Rauch und Martin von Wagner, 1835). Sein ›Salon‹ rundum ist ein klassizistisches Gesamtkunstwerk: zu seiner Rechten der genannte *Königsbau*, zur Linken die *Loggia der ehem. Hauptpost*, wieder mit florentinischem Akzent, vor sich eine schmalbrüstige Bürgerhausfront, hinter sich das **Nationaltheater** 10 mit dem feierlichen Säulenportikus. Im Doppelgiebel: *Apoll und die Musen* (unten), *Pegasus und die Horen*. 1963 rekonstruiert, stammte der ursprüngliche Bau von Karl von Fischer und Leo von Klenze (1818/1825). Das Haus als Wagner- und

Vorfreude: Operngespräche unterm feierlichen Säulenportikus des Nationaltheaters

Strauss-Bühne genießt Weltruhm. – Die hier beginnende Maximilianstraße wird an anderer Stelle gewürdigt [s. S. 25 f.].

Auf dem Rückweg führt ein Schlenker zum idyllischen **Alten Hof** 11, der ersten Herzogsburg der Wittelsbacher, in der Kai-

Antiquarium der Münchner Residenz – größter profaner Renaissanceraum nördlich der Alpen

ser Ludwig der Bayer residierte. Er machte München um 1330 zu einem geistigen Zentrum Europas. Nebenan in der Burgstraße liegt der **Weinstadl** ⓬ im ältesten erhaltenen Bürgerhaus von 1552, und einige Schritte nach Westen lockt das **Hofbräuhaus** ⓭ (www.hofbraeuhaus.de), das als Bräuhaus für den Hof im Alten Hof 1592 gegründet und später zum Platzl verlegt wurde. ›Die Maß‹ für den Bürger gab's erst ab 1830. Doch damals begann der Siegeszug des Hofbräuhauses zu maßloser Berühmtheit und unmäßigem Ausschank von heute 2500 Litern täglich!

Aber auch im *Tal* hinter dem Alten Rathaus wird man zahlreiche Bräuhäuser finden, ganz zu schweigen von dem vielfältigen Speise- und Getränkeangebot am nahen **Viktualienmarkt** ⓮, wo sich Haxn und Hummer, Kopfsalat und Kiwano, Augen- und Gaumenlust, Urmünchnerisches und Schickeriamäßiges selig in den Armen liegen.

Wer Münchner Geschichte optisch erleben will, biegt um die Ecke zum **Münchner Stadtmuseum** ⓯ (Sankt-Jakobs-Platz 1, Tel. 089/23 32 23 70, www.stadtmuseum-online.de, Di–So 10–18 Uhr). Wer sich über den Münchner Oberquerdenker Karl Valentin amüsieren will, strebt ins schnurrige **Valentin-Karlstadt-Musäum** ⓰ (Tal 50, Tel. 089/22 32 66, www.valentin-musaeum.de, Mo/Di, Sa 11.01–17.29, Fr 11.01–19.29, So 10.01–17.29 Uhr) im Isartor.

Unweit auch, in der Sendlinger Straße, steht die ungewöhnlichste Kirche der Stadt, St. Johann Nepomuk, **Asamkirche** ⓱ genannt. 1729 erwarb der ledige Architekt, Bildhauer und Stuckateur Egid Quirin Asam (1692–1750) zusammen mit seinem Bruder, dem verheirateten Maler und Architekten Cosmas Damian Asam (1686–1739), mehrere Häuser in der Straße. Da im selben Jahr der Märtyrer Johann Nepomuk heilig gesprochen wurde, bauten sie gleich eine ›Privat‹-Kirche für ihn dazu. Bau und Ausstattung der Kirche (1733–51) wurden zum Höhepunkt ihres Kunstschaffens. Hinter der elegant geschwungenen, säulengeschmückten Fassade tut sich ein Raum von verschwenderischer Pracht auf, der dennoch wie eine geheimnisvolle Grotte wirkt. Ondulierte Wände öffnen sich zum zweigeschossigen Hochaltar, über dem ein ins Unwirkliche entrückter *Gnadenstuhl* (der Gekreuzigte in Gottes Armen) schwebt. Im Emporenaltar ist *Nepomuk zu Füßen Mariens* zu sehen, unten befindet sich das *Schaugrab Nepomuks* unter einer Strahlenglorie. Das szenenreiche *Deckengemälde* zeigt Leben und Sterben des Patrons. Alles in dem wundervollen Gehäuse ist farben- und lichtgestimmte, leise flügelschlagende Bewegung.

Das **Asamhaus** links daneben, das Egid Quirin Asam bewohnte (und in dem er durch ein Fenster auf den Hochaltar sehen konnte), ist nicht nur zum Ruhme des

Kunterbunter Einkaufsgenuss: der Viktualienmarkt, urmünchnerisch und urgemütlich

Glanz und Gold im Überschwang: Der Innenraum der Asamkirche, die sich die berühmten Künstlerbrüder Asam als Privatkapelle bauten

christlichen, sondern mit Apoll und Athene, Faunen und Satyrn auch zu dem des antiken Himmels geschmückt. Seine brillante Fassade ist eine Visitenkarte selbstbewussten Künstlertums.

Galerien und Nobelshopping: die Maximilianstraße

Smarte Globetrotter vor dem ›Vier Jahreszeiten‹, zur Probe eilende Schauspieler, exzentrisch gestylte Ladies, Schlange stehende Opernfans, Galeriehüpfer, Theatercaféhocker, Boutiquen mit den Paradiesvogelnamen der Haute Couture: Solch mondäne Flaniermeile ist die **Maximilianstraße** 18 nur in der ersten Hälfte. In der zweiten (der östlichen) kühlt sie zur Schaustraße mit Denkmälern und Grünanlagen ab, und zuoberst krönt sie sich mit einem fernwirkenden Kulissenbau.

König Max II., der ›Professor‹ auf dem Thron, zollte mit dieser Straße der Wittelsbacher Baupassion Tribut. Architekt Friedrich Bürklein ›erfand‹ für ihn den ›Maximilianstil‹, kombiniert aus englischer Gotik, italienischer Arkadenarchitektur und zeitgenössischer Glas- und Eisenkonstruktion. 1853–74 baute er eine Meile aus einem Guss: Spitzbogenfronten in rhythmischer Reihung.

Schräg gegenüber dem traditionsreichen **Kempinski Hotel Vier Jahreszeiten** (Haus-Nr. 17), einst vom berühmten Meisterkoch Alfred Walterspiel gegründet, befinden sich die **Münchner Kammerspiele** (Nr. 34/35, www.muenchner-kammer

spiele.de), eines der beiden erhaltenen Jugendstiltheater Deutschlands, 1900 von Richard Riemerschmid floral-dekorativ ausgestattet und mit Avantgarde- und Starruhm einst und (ein bisschen) auch heute beladen. Davor und dahinter das Defilee von Kunstgalerien und Modegeschäften. Und nördlich der Straße tun sich am Marstallplatz die neuen **Maximilianshöfe** auf, mit Opernprobebühne, Exklusivläden und einem Riesenbistro.

Jenseits des Altstadtrings folgen die **Regierung von Oberbayern** (Nr. 39) als Musterbeispiel für den Maximilianstil und gegenüber das etwas trockener geratene **Staatliche Museum für Völkerkunde** (Nr. 42, Tel. 089/2 10 13 61 00, www.voelkerkundemuseum-muenchen.de, Di–So 9.30–17.15 Uhr) mit seinen aufregenden Sammlungen von exotischen Alltagsgegenständen wie der afrikanischen Pfeife bis hin zu hoher Kunst wie der Buddhastatue.

Über dem Rondell hat ›Max Zwo‹, so der Volksmund, vom hohen Sockel des **Maxmonuments** seine Straße gebieterisch im Blick. Die Putti zu seinen Füßen halten die Wappen der vier bayerischen Stämme Bayern, Schwaben, Franken, Pfälzer; die Sitzfiguren symbolisieren die Herrschertugenden Friede, Freiheit, Stärke, Gesetzmäßigkeit (Kaspar Zumbusch, 1875). Jenseits der Isarbrücke präsentiert sich der weit gespannte Bau des **Maximilianeums** gleichsam mit ausgebreiteten Armen – und übrigens nicht mehr mit Spitz- sondern Rundbogen: Die Bauzeit währte so lange (1857–74), dass inzwischen Neogotik zu Neorenaissance gewechselt hatte. Der vordere Teil ist Sitz des Bayerischen Landtags, im rückwärtigen hat die Stiftung Maximilianeum für begabte Studenten ihre Residenz.

Paläste der Gelehrsamkeit: die Ludwigstraße

Eine Triumphstraße des Königtums wollte Ludwig I. schaffen, gesäumt mit Bürgerpalästen in geschlossener Reihung und begrenzt an Anfang und Ende durch florentinische und römische Bogenarchitekturen. Da aber die wohlhabenden Bürger nicht so recht zogen, entschied er sich flugs für öffentliche Gebäude und wechselte mitten im Bau die Architekten aus, weil es ihm nicht schnell genug ging. Am Schluss, 1848, wurde er selbst ausgewechselt: Vor der Ludwigskirche gab's Radau wegen der Lola Montez, und Ludwig dankte ab. Trotz der Pannen aber geriet die **Ludwigstraße** ⑲ ganz feierlich und monumental, freilich etwas streng und unlebendig, unleugbar aber zu einer der außergewöhnlichsten Straßenschöpfungen Europas.

Im ersten, von Leo von Klenze 1816–27 gebauten Teil herrscht würdevolle Neorenaissance. Anstelle der damals hier beginnenden Landstraße entstand der weiträumige Odeonsplatz, links das elegante Ball- und Konzerthaus **Odeon**, heute Innenministerium, und das **Leuchtenberg-Palais**, jetzt Finanzministerium, für Eugène Beauharnais, Stiefsohn Napoleons und Schwiegersohn Max' I. Joseph, rechts das **Bazargebäude** mit den Arkaden zum Hofgarten und Läden à la Parisienne, etwas weiter das frühere Kriegsministerium und heutige **Bayerisches Hauptstaatsarchiv** mit seinen feinen Trophäen-Reliefs in den Bogenzwickeln und dem größten Urkundenarchiv Europas im Inneren.

Von diesem Bauabschnitt an wurde die Straße nach Entwürfen Friedrich von Gärtners 1827–50 im neoromanisch bis neobyzantinischen Stil vollendet. Für die **Bayerische Staatsbibliothek** (www.bsb-muenchen.de) schuf er einen strengen Monumentalpalast mit einer fulminanten Haupttreppe im Inneren – nicht minder fulminant ist der Bestand von 8 Mio. Bänden! Kompositorisch brillant setzte er als Vertikalakzent die Doppelturm-Fassade der **Ludwigskirche** daneben, die in ihrem romantisch gestimmten Inneren mit einem der größten Wandfresken prunkt: *Das Jüngste Gericht* (1840) von Peter Cornelius.

Vor der **Ludwig-Maximilians-Universität** (47 500 Studenten) weitet sich die Straße zum brunnenbesetzten Forum. Im westlichen Hauptbau mit Bogenhalle und Rundbogenfenstern lohnt ein Blick in den an römische Thermen gemahnenden *Lichthof* (1909), in dem 1943 die tapfere Flugblattaktion der Geschwister Scholl gegen das Hitlerregime stattfand. Seit 1997 informiert hier die **DenkStätte Weiße Rose** in einer Ausstellung über die studentische Widerstandsgruppe.

Das **Siegestor**, Abschluss und Höhepunkt der Straße, ist dem antiken Konstantinsbogen in Rom nachgebildet und als Monument für das bayerische Heer gedacht, dem die bekrönende *Bavaria mit Löwenquadriga* stadtauswärts entgegenschreitet. Als es 1850 vollendet war, begann dahinter noch die Vorstadt **Schwabing**, die 1890 eingemeindet wur-

Dem Chinesischen Turm im Englischen Garten, eine Aussichtspagode nach dem Vorbild von Kew Gardens in London, liegt ein turbulenter Biergarten zu Füßen

de und rasant Karriere als Quartier der Künstlerboheme machte. Diese blüht heute eher im Verborgenen, aber ein amüsantes Pflaster ist Schwabing immer noch mit Straßencafés, Restaurants und Shoppingkurzweil, Kneipen, Kleintheatern und kunterbuntem Publikum. Die Leopoldstraße als Verlängerung der ›Straße der Gelehrsamkeit‹ ist eine beliebte Flaniermeile, auf der besonders im Sommer jede Menge geboten ist.

Park- und Kunst-Avenue: Prinzregentenstraße

Prinzregent Luitpold, kunstpassionierter Grandseigneur wie fast alle Wittelsbacher, ließ diesen letzten monarchischen Straßenzug um die Wende zum 20. Jh. anlegen. Er wurde als naturnahe, locker bebaute Park-Avenue zum Isarhochufer konzipiert, aber nicht ganz verwirklicht und leider nachträglich beeinträchtigt.

So ist der Anfang der **Prinzregentenstraße** 20 heute wirklich bejammernswert. Das edle klassizistische **Prinz-Carl-Palais** (1806) des genialen, früh vollendeten Karl von Fischer hat eine untertunnelte Querstraße brutal isoliert, und das **Haus der Kunst** (Prinzregentenstr. 1, Tel. 089/21 12 71 13, www.hausderkunst.de, Fr–Mi 10–20, Do 10–22 Uhr) mit seiner öden Säulenreihung (Spitzname: Weißwurstallee) ist eine verdrießliche Hitler-Hinterlassenschaft. Es präsentierte bis zum ihrem Umzug in die Pinakothek der Moderne die Meisterwerke des 20./21. Jh. Heute ist es Schauplatz hochrangiger Wechselausstellungen.

Gleich dahinter beginnt der **Englische Garten**, mit 3,7 km² die ausgedehnteste Großstadtgrünfläche Europas, entstanden 1789–1808 auf Initiative des amerikanischen Multitalents Benjamin Thompson, alias Graf Rumford, als er grad' bayerischer Kriegsminister war, und vermöge der Kunst des Gartenarchitekten Friedrich Ludwig von Sckell (1750–1823).

Ein wuchtiger Blickpunkt vor der Isarbrücke ist das **Bayerische Nationalmuseum** (Prinzregentenstr. 3, Tel. 089/2 11 24 01, www.bayerisches-nationalmuseum.de, Di/Mi, Fr–So 10–17, Do 10–20 Uhr). Das Gebäude (1894–99) präsentiert sich

Auf Schwabings Flaniermeile, der Leopoldstraße, sind im Sommer die Nächte lang, bunt, heiß, genussfreudig und flirtselig

als Musterarchitektur des 19. Jh., aus mehreren Stiladaptionen zur ›altdeutsch‹ wirkenden Einheit gefügt von Gabriel von Seidl. Es birgt die Summe bayerischer Kunst von der Spätantike bis zum 19. Jh. mit einzigartiger Krippenschau und reicher Volkskundeabteilung.

Ein Tipp für Fans der Romantik ist die **Schack-Galerie** (Prinzregentenstr. 9, Tel. 089/23 80 52 24, www.pinakothek.de, Mi–So 10–17 Uhr), einst Privatsammlung des Kunstförderers Friedrich Graf Schack. Gezeigt werden berühmte Werke von Lenbach, Schwind, Spitzweg, Böcklin u. a.

Hinter der **Luitpoldbrücke** schwingt sich die Straße zum Isarhochufer und zu ihrem heiter-festlichen Höhepunkt empor: der **Prinzregententerrasse**. Über anmutiger Treppenanlage trägt ein kleiner Tempel eine Säule mit dem graziösen güldenen **Friedensengel**: ein antikisch-›jugendstiliges‹ Denkmal zum 25-jährigen Friedensjubiläum nach dem Krieg 1870/71 (Düll, Heilmaier, Pezold, 1899). Jugendstil pur kann man im **Museum Villa Stuck** (Prinzregentenstr. 60, Tel. 089/4 55 55 10, www.villastuck.de, Mi–So 11–18 Uhr) bewundern, der einstigen Residenz des zum Malerfürsten avancierten Müllersohns Franz von Stuck (1863–1928). Neben den originalgetreuen, 2004 bzw. 2005 frisch restauriert wieder eröffneten Wohn- und Repräsentationsräumen faszinieren interessante Wechselausstellungen zu Jugendstil, angewandter Kunst, Klassischer Moderne und Gegenwartskunst.

Das Straßenende schließlich wird vom **Prinzregententheater** (www.prinzregententheater.de) akzentuiert. Hier wollte Ludwig II. ein imposantes Wagner-Festspielhaus bauen, das dann aber in Bayreuth entstand. Was Intendant Ernst von Possart nicht hinderte, die Wagner-Idee des Amphitheaters 1901 hier nachzubauen, dekorativ gewandet in Neorenaissance mit Jugendstil-Einsprengseln (Architekt: Max Littmann). Das Haus erlebte Uraufführungsruhm und Nachkriegsskandale; heute ist es Dependance des Bayerischen Staatstheaters für ›Extras‹.

Im Kunstareal: der Königsplatz und die Pinakotheken

Barerstraße und **Königsplatz** 21 sind die Kunstmuseumszentren in der Maxvorstadt, Weiheräume im Isar-Athen Ludwigs I., die ihm vor allem Hofbaumeister Leo von Klenze schuf. Im Museumsviertel lebt ein buntscheckiger Trupp, zum Beispiel ein Dachkammerpoet, ein ganz schön liederlicher Faun, eine Büglerin, eine Königsmätresse und eine andere, noch professioneller mit Sünde befasste Dame, aufwendig gewandete Apostel und nackte Krieger, Schlaraffenlandgucker und lädierte Landpartie-Ausflügler sowie andere Rätselwesen mehr: Wir haben die Auswahl.

Mit dem Königsplatz legte Klenze in klassischer Neuformung der Antike einen Tempelbezirk für die Kunst an, gebildet aus dorischem Torbau, ionischer Glyptothek und korinthischer Antikensammlung. Die **Propyläen** (1817–62) waren als Abschluss der Stadtausfahrt auf der Brienner Straße gegen Nymphenburg und zugleich als Denkmal für den griechischen Freiheitskampf und den Wittelsbacher König Otto von Griechenland gedacht.

Mit der **Glyptothek** (Königsplatz 3, Tel. 089/28 61 00, www.antike-am-koenigsplatz.mwn.de, Di/Mi, Fr–So 10–17, Do 10–20 Uhr), in der er seine Skulpturensammlung beheimatete, ließ der König bewusst das erste deutsche Museum für die Öffentlichkeit bauen (!), 1830 wurde es eröffnet. Damals war es opulent ausgemalt und geschmückt: die heutige Schmucklosigkeit der wundervollen Räume aber bringt die griechischen und römischen Werke vom 6. Jh. v. Chr. bis zum 1. Jh. n. Chr. noch wirkungsvoller zur Geltung: eine erlesene Sammlung mit so atemraubenden Stücken wie den *Ägineten* (490 v. Chr.) oder dem *Barberinischen Faun* (220 v. Chr.).

Auch gegenüber, in den **Staatlichen Antikensammlungen** (Königsplatz 1, Tel. 089/59 98 88 30, www.antike-am-koenigsplatz.mwn.de, Di, Do–So 10–17, Mi 10–20 Uhr), ist die Antike zu Hause. Seit der eleganten Sanierung der Interieurs 2003 werden ihre immensen Schätze vom filigranen Goldschmuck bis zu den mächtigen schwarz- und rotfigurigen Vasen in großen wechselnden Themenkomplexen stets für längere Zeit präsentiert (und hervorragend erläutert). Den Tempelbau der Sammlung auf steiler Freitreppe errichtete übrigens nicht Klenze sondern Georg Friedrich Ziebland im Jahre 1838.

Die 100 Schritte zur **Städtischen Galerie im Lenbachhaus** 22 (Luisenstraße 33, Tel. 089/23 33 20 00, www.lenbachhaus.de, Di–So 10–18 Uhr) durchmessen 2500 Jahre. Hier hängen die Bilder jener Kunstrevolution, die 1911 mit der Gruppe *Der Blaue Reiter* von München ihren Ausgang

Ein Tempel für die Meisterwerke der Griechen und Römer – Klenzes Glyptothek am Königsplatz erinnert an Winckelmanns Bild der Antike, geprägt von edler Einfalt und stiller Größe

nahm: Gemälde, Aquarelle, Zeichnungen von Kandinsky, Marc, Klee, Macke, Jawlensky, Münter und vielen anderen. Die unübertreffliche Sammlung ist vor allem der Stiftung Gabriele Münters von 1957 zu danken [s. S. 80]. Darüber hinaus präsentiert die Galerie Münchner Kunst von der Spätgotik bis zum Jugendstil und eine große Abteilung Gegenwartskunst. Dies alles beherbergt die stimmungsvolle, an italienische Landpalazzi erinnernde *Gartenvilla*, die sich Franz von Lenbach 1891 von Gabriel von Seidl bauen ließ. Auch Lenbach (1836–1904) war ein Malerfürst mit Gründerzeit-Grandezza wie die Salons zeigen. Im dazugehörigen kathedralhohen *Kunstbau* (im U-Bahn-Geschoss Königsplatz, Tel. 089/23 33 20 12, Di–So 10–18 Uhr) sind aufwendige Wechselausstellungen zu sehen.

Den nicht nur bau-, sondern stets auch sammelbegierigen Wittelsbachern ist es zu danken, dass die **Alte Pinakothek** 23 (Barer Straße 27, www.pinakothek.de, Tel. 089/23 80 52 16, Di 10–20, Mi–So 10–17 Uhr) zu den besten Museen der Welt zählt. Altdorfers *Alexanderschlacht* (1529) gab Wilhelm IV. in Auftrag, mit den *Vier Aposteln* schmeichelte Nürnberg sich bei Maximilian I. ein, der zuvor schon elf Dürerbilder erworben hatte, Max Emanuel kaufte den Rubens-Nachlass, Max I. Joseph viele Rembrandts und die Franzosen, Ludwig I. natürlich Italiener, auch Altdeutsche und Niederländer. Allein die Heiligtümer unter diesen Schätzen aufzuzählen, von Pachers *Kirchenväteraltar* (1480) über Leonardos *Maria mit Kind* (1475) bis zu Bouchers *Madame Pompadour* (1756), wäre hier entschieden rahmensprengend. Der an italienische Renaissance angelehnte unverputzte Ziegelbau von Leo von Klenze (1826–36), ein ›Meisterwerk der Proportionskunst‹, brachte dem Architekten die Berufung nach St. Petersburg ein.

Klenze-Klassizismus und Burgromantik als Architekturzitate sind in den Musterbau der Postmoderne (1981) von Alexander von Branca eingearbeitet, der die Sammlungen der **Neuen Pinakothek** 24 (Barer Straße 29, Tel. 089/23 80 51 95, www.pinakothek.de, Do–Mo 10–17, Mi 10–20 Uhr) wohltuend in Lichtwirkungen und Proportionen darbietet. Hier nun hat das 19. Jh. das Wort – und es zeigt von deutscher Frühromantik bis zum französischen Symbolismus seine ganze Vielfalt und Gegensätzlichkeit. Wie gleichzeitig entstandene Bilder kontrastieren können! Carl Spitzwegs *Armer Poet* (1839) mit William Turners *Ostende* (1844), Anselm Feuerbachs *Medea* (1870) mit Wilhelm Leibls *Nichte Lina* (1871), Franz von Stucks *Sünde* (1893) mit Max Liebermanns *Frau mit Geißen in den Dünen* (1890). Den Auf-

Im Rubenssaal der Alten Pinakothek, die unter anderem eine der umfangreichsten Sammlungen des großen Flamen besitzt. Hier: ›Das Große Jüngste Gericht‹, 1616

takt bildet das späte 18. Jh. mit Goya und Gainsborough, den Ausblick das beginnende 20. Jh. mit Monet, van Gogh, Corinth. Natürlich ist die viel geliebte Münchner Schule reich vertreten. Seit der Neuordnung anlässlich des 150-jährigen Bestehens der Sammlung im Jahr 2003 wird der *Griechenlandzyklus*, 1838–50 von Carl Rottmann für die nördlichen Hofgartenarkaden geschaffen, in einem eigenen Saal gezeigt.

TOP TIPP Die im Jahr 2002 eröffnete **Pinakothek der Moderne** 25 (Barer Straße 40, Tel. 089/23 80 53 60, www.pinakothek.de, Sa/So, Di/Mi 10–17, Do/Fr 10–20 Uhr) glänzt mit den Highlights der Staatsgalerie Moderner Kunst, des Architekturmuseums, der Neuen Sammlung und der Staatlichen Graphischen Sammlung. In dem von Stepahn Braunfels konzipierten großartigen architektonischen Rahmen präsentiert dieser Publikumsmagnet (627 000 Besucher in 2004) Meisterwerke von Klee und Kirchner, Beckmann und Picasso, Beuys und Baselitz sowie Werke der Gegenwart.

Deutsches Museum

Ein Museumsquartier ganz anderer Art liegt auf der entgegengesetzten Seite der Stadt auf einer Isarinsel: das **Deutsche Museum** 26 (Museumsinsel 1, Tel. 089/2 17 91, www.deutsches-museum.de, tgl. 9–17 Uhr). Es ist das bedeutendste technische Museum des Kontinents und mit 1,5 Mio. Besuchern jährlich auch das beliebteste. Ein Museum zum Anfassen, in dem der Besucher selbst etwas in Gang setzen kann, wollte es schon bei seiner Gründung durch Oskar von Miller 1903 sein. Inzwischen sind in dem von Gabriel von Seidl 1914 vollendeten Sammlungsbau mit *Meteorologischem Turm* 16 000 Objekte auf 15 km Führungsweg zu sehen: ein altes Bergwerk und eine neue Erdölbohranlage, Foucaultscher Pendel, Faradayscher Käfig, Salondampfer, Seenotkreuzer, Flugzeuge, Bergbahnen, Teleskope, Computer, Raumfahrzeuge, mikroelektronische Geräte. Beliebt ist auch das *Kinderreich* für die Drei- bis Achtjährigen, die hier die Welt der Technik und Naturwissenschaften in Abteilungen wie Wasserfall, Kraft, Feuerwehr, Computer, Lichtspielhaus, Musik und Studienlabor entdecken können.

Zu den Dependancen des Deutschen Museums gehören das in den historischen Messehallen nahe der Theresienwiese untergebrachte **Verkehrszentrum** (Theresienhöhe 14a, http://verkehrszentrum.deutsches-museum.de, Tel. 089/ 2179529, Fr–Mi 9–17, Do 9–20 Uhr), das die Geschichte der Mobilität anhand von Kutschen, Automobilen, Motorrädern, Eisenbahnen etc. dokumentiert, und die *Flugwerft Schleißheim* [s. S. 33].

Nymphenburg und Blutenburg

Der ›Blaue Kurfürst‹, Max Emanuel, war ein siegreicher Heißsporn im Türkenkrieg, aber ein erfolgloser Wirrkopf in der Politik, der sich mal auf österreichische, mal auf französische Seite schlug und damit viel verspielte, obendrein bedenkenlos die Staatsfinanzen zerrüttete. Aber da seine Verschwendungssucht gar herrlich in den Schlössern Nymphenburg und Schleißheim erstrahlt, kann ihm kein Kunstfreund gram sein.

TOP TIPP

Wie die Theatinerkirche war auch das im Westen gelegene **Schloss Nymphenburg** 27 (Tel. 089/17908654, www.schloesser.bayern.de, April–15. Okt. tgl. 9–18, 16. Okt.–März tgl. 10–16 Uhr) eine elterliche Manifestation des Dankes für seine Geburt 1662. Der Mittelbau von Zuccalli und Barelli stand bereits seit 1674, als Max Emanuel seine Künstler 1715 hier und in Schleißheim ungeduldig ans Werk rief: Baumeister Joseph Effner, Stuckateur Joh. Baptist Zimmermann, Freskant Jacopo Amigoni, Gartenarchitekt Dominique Girard usw. Sie schufen eine groß geartete Anlage, die allenthalben vom repräsentativen Spätbarock ins heitere Rokoko ›abhebt‹. Ihr Herz ist der anmutig vielgliedrige Schlossbau aus Mitteltrakt, beidseitigen Galerien und vier übereckgestellten Pavillons, im großen Halbkreis umgeben von einem mit Kavaliershäusern durchsetzten Rondell. Die lichtvolle Rokokopracht im Inneren kulminiert mit Stuck und Fresken im Steinernen Saal. Die blutleeren, genormten Damen (nach Vorbild der Sonnenkönigs-

Schloss Nymphenburg, Sommerresidenz der bayerischen Kurfürsten und Könige, ist von einer Parklandschaft umgeben. Hier geben sich Skulpturen und Spaziergänger ein Stelldichein

Rokoko-Kleinod von höchster Raffinesse: die Amalienburg im Nymphenburger Schlosspark, ein Meisterwerk von François Cuvilliés

Tochter) in Max Emanuels Schönheitengalerie unterliegen um Längen den so ›leibhaftig‹ wirkenden Landmädchen und Ladies, die Ludwig I. malen ließ.

Der **Schlosspark** mit dem Nymphenburger Kanal avancierte 1715 vom bescheidenen italienischen Kabinettgärtchen zum ornamentalen französischen Grand Parterre und im 19. Jh. durch Sckell zu einem ausgedehnten englischen Landschaftsgarten. Wie Juwelen liegen darin die Parkschlösschen: François Cuvilliés' *Amalienburg* (1739) – das schönste Lustschlösschen des europäischen Rokoko – mit dem ätherischen silberblauen Spiegelsaal, Kurfürst Karl Albrechts Geschenk für die ungeliebte Kaisertochter Amalie; die *Badenburg* (Effner, 1721), erstes heizbares Hallenbad; die raffiniert gebaute, zierliche *Pagodenburg* (Effner, 1719) mit Chinoiserie-Luxus, Max Emanuels intimste Schöpfung; schließlich die düstere *Magdalenenklause* (Effner, 1726), in der der ›Blaue Kurfürst‹ sich als alternder Eremit zu kasteien dachte, was ihm der Tod gnädig ersparte.

Reizvolle Museen rundum: Prunkwagen im **Marstallmuseum**, Nymphenburger Porzellan im **Porzellanmuseum** (beide: Öffnungszeiten wie Schloss Nymphenburg), lebendig präsentierte Naturwissenschaftliche Sammlungen im **Museum Mensch und Natur** (Tel. 089/179 58 90, www.musmn.de, Di–So 9–17 Uhr) und Natur pur im **Botanischen Garten** (Menzinger Straße 65, Tel. 089/17 86 13 50, www.botmuc.de, Febr., März, Okt. tgl. 9–17, April, Sept. tgl. 9–18, Mai–Aug. 9–19, Nov.–Jan. tgl. 9–16.30 Uhr).

Weiter westlich, knapp vor der Stuttgarter Autobahn, liegt das mauerumgürtete und von der Würm umflossene **Schloss Blutenburg** 28 (Seldweg 15, www.schloesser.bayern.de), heute (fast) noch eine spätgotische Idylle, wie aber erst im 15. Jh., als Herzog Albrecht III. mit Agnes Bernauer und der regierungsüberdrüssige Herzog Sigismund hier zu Jagd oder Saitenspiel weilten. Heute ist hier die Internationale Jugendbibliothek untergebracht, aber die *Schlosskirche* (tgl. 9–17 Uhr, im Winter tgl. 10–16 Uhr) sollte man sich nicht entgehen lassen, eine filigrane Kostbarkeit mit Netzrippen, goldgrundigen Gemälden, dem eindrucksvollen Hauptaltarbild von Jan Polack, schönen Figuren der Grasser-Nachfolge sowie Glas- und Wandmalereien.

Schleißheim

Zurück zu Max Emanuel und ins **Neue Schloss Schleißheim** 29 (Oberschleißheim, www.schloesser.bayern.de, Tel. 089/3158720, April–Sept. Di–So 9–18 Uhr, Okt.–März Di–So 10–16 Uhr) im Norden. Es sollte eine gewaltige Traumresidenz werden, doch die Schulden zügelten Unmaß zu Eleganz, wozu auch Effner und Kollegen das ihre beisteuerten (1719–26). Prunkvoll genug, ist die lang gestreckte, fensterdurchlichtete Fassade gravitätischer als in Nymphenburg, die Raumfolge geschlossener, mit Säulenhalle, herrlichem *Treppenhaus* (von Klenze vollendet), Festsaal, Großer Galerie und beidseitigen Wohnfluchten. In Stuck, Fresken, Schlachtengemälden ließ sich der Bauherr als Türkensieger feiern. Die Tradition seiner damals schon gerühmten Gemäldegalerie fortführend, beherbergen viele Säle Meisterwerke *Europäischer Barockmalerei* aus dem Bestand der Bayerischen Staatsgemäldesammlungen mit mehr als 300 Bildern aller Schulen und Länder und Glanzlichtern von Rubens bis Maulpertsch.

Der Vorläufer des Neuen Schlosses, das **Alte Schloss Schleißheim** (Information und Öffnungszeiten wie Neues Schloss Schleißheim), ein ländlicher Spätrenaissancebau von 1623 auf noch älterem Bestand, beherbergt ein hervorragendes *Museum religiösen Volksglaubens aller Völker* (Sammlung Weinhold) und verschiedene andere landeskundliche Sammlungen.

Der **Schleißheimer Schlosspark** im Osten ist das rare Beispiel eines Barockparks: wie eine schmale, tiefe Bühne auf einen Blick fassbar, durch Kanal- und Weg-Geometrien streng gegliedert. An seinem Ende steht inmitten des Ringkanals **Schloss Lustheim** (Information und Öffnungszeiten wie Neues Schloss Schleißheim), das Max Emanuel seiner ersten Frau, der Kaisertochter Maria Antonia, widmete, weit mehr aber mit ihrer Nachfolgerin, der polnischen Königstochter Therese Kunigunde Sobieska bewohnte, denn die Habsburgerin war im Kindbett jung gestorben. Das spätbarocke Jagd- und Wohnschlösslein ist mit seinen vorspringenden Seitentrakten ein gelungenes Werk Enrico Zuccallis von 1688. Diana, die römische Göttin der Jagd, in allen Fresken zugegen, ist heute die Wächterin der Porzellankiste, denn hier hat die *Meißener Porzellansammlung Ernst Schneider* eine fürwahr adäquate Bleibe für ihre 1800 Exponate gefunden.

Wem Kändlerfiguren zu klein sind, für den gibt es in Schleißheim auch etwas Größeres, nämlich das Museum für Luft- und Raumfahrt, die **Flugwerft Schleißheim** (Effnerstraße 18, Tel. 089/3157140, www.deutsches-museum.de, tgl. 9–17 Uhr). Die Dependance des Deutschen Museums verfügt über eine Ausstellungshalle mit imposanten Riesenvögeln zwischen Lilienthal-Flugzeug und Senkrechtstarter.

i Praktische Hinweise

Information

Fremdenverkehrsamt München, Sendlinger Str. 1, München, Tel. 089/23396500, Fax 089/23330233, www.muenchen-tourist.de

Hauptbahnhof, Bahnhofsplatz 2, München, Mo–Sa 9–20, So 10–18 Uhr

Neues Rathaus, Marienplatz 8, München, Mo–Fr 10–20, Sa 10–16 Uhr

München im Internet:
www.muenchen.de
www.muenchen-tourist.de
www.munich-info.de
www.in-muenchen.de

München im … [jeweiliger Monat], offizielles Monatsprogramm des Fremdenverkehrsamtes mit Veranstaltungshinweisen, Adressen, Unterkunftverziechnis usw., erhältlich an Kiosken, in Buchläden, Hotels, Reisebüros.

Flughafen

Flughafen München Franz Josef Strauß, 30 km nördlich von München, Tel. 089/975000, Flugauskunft, Tel. 089/97521313, www.munich-airport.de. *Anreise:* Autobahn A 92. Die S-Bahnen S 1 und S 8 verkehren im 20-Min.-Takt, Fahrtdauer vom Zentrum ca. 40 Min. Airport-City-Bus fährt ab Hauptbahnhof alle 20 Min., Fahrtdauer ca. 45 Min. Taxifahrt von der Innenstadt dauert ca. 30 Min.

Die Zeltdachlandschaft des Olympiageländes – wo einst Fußballer und Athleten um den Sieg kämpften, feiern heute die großen Stars der Pop- und Rockszene ihre Triumphe

Öffentliche Verkehrsmittel

MVV (Münchner Verkehrs- und Tarifverbund), Tel. 089/41 42 43 44, www.mvv-muenchen.de. Zum Verbund für Stadt und Umland gehören U-Bahn, Tram, S-Bahn sowie Stadt- und Regionalbuslinien. *Einzelfahrkarten* sind teuer, schon bei wenigen Fahrten oder für Gruppen empfiehlt sich die *blaue Streifenkarte*. Entwerten an Stempelautomaten entsprechend der Zonenzahl, d. h.: Kurzstrecke für bis zu vier Haltestellen (aber nur zwei mit U- und S-Bahn) = 1 Streifen; blaue Innenzone = 2 Streifen, jede weitere Zone = plus 2 Streifen. Für Kinder (6–15 J.) gilt die *rote Streifenkarte*. Empfehlenswert sind die *Single-* (1 Pers.) bzw. *Partner-Tageskarte* (bis zu 5 Pers.) für beliebig viele Fahrten, gültig bis 6 Uhr früh des folgenden Tages. Außerdem die Tageskarte *3 Tage-Innenraum*, ebenfalls als Single- oder Partnerkarte erhältlich. Weitere *MVV-Angebote:* WelcomeCard, Kongressticket, weiß-blaue Kombikarte (mit Schifffahrt auf dem Starnberger See oder Ammersee) und viele andere Kombitickets aus den Bereichen Kultur und Touristik (z. B. Eintrittskarte oder Flugschein und zugleich MVV-Ticket).

Stadtbesichtigung

Münchener Stadt-Rundfahrten, Tel. 089/55 02 89 95, www.muenchenerstadtrundfahrten.de. Abfahrt am Bahnhofsplatz gegenüber dem Hauptbahnhof.

Stattreisen München, Tel. 089/54 40 42 30, www.stattreisen-muenchen.de. Thematische Stadterkundung zu Fuß, per Rad oder Tram.

Spurwechsel, Tel. 089/6 92 46 99, www.spurwechsel-muenchen.de. Stadtführungen per Fahrrad, Doppeldeckerbus, zu Fuß, mit Tram, mit eigenem Chauffeur oder per Kutsche.

Aussichtspunkte

Domkirche zu Unserer Lieben Frau (Frauenkirche), 99 m, Frauenplatz 1, Südturm, Lift. April–Okt. Mo–Sa 10–17 Uhr

Rathausturm, 85 m, Marienplatz, Mo–Fr 9–19, Sa/So 10–19 Uhr

St. Peter, 92 m, Rindermarkt 1, Aufstieg. Mo–Sa 9–19, So 10–18, im Sommer bis 19 Uhr

Bavaria, 18 m, Theresienhöhe, Aussichtsraum im Haupt der bronzenen Kolossalstatue, tgl. 9–18 Uhr

Olympiaturm, 290 m, Olympiagelände, Lift zu Drehrestaurant, Galerie und Freiterrasse, tgl. 9–24 Uhr. Von hier reicht die Fernsicht an klaren Tagen bis zum Hohen Dachstein (2995 m) in den nördlichen Alpen. Besonders reizvoll bietet sich das für die XX. Olympischen Spiele 1972 vom Architekturbüro Behnisch und Partner gestaltete **Olympiagelände** zu Füßen des Turmes mit der bizarren Zeltdachlandschaft über den drei Hauptstadien dar: dem Olympiastadion (75 000 Plätze), der Olympiahalle (14 000

Plätze) und der Olympia-Schwimmhalle (2000 Plätze und fünf Becken).

Weitere Sehenswürdigkeiten

Bavaria Filmstadt, Bavariafilmplatz 7, München, Tel. 089/64 99 20 00, www.filmstadt.de. Bavaria Filmtour März–Okt. tgl. 9–16 Uhr, Führungen alle 10 Min., Nov.–Febr. tgl. 10–15 Uhr, Führungen alle 60 Min.

Tierpark Hellabrunn, Tierparkstr. 30, München-Thalkirchen, Tel. 089/62 50 80, www.tierpark-hellabrunn.de. April–Sept. tgl. 8–18 Uhr, Okt.–März 9–17 Uhr

Hotels

*******Bayerischer Hof**, Promenadeplatz 2, München, Tel. 089/2 12 00, Fax 089/2 12 09 06, www.bayerischerhof.de. Berühmtes, alteingesessenes Spitzenhotel mit erlesenem Interieur im Montgelas-Palais. Der Nachtclub ist bekannt für gute Livemusik.

TOP TIPP *******Kempinski Hotel Vier Jahreszeiten**, Maximilianstr. 17, München, Tel. 089/2 12 50, Fax 089/21 25 20 00, www.kempinski-vierjahreszeiten.de. Weltbekannter Hotelklassiker in Ideallage nahe Oper, Kammerspielen und Residenztheater sowie den edlesten Läden der Stadt.

*******Mandarin Oriental**, Neuturmstr. 1, München, Tel. 0 89/29 09 80, Fax 089/22 25 39, www.mandarinoriental.com. Marmornoble feine Adresse zwischen Maximilianstraße und Marienplatz.

******Admiral**, Kohlstr. 9, München, Tel. 0 89/21 63 50, Fax 089/29 36 74, www.hotel-admiral.de. Stilvolles Haus mit viel Liebe zum Detail.

******An der Oper**, Falkenturmstr. 10, München, Tel. 0 89/2 90 02 70, Fax 0 89/29 00 27 29, www.hotelanderoper.com. Freundlich, hell, bei Künstlern beliebt.

******Hilton München City**, Rosenheimer Str. 15, München, Tel. 089/4 80 40, Fax 089/48 04 48 04, www.hilton.de. 480 Zimmer, zwei Restaurants und Business Centre nahe der Isar am Kulturzentrum Gasteig, S-Bahnhof im Tiefgeschoss.

******Opera**, St.-Anna-Str. 10, München, Tel. 089/22 55 33, Fax 089/21 04 94 77, www.hotel-opera.de. Kleinod hinter Sgraffito-Fassade, italienische Atmosphäre im Innenhof.

*****Carlton**, Fürstenstr. 12, München, Tel. 089/28 20 61, Fax 089/28 43 91, www.renner-hotel-ag.de. Günstige Citylage, angenehmes Ambiente.

*****Einhorn**, Paul-Heyse-Str. 10, München, Tel. 0 89/53 98 20, Fax 0 89/53 98 26 63, www.hotel-einhorn.com. Komfort hinter Jugendstilfassade.

*****Villa am Schlosspark**, Hieberplatz 3, München-Obermenzing, Tel. 0 89/81 19 07 33, Fax 0 89/8 11 02 99, www.villa-am-schlosspark.de. Komfort-Villa mit modernem Boarding House.

Biederstein, Keferstr. 18, München, Tel. 089/3 89 99 70, Fax 089/3 89 99 73 89, www.hotelbiederstein.de. Gepflegtes, ruhiges Haus am Englischen Garten.

Blauer Bock, Sebastiansplatz 9, München, Tel. 0 89/23 17 80, Fax 0 89/23 17 82 00, hotelblauerbock.de. Aufmerksam geführt, zentrale Lage.

Oans, zwoa, g'suffa!

TOP TIPP Kurz ›Wiesn‹ genannt, tobt das Münchner **Oktoberfest** 16 Tage und Nächte lang vom vorletzten September-Samstag bis zum ersten Oktober-Sonntag auf der Theresienwiese (www.oktoberfest.de). Bei 5,9 Mio. Besuchern im Jahr 2004, 6,1 Mio. getrunkenen Maß Bier, dazu 481 649 verzehrten Hendln, 55 089 Schweinshax'n und 89 dicken Ochsen kann man ohne Übertreibung vom ›größten Volksfest der Welt‹ reden. Eingeführt wurde es 1810 bei der Hochzeit von Kronprinz Ludwig (später König Ludwig I.) mit Prinzessin Therese von Sachsen-Hildburghausen.

Biergartencharme am Nürnberger Bratwurstglöckl und Augustiner am Dom

Jedermann, Bayerstr. 95, München, Tel. 0 89/54 32 40, Fax 0 89/54 32 41 11, www.hotel-jedermann.de. Solider Familienbetrieb.

Restaurants

Gourmet-Tempel

Ederer, Kardinal-Faulhaber-Str. 10, München, Tel. 089/24 23 13 10. Haute Cuisine mit Bio-Produkten der Region, das Ambiente mit Kunstwerken veredelt (So/Fei geschl.).

Tantris, Johann-Fichte-Str. 7, München, Tel. 0 89/3 61 95 90. Hohe Schule der Gourmet-Kunst (So/Fei, Mo geschl.).

Vinaiolo, Steinstr. 42, München, Tel. 0 89/48 95 03 56. Kleine, aber feine Karte mit italienischen Spezialitäten. Die exquisite Küche hat sich schon zwei Sterne verdient (Mo nur abends).

Traditionsreiche Lokale

Asam-Schlössl, Maria-Einsiedel-Str. 45, München, Tel. 0 89/7 23 63 73. Kultivierte bayerische Küche in nobler Barockatmosphäre in Cosmas Damian Asams einstigem Landsitz (Fassadenmalerei!).

Preysinggarten, Preysingstr. 69, München, Tel. 0 89/6 88 67 22. Eine der ältesten Gastwirtschaften der Stadt bietet gute Küche.

Weinhaus Neuner, Herzogspitalstr. 8, München, Tel. 0 89/2 60 39 54. Schmackhafte Speisen unter alten Gewölben (So/Fei geschl.).

Zum Franziskaner, Perusastr. 5, München, Tel. 0 89/2 31 81 20. Bürgerlich-kultiviertes Restaurant.

Bayerische Tafelfreuden

Augustiner, Neuhauser Str. 27, München,Tel. 089/23 18 32 57. Restaurant, Bierhalle und Lenbach-Opulenz im Muschelsaal.

TOP TIPP **Nürnberger Bratwurstglöckl am Dom**, Frauenplatz 9, München, Tel. 089/22 03 85. Zur urigen Atmosphäre tragen auch die auf Zinntellern servierten Würstel bei.

Weißes Bräuhaus, Tal 7, München, Tel. 089/29 98 75. Schneider Weiße (original Flaschengärung) und zünftige Küche bietet das Altmünchner Wirtshaus.

Wirtshaus Zum Straubinger, Blumenstr. 5, München, Tel. 089/2 32 38 30. Umfangreiche Speisekarte und große Portionen.

Zum Dürnbräu, Dürnbräugasse 2, München, Tel. 089/22 21 95. Qualitätvolle bayerische Küche wird im rustikalen Wirtshaus mit kleinem Garten serviert.

Zum Spöckmeier, Rosenstr. 9, München, Tel. 089/26 80 88. Gediegene Münchener Speisen.

Bierkeller und Biergärten

Augustinerkeller, Arnulfstr. 52, München, Tel. 089/59 43 93. Stimmungsvoller Garten mit 5000 Sitzplätzen unter Kastanien sowie Gasstätte.

TOP TIPP **Aumeister**, Sondermeierstr. 1, München, Tel. 089/32 52 24. Hübscher Biergarten mit Gaststätte, ein beliebtes Ziel der Spaziergänger im nördlichen Englischen Garten.

Hirschgarten, Hirschgarten 1, München, Tel. 0 89/17 25 91. Biergarten mit 8000 Sitzplätzen, kinderfreundliche Anlage.

Hofbräukeller, Innere Wiener Str. 19, München, Tel. 089/4 59 92 50. Hofbräu-Ausschank in familiärer Atmosphäre.

Löwenbräukeller, Nymphenburger Str. 2, München, Tel. 0 89/52 60 21. Traditionsreich urig, direkt am Stieglmaierplatz.

Menterschwaige, Menterschwaigstr. 4, München, Tel. 0 89/64 07 32. Schön am Isarhochufer gelegenes Lokal mit Biergarten.

Paulaner am Nockherberg, Hochstr. 77, München, Tel. 089/4 59 91 30. Dunkles, starkes Fastenbier der Paulaner-Mönche. Das beliebte Lokal wurde 2002 in neuem Glanz wieder eröffnet.

Seehaus, Kleinhesselohe 3, München, Tel. 0 89/3 81 61 30. Biergarten-Erlebnisse im Englischen Garten direkt am See. Ferner ein ausgezeichnetes Restaurant mit Plätzen im Freien.

Starnberger See und Ammersee – die Badewannen Münchens

Mit einer Prunkflotte rund um den güldenen, dem venezianischen Dogenschiff Bucintoro nachgebauten ›Bucentaur‹ feierten Barock-Kurfürst Ferdinand Maria und Gemahlin Henriette Adelaide auf dem **Starnberger See** spektakuläre Wasserfeste, für die Häfen gebaut und die Schlösser am Ufer auf Hochglanz gebracht wurden. ›*Fürstensee*‹ hat man den Starnberger See genannt, weil die Herrschaft des Hochadels das altbesiedelte, schütter bewohnte Land prägte: Schlösser, Fischernester, Bauerndörfer. Erst die Mitte des 19. Jh. angelegte Eisenbahn machte viele seiner Orte zu Villendependancen und den See zur ›Badewanne‹ Münchens.

50 Jahre später, weit weniger vehement und mit Mittelstands- statt Prunkvillen, setzte dieselbe Entwicklung am **Ammersee** ein. Über den ›*Bauernsee*‹ gebot der Krummstab der Klöster Andechs und Dießen, in ihrer weithin sichtbaren Prominenz leicht als einstige Nervenzentren des Landes zu erkennen. Eine hügelig atmende Parklandschaft mit der Alpensilhouette im Hintergrund eint den stets ein wenig melancholischen Starnberger See mit dem weit fröhlicheren Ammersee zusamt ihren zwei kleinen und einem winzigen Trabanten, weshalb die Touristik den hochtrabenden Namen ›**Fünf-Seen-Land**‹ einführte.

2 Starnberg und Starnberger See

Die Kreis- und Hauptstadt des Fünf-Seen-Landes – und gegen den Uhrzeigersinn um den See herum.

Bis zu Beginn des 19. Jh. Fischer- und Handwerkerort, entwickelte sich **Starnberg** mit Eröffnung der Dampfschifffahrt (1851) und der Münchner Bahnlinie (1854) stürmisch zu einer Villenstadt, in der Münchner Architekten – wie Gabriel und Emanuel von Seidl, Friedrich von Thiersch, Richard Riemerschmid – für Münchner Adelige, Kaufleute, Künstler bauten. Die Atmosphäre von Binnenseebad und Landstädtchen aber behielt der reizvoll zu Schloss und Kirche auf dem Hügelrücken hoch gestaffelte Ort lange bei.

Segelboote, Seepromenade, Schwäne und ein Föhnhimmel wie gemalt: So liebt man sie, die Seen Oberbayerns, wie hier in Starnberg

Fernblick von der Ilkahöhe zum Gebirge. Der Blick ist den Spaziergang, der Spaziergang den Gourmet-Imbiss im Forsthaus Ilkahöhe wert

Seit dem Bauboom der Nachkriegsjahre dominiert heute das modische Gesicht.

An die Zeit höfischer Prunkschifffahrt von Kurfürst Ferdinand Marias ›Bucentaur‹ bis zu König Max' I. ›Carolina‹ erinnern, wenn auch verändert, *Bucentaur-Stadel* und *Schiffmeisterhaus* auf dem Gelände des Bayerischen Yacht Clubs (Nepomukweg 4–6). Auch von den alten Holzbauernhäusern ist ein Prachtexemplar erhalten, das vom Seeufer in die Possenhofer Straße 5 versetzt und als *Heimatmuseum* (Zugang vom Bahnhofsplatz, Tel. 0 81 51/77 21 32, www.heimatmuseum.starnberg.de, Di–So 10–12 und 14–17 Uhr) eingerichtet wurde. Es war ein von Patriziern bewirtschafteter Bauernhof, 1692 mit Teilen des Vorgängerbaus von 1500 errichtet: ein ideales Gehäuse für die Sammlungen zur Kulturgeschichte des Starnberger Raumes von der Guglhupfform bis zum ›Bucentaur‹-Modell. Ihr schönstes Stück aber ist das Fragment einer Figur der hl. Magdalena (1755) von Ignaz Günther: ein Wunder an Anmut und zarter Sinnlichkeit – stimmungsvolle Vorbereitung auf die Kirche am Schlossberg.

Die *Alte Pfarrkirche St. Josef* ist weithin sichtbar, doch bescheiden in den Bauformen. Nur die Turmhaube ist an Grazie nicht zu überbieten. Und wie glücklich macht das Innere in seiner zurückhaltenden Schönheit. Hofbaumeister Leonhard Matthäus Gießl hat Schwung und Rhythmus des Rokokoraums raffiniert gedämmt; wir schreiben 1766, sind also dem Klassizismus nahe. Der Stuck von Franz Xaver Feichtmayr will nicht brillieren, auch Christian Winks *Fresken* sind dezent auf Ocker gestimmt, meisterlich locker ausgebreitet, mit Lokalbezügen angereichert (Langhaus: ›Heilige Familie‹ und ›Vision des hl. Josef‹, Chor: ›Starnbergs Stände erflehen von Maria und Josef den Schutz der Dreifaltigkeit‹). Um so strahlender tritt aus all dem Ignaz Günthers alabasterweiße *Hochaltargruppe* der Heiligen Familie hervor, auf dem Postament des Tabernakels um die Weltkugel gruppiert und flankiert von den Schifferpatronen Johann Nepomuk und Franz Xaver, eine theologisch sinnfällige Komposition von abgeklärter Harmonie. Ein Bravourstück hingegen ist seine von Evangelistenattributen eingefasste *Kanzel*: Das ›Viergetier‹, Adler, Löwe, Stier und Engel, trägt das Wort.

Der Kirche gegenüber erhebt sich die wuchtige Vierflügelanlage des *Schlosses* mit Brücke und Schlossmauer, im 13. Jh. Burg der Grafen Andechs-Meranien, von 1365 an Pfleggericht der Wittelsbacher, 1541 von ihnen zum Sommersitz umgebaut, heute Finanzamt mit Seeblick.

Der Starnberger See

Der zweitgrößte See Bayerns (58 km^2 und bis zu 127 m tief) wird von den Fischern seit jeher nach seinem Abfluss ›Würmsee‹ genannt. Er wird befahren von den Dampfern der *Bayerischen Seenschifffahrt*, von Segel- und Elektrobooten, Katamaranen und Surfern und ist mit einer Fülle von Segelhäfen, Surfschulen und Jachtclubs sowie 16 Strandbädern und Badeplätzen ausgestattet. Der *Rundwanderweg* umfasst 48, die *Radtour* rundum 52 km, wobei man an manchen Stellen auf die Autostraße ausweichen muss. Da die Villen am Ufer natürlich gegen die Wege heckengeschützt sind, ist ihre Pracht am ehesten vom See aus zu bewundern.

Das Westufer

»Protzenhausen« spotteten Neidische, als Arnold von Zenetti 1854 die Villenko-

lonie von **Niederpöcking** zu bauen begann, meist Residenzen für Prominente wie den Maler Moritz von Schwind, den Opernintendanten Karl von Perfall oder den Erzgießer Ferdinand von Miller, Schöpfer der Münchner Kolossalstatue ›Bavaria‹, dessen neogotisches Haus durch Turm und Eckerker auffällt. Weitaus medienträchtiger ist freilich der ebenfalls neogotische Walmdachbau mit Ecktürmen und Zinnen in **Possenhofen**, das *Schloss*, in dem Kaiserin Elisabeth von Österreich ihre Kindheit verbrachte. Später empfing ›Sisi‹ hier ihren schweigsamen Cousin Ludwig II., der ihr durch schwärmerische Seelenfreundschaft, ihrer noch schöneren Schwester Sophie durch eine kurze Verlobung verbunden war. Beider Vater, Herzog Max in Bayern, hatte den alten, von Barockfürst Ferdinand Maria favorisierten Wittelsbachersitz 1834 erworben und ließ ihn für seine zwölfköpfige Familie 1860 durch eine riesige Dreiflügelanlage erweitern (heute eine luxuriöse Eigentumswohnanlage). Der Park ist zugänglich.

Der hübsche Ortskern von Possenhofen wartet mit einem feinen *Bahnhof* im Maximilianstil auf. Der herrschaftliche Wartesaal, der Königssalon, ist im Rahmen von Ausstellungen zu besichtigen.

Da das Hofzeremoniell ›Sisi‹ verbot, bei ihren alljährlichen Besuchen als Kaiserin bei ihren Eltern zu wohnen, stieg sie mit ihrem Riesentross in **Feldafing** in einem Gasthof ab, der bald zum Nobelhotel ›Kaiserin Elisabeth‹ avancierte. 1865 hielt dann hier noch der Zug Starnberg–Tutzing: Aufschwung ohnegleichen. Dass das Seeufer nicht ›vollgestellt‹ wurde, war König Max' II. Verdienst, der durch den preußischen Gartendirektor Peter Joseph Lenné einen bis Tutzing reichenden Landschaftspark konzipieren und durch Karl von Effner bis 1863 anlegen ließ: heute eine Augenwonne mehr denn je. Auf der **Roseninsel** (Überfahrt bei gutem Wetter vom Platanenrondell im Park Feldafing, Tel. 0171/7222266) gegenüber von Feldafing schuf Lenné ein herrliches Rosarium um die brilliant wieder hergestellte toskanisch-alpenländische Villa, das sog. *Casino* (Mai–15. Okt. 12–18 Uhr, Tel. 08151/6975). Es war einst Refugium für Ludwig II. Heute kann man im Gartensaal romantisch heiraten.

Tutzing, der zweitgrößte Ort am See, zeichnet sich durch recht einheitliche Landhausbauten aus. Sein oft verändertes, durch viele Hände gegangenes *Schloss* mit klassizistischem Hauptgebäude und Parkanlage von Karl von Effner, an der einladenden Uferpromenade gelegen, ist seit 1949 Residenz der renommierten *Evangelischen Akademie*. Schon vor der Wende zum 20. Jh. war es als Verlegerhaus Treffpunkt eines Schriftsteller- und Gelehrtenkreises, ebenso wie das löwenbewachte ›florentinische‹ *Midgard-Haus* am See (heute Härings Wirtschaft, s. S. 42). Unumgänglich ist der Besuch der **Ilkahöhe** (728 m) oberhalb von Tutzing we-

Südlich des Starnberger Sees liegt die bezaubernde Ferienlandschaft der Osterseen

gen des reizvollen See- und Alpenblicks, begehenswert das unter Naturschutz stehende Schilf- und Vogelgebiet Karpfenwinkel und die Lindenallee zwischen Unterzeismering und Bernried.

Die Besucherattraktion von **Bernried** ist das 2001 eröffnete *Buchheim Museum* (Am Hirschgarten 1, Tel. 0 81 58/99 70 60, www.buchheimmuseum.de, April–Okt. Di–So/Fei 10–18 Uhr, Nov.–März Di–So/Fei 10–17 Uhr), ein vom Münchener Olympia-Architekten Günther Behnisch schiffsgleich am Ufer vertäutes Schatzhaus für die Sammlungen Lothar Günther Buchheims mit einer glanzvollen Parade von ›Brücke‹-Expressionisten, Exotika von Afrika bis Ostasien, Guckkastenbildern und vielerlei Amüsantem mehr.

Das Dorf selbst ist vielleicht das bezauberndste Fleckchen am See: alte Holzbauernhäuser, Obstgärten, Alleen und ein bescheidener Klosterbezirk. Das einstige *Augustinerchorherrenstift* hatte Graf Otto von Valley 1120 zur Bewahrung einer Armreliquie des hl. Martin gegründet, später übernahmen die Wittelsbacher die Vogtei. Begütert war es nie. Nur Ferdinand Maria gab mit vollen Händen, ließ Kirche und Kloster 1659 barock erneuern. Heute betreuen die Tutzinger Missionsschwestern hier ein Bildungshaus. In der Stiftskirche *St. Martin* wird man vor allem einen spätgotischen Flügelaltar (1510) bewundern, in der Hofmarkskirche *Mariä Himmelfahrt* gleich gegenüber fallen die exzentrischen Seitenaltäre (1769) von Paul Zwinck nach Entwürfen von Tassilo Zöpf und eine überaus herbe ›Pietà‹ des 14. Jh. in einen Rokokoaltar auf. Ein schöner, etwa einstündiger Spaziergang führt von Bernried nach **Seeseiten**.

Am Ostufer nordwärts

Seeshaupt darf zwischen dem Starnberger See und den benachbarten **Osterseen** wählen, einer filigranen Eiszerfallslandschaft mit 21 kleineren und größeren Gewässern, Mulden, Buckeln und Waldschöpfen. Als Spitzweg in Seeshaupt das ›Hotel Post‹ malte und der große Hygieniker Max von Pettenkofer sich hier ein Landhaus baute, Mitte des 19. Jh., kam der Ort bei vornehmen Reisenden in Mode. Heute ist **Ambach** bei der Münchener Schickeria ›in‹. Hier bei der Anlegestelle im zünftigen ›Zum Fischmeister‹ (Seeuferstr. 31, Münsing, Tel. 0 81 77/5 33, Mo/Di geschl.) verkehrten und verkehren Prominente wie die verzinkten Naturburschen Herbert Achternbusch und Sepp Bierbichler, der Schriftsteller und der Schauspieler. Indes in **Ammerland** das knubbelig-bayerische Zwiebelturmschloss des ›Kasperlgrafen‹ bei Hof, Franz Graf Pocci, hell übern See strahlt und sich bei **Allmannshausen** der pathetische, wenn auch aussichtsreiche, von Münchner Nationalpatrioten gestiftete *Bismarckturm* (1899) aufwuchtet, erinnert der feine oberbayerische Giebelbau des Himbsel-Hauses am Ufer bei **Leoni** an den Architekten Joh. Ulrich Himbsel, dem die Anlagen für Bahn und Schifffahrt am See zu danken waren.

Pfingstwunder-Relief in der Dorfkirche von Leutstetten, 1480–90

Das heiter wirkende **Berg** ist der traurige Todesort Ludwigs II. Zeit seines Lebens dem hiesigen Familiensitz eng verbunden, wurde er gleich nach seiner Entmündigung am 12. Juni 1886 unter Bewachung von Schloss Neuschwanstein hierher gebracht. Anderntags unternahm er mit seinem Psychiater Bernhard von Gudden einen Abendspaziergang. Vier Stunden später wurden die Leichen beider Männer im See treibend gefunden. Die Umstände des Todes sind bis heute ungeklärt. Oberhalb des *Gedenkkreuzes* im See steht am Ufer die 1896–1900 errichtete *Votivkapelle*, ein neoromanischer Zentralbau mit steilem Zeltdach, innen vielfarbig gefasst und mit Kuppel- und Apsisfresken ausgestattet, die Christus in der Mandorla sowie die von den Wappen und Patronen der acht bayerischen Diözesen umgebene Patrona Bavariae darstellen (Freskant August Spiess). Das ursprünglich barocke, später neogotisch umgebaute *Schloss* in einem Park, der von Ferdinand Maria bis zu Ludwig II. ein Ort viel gemalter Festivitäten war, ist heute ein verkargter kubischer Bau in Familienbesitz.

Mörlbach und Leutstetten

Dass hier bescheidene Dorfkirchen oft erstaunliche Schätze bergen, hängt mit der früheren Gliederung des Landes in Hofmarken (Niedergerichtsbezirke) zusammen, zu denen Hofmarkschlösser und -kirchen gehörten. Am Rande von **Mörlbach** östlich Bergs entpuppt sich das **Kircherl** (Schlüssel im Haus vor dem Einfahrtsweg von Westen) am idyllischen Weiher innen als eine vom Boden bis zum Gewölbe einheitlich spätgotische Kostbarkeit, obendrein mit zwei exquisiten Schnitzaltären ausgestattet: dem von filigranem Geäst übersponnenen, etwas preziösen *Hochaltar* (um 1520) mit den hll. Sebastian, Stephanus und Jakobus im Schrein, aus der Werkstatt des Meisters von Rabenden, und einem blutvoll geschnitzten *Verkündigungsaltar* (um 1480) mit gemalten Marienleben-Szenen voller frischer Details der Naturanschauung.

Ähnlich ist die Situation im schönen **Leutstetten** nördlich Starnbergs. In der insgesamt edlen Altarausstattung fällt das *Pfingstwunder-Relief* am linken Seitenaltar als künstlerischer Wurf auf: In seiner temperamentvollen Gruppenkomposition der Apostel um Maria bindet es eine Vielfalt empfindsam gekennzeichneter Menschentypen, Gesten und Blickrichtungen in einen wahren Bewegungssog ein, der um das Zentrum der Gottesmutter kreist. Man denkt an einen Mitarbeiter Grassers oder Kriechbaums und das Datum 1480–90.

Und wer nach einem Spaziergang im Würmtal Erfrischung sucht, ist im **Königlich-Bayerischen Biergarten** der *Schlossgaststätte Leutstetten* (Altostraße 11, Tel. 0 81 51/81 56) bestens aufgehoben. Der Name trifft's: Eine zünftige Gaststätte gegenüber dem Wittelsbacher Schloss und ein Biergarten für 600 Leute. Im amüsant ausgestatteten Theatersaal finden gelegentlich Gastspiele der Münchner *Iberl-Bühne* statt (www.iberl-buehne.de, Tel. 089 /74 99 72 21).

Gedenkkreuz im Starnberger See bei Berg, wo Ludwig II. wahrscheinlich ertrunken ist

Praktische Hinweise

Information: Tourismusverband Starnberger Fünf-Seen-Land, Wittelsbacher Str. 2 c, Starnberg, Tel. 0 81 51/9 06 00, Fax 0 81 51/90 60 90, www.sta5.de

Badeplätze: Starnberg, Pöcking, Possenhofen, Tutzing, Bernried, Seeseiten, Seeshaupt, St. Heinrich, Ambach, Ammerland, Berg, Kempfenhausen.

Bayerische Seenschifffahrt, Dampfschiffstr. 5, Starnberg, Tel. 0 81 51/1 20 23, www.bayerische-seenschiffahrt.de. Anlegestelle am Bahnhof Starnberg.

Hotels

TOP TIPP ****Golfhotel Kaiserin Elisabeth, Tutzinger Str. 2–6, Feldafing, Tel. 0 81 57/9 30 90, Fax 0 81 57/9 30 91 33, www.kaiserin-elisabeth.de. Berühmtes in einem herrlichen Park gelegenes Haus mit viel Stil und Atmosphäre beim Golfclub Feldafing. Küche mit Ambitionen. Tennisplatz und Sauna.

***Gasthof Alte Linde**, Wieling 5, Feldafing-Wieling, Tel. 0 81 57/93 31 80, Fax 0 81 57/93 31 89, www.linde-wieling.de. 53 gemütliche Zimmer und gute bayerische Küche.

***Hotel Schloss Berg**, Seestr. 17, Berg, Tel. 0 81 51/96 30, Fax 0 81 51/9 63 52, www.hotelschlossberg.de. Großes Hotel mit Restuarnat am See. Geboten werden auch Pauschalangebote für Sportwochen und -wochenenden.

Hotel Bayerischer Hof Starnberg, Bahnhofsplatz 12, Starnberg, Tel. 0 81 51/27 50, Fax 0 81 51/1 21 90, www.hotel-bayerischer-hof-starnberg.de. Komfort, Seeblick und Schmankerlküche.

Forsthaus am See, Am See 1, Possenhofen-Pöcking, Tel. 0 81 57/9 30 10, Fax 0 81 57/42 92, www.forsthaus-am-see.de. Schöne Lage, komfortable Zimmer, ehrgeizige Küche.

Tutzinger Hof, Hauptstr. 32, Tutzing, Tel. 0 81 58/93 60, Fax 0 81 58/93 61 00, www.tutzinger-hof.de. Gediegenes Hotel mit bayerischer Küche.

Restaurants

Fischer-Rosl, Beuerberger Str. 1, St. Heinrich, Tel. 0 88 01/7 46. Renommiertes Fischrestaurant in einem alten Gebäude.

TOP TIPP **Forsthaus Ilkahöhe**, oberhalb von Tutzing, am Südende Richtung Weilheim,Tel. 0 81 58/82 42, www.ilkahoehe.de. Lokal mit kleiner, aber feine Speisekarte. Gehobene Preise, Panorama gratis (Mo/Di geschl.). Schön ist auch der kleine Biergarten.

Härings Wirtschaft, Midgardstr. 3, Tutzing, Tel. 0 81 58/12 16. Beliebter Biergarten am Seeufer (Mo geschl.).

Starnberger Alm, Schlossbergstr. 24, Starnberg, Tel. 0 81 51/1 55 77. Bayerisch-schwäbische Spezialitäten und lange Weinkarte (So nur Mittagessen, Mo geschl.).

Spektakel im Nassen

In Herrsching, Dießen, Starnberg (hier alle 5 Jahre, 2007 usf.), Tutzing, Schliersee, Laufen und anderen Orten finden TOP TIPP jedes Jahr im Sommer das **Fischerstechen** oder **Schifferstechen** statt: Wettkämpfe auf Seen oder Flüssen, bei denen sich auf Booten stehende Männer mit einer langen Stange ins Wasser zu stoßen versuchen. Wer oben bleibt, wird *Fischerkönig*. Der auf Zunftspiele des Mittelalters zurückgehende Brauch ahmt scherzhaft das Harpunieren von Fischen nach, beruht also auf einem ›Analogiezauber‹, der Fangglück bringen soll. Die Spielregeln variieren von Ort zu Ort. Termine sind bei den örtlichen Tourismusbüros zu erfragen.

3 Kloster Schäftlarn

Ensembleleistung berühmter Münchner Hofkünstler.

Nordöstlich von Mörlbach liegt im Isargrund das ländliche Kloster Schäftlarn (www.abtei-schaeftlarn.de), Lieblingsziel der Münchner: Flusstalwanderung, Klosterbräu, Rokokojuwel. Das auf das Jahr 762 zurückgehende Benediktinerkloster,

Wo einst Gletscher ›parkten‹, lädt heute der Ammersee zu Segelfreuden ein

1140 unter Freisings Protektorat von Prämonstratensern neu besiedelt, gehört seit 1866 wieder den Benediktinern, die hier Gymnasium und Internat betreuen.

Der Neubau der **Kirche** entstand 1733–57 mit Unterbrechungen und Baumeisterwechsel von François Cuvilliés d. Ä. zu Joh. Michael Fischer und Joh. Baptist Gunetzrhainer. Aber der Ruhm dieser Namen entfaltet sich, wie es die Art bayerischen Rokokos ist, erst *hinter* der ehrgeizlosen Fassade. Die lichte Eleganz des *Inneren* beruht auf einer Abfolge von Raumteilen vor und zwischen dem in der Querachse ausladenden Hauptraum und dem hufeisenförmig gerundeten Chorraum, und diese Abfolge gliedern Doppelpilaster und überwölben Flachkuppeln und Tonnen in reizvollem Wechsel.

Sparsam akzentuierter Stuck und in Kolorit und Komposition schwebend leichte *Deckenfresken* – Szenen der Norbert-Legende und die Gründung Schäftlarns zeigend – pointieren die Harmonie des Raums, beides Spätwerke des großen Wessobrunners und Münchner Hofkünstlers *Joh. Baptist Zimmermann*. Die Altäre, die feine Kanzel, die wunderbaren Figuren schuf *Joh. Baptist Straub*, ›Vater der bayerischen Rokokoskulptur‹, dessen Ensemblekombination und Anmut stets von einem Hauch Klassizität berührt ist: St. Juliana und St. Dionys am Hochaltar mögen es stellvertretend für die anderen Figuren zeigen. Und die Orgelempore – ist sie nicht schon selbst schiere Musik?

4 Ammersee und Trabanten

Badeparadies und abwechslungsreiche Wanderlandschaft.

Der drittgrößte See Bayerns (47 km^2, bis zu 82 m tief), der im Süden die Ammer aufnimmt und im Norden die Amper entlässt, ist an beiden Polen durch Moorgebiete verlandet. Sein ganzes Westufer und wesentliche Teile des Ostufers stehen unter Landschaftsschutz und sind deshalb nur mäßig verbaut; an der Ammermündung liegt ein Vogelschutzgebiet. Die Moränenlandschaften im Osten und die noch stillere Szenerie im Westen mit ihren waldbeschopften Hügeln, Weihern, Mooren und Weiden sind vielseitige *Wandergebiete* mit bequemen Wegen. Der Rundwanderweg um den See umfasst 42 km.

Im Nordosten hat die emsige Gletscherarbeit eine kleinteilige Dependance geschaffen: Der *Wörthsee* mit dem schönen Hauptort Steinebach und der *Pilsensee* zu Füßen von Schloss Seefeld sind warme Badeseen in ländlicher Umgebung, der *Wesslinger See* aber ist ein ›Wasserbottich‹ mitten in Wessling.

Die Besiedlung des Ammerseegebiets geht bis in die Landnahmezeit des 6. Jh. zurück. Die heute durch die S-Bahn mit München verbundene Hauptgemeinde **Herrsching** entwickelte sich aus einem frühbajuwarischen Adelssitz zum Dorf

Ideal für guten Empfang – die ›Raistinger Wanne‹ südlich des Ammersees mit den Parabolantennen der Satelliten-Funkstation links und dem Ort Pähl rechts

und nahm ihren Aufschwung erst 1903 durch Eisenbahn und Dampfschifffahrt. Die Modernisierungen der vergangenen Jahrzehnte haben den historischen Ortskern so umstrukturiert, dass nur wenige Baudenkmäler erhalten blieben. An der gepflegten Seepromenade fällt das *Kurparkschlössl* durch seinen pittoresken Burgenstil auf, es war vor 100 Jahren die Künstlervilla des Malers Ludwig Scheuermann und beherbergt heute das Gemeindezentrum. Die Herrschinger Bucht ist ein beliebtes Segelparadies.

Weiter nördlich beherrscht der von einem Bergfried überhöhte Arkadenbau von **Schloss Seefeld** auf einem Bergsporn das Landschaftsbild. Seit 1472 im Besitz der Grafen von Toerring zeigt der Komplex Baupahsen aus vielen Jahrhunderten, es mit dominieren jedoch mittelalterliche Elemente. Eine 3 km lange, 1778 angelegte *Eichenallee* führt von Ettenhofen auf das Schloss zu: eine Rarität. In einem Gebäudeteil der Anlage ist die Dependance des Münchener *Staatlichen Museums Ägyptischer Kunst* (Tel. 0 81 52/7 06 52, www.aegyptisches-museum-muenchen.de, Di–So 10–17 Uhr) mit jährlich wechselnden Ausstellungen zu ethnologischen Themen untergebracht.

Inning an der Nordspitze des Ammersees bildete einst eine wichtige Salz-Zwischenstation an der Handelsstraße München–Bodensee, wovon noch der stattliche Giebelbau des *Salzstadels* (1646) am Marktplatz zeugt. Die *Pfarrkirche* wartet mit schönen Deckenfresken von Christian Wink und apartem kobaltblauem Rokokostuck (1767) von Tassilo Zöpf auf.

Utting ist ein heiterer Ort mit Bootshafen, Segelschulen, Tennisplätzen – wie alle größeren Uferorte bietet er viele Sport- und Wassersporteinrichtungen.

Landeinwärts bei **Raisting** blitzen riesige Metallschalen in der Sonne. Es sind die 18 Antennenschüsseln der Satellitenstation *Erdfunkstelle Raisting* (www.raisting.de/erdfunkstelle, Führungen nach Vereinbarung, Tel. 08 81/26 91), die TV-Programme und Ferngespräche aus aller Welt durch Nachrichten- und Synchronsatelliten empfangen. Die älteste stammt aus dem Jahr 1964 und wurde mit einer Kunststoffkugel überspannt, die sich bei den späteren Konstruktionen als unnötig erwies. Weil sie vor terrestrischen Funklinien durch Hügelketten im Osten und Westen geschützt ist, bot die ›Raistinger Wanne‹ den idealen Standort für die Anlage.

Badeplätze: *Ammersee:* Herrsching, Stegen, Schondorf, Utting, Riederau. *Pilsensee:* Seefeld, Hechendorf. *Wörthsee:* Steinebach. *Wesslinger See:* Wessling.

Bayerische Seenschifffahrt, Landsbergerstr. 81, Inning-Stegen, Tel. 0 81 43/9 40 21, www.bayerische-seenschiffahrt.de

Wandern

Wanderungen von Herrsching nach *Andechs* über Leitenhöhe und Jägersteig durchs Kiental, zurück über Ochsengraben und wieder durchs Kiental sind in 2,5 Std. zu machen. Zum *Pilsensee* oder zum *Wörthsee* und zurück ist man ebenfalls je 2 Std. unterwegs.

Hotels

***Ammersee Hotel**, Summerstr. 32, Herrsching, Tel. 0 81 52/9 68 70, Fax 0 81 52/53 74, www.ammersee-hotel.de. Komfortables Hotel direkt am See mit Restaurant und Spa.

***Andechser Hof**, Zum Landungssteg 1, Herrsching, Tel. 0 81 52/9 68 10, Fax 0 81 52/96 81 44,www.andechser-hof.de. Angenehmes Hotel mit Schwimmbad, Sauna und Dampfbad. Das Restaurant bietet Regionalküche wie Ochsenschwanzragout und Schweinsbraten.

i Praktische Hinweise

Information: Verkehrsamt Herrsching, Bahnhofsplatz 3, Herrsching, Tel. 0 81 52/52 27, Fax 0 81 52/4 05 19, www.herrsching.de

In See stechen – von Herrsching aus starten Dampfer von April bis Oktober zu Rundfahrten

Herbstlandschaft mit Kuh und Kirche – Koster Andechs strahlend im Farbenzauber ▷

******Seehof Herrsching***, Seestr. 58, Herrsching, Tel. 0 81 52/93 50, Fax 0 81 52/93 51 00, www.seehof-ammersee.de. Behagliches Familienhotel mit Restaurant direkt an der Seepromenade.

Restaurants

Alte Villa, Seestr. 32, Utting, Tel. 0 88 06/6 17. Restaurant am See mit Biergarten, bekannt wegen des Jazz-Frühschoppens mit guten Bands am Sonntag (Mo/Di geschl.).

Landgasthaus Mühlfeld-Bräu, Mühlfeld 13, Herrsching, Tel. 0 81 52/55 78. Rustikal-Geschnitztes und Perfektion rundum bis hin zur eigenen Brauerei. Gute Küche. Vorbestellung empfohlen.

Seehaus Schreyegg, Landsberger Str. 78, Stegen, Tel. 0 81 43/99 25 37, www.seehaus-schreyegg.com. Restaurant mit nobel-bayerischer Küche und Gartenterrasse zum See.

5 Kloster Andechs

Der Heilige Berg, die ehrwürdige Geschichte und die Bierseligkeit.

Elegant steigt der Turm über das Klostergeschachtel auf dem Moränenhügel: kein raunender, ein behaglicher Kultort. Seine fassbare Geschichte beginnt mit der bayerischen Dynastie der Grafen und Herzöge von *Dießen-Andechs-Meranien*, vom 10. bis 13. Jh. eine der mächtigsten Familien Europas. Sie verfügte über Besitzungen von Burgund bis Istrien (damals ›Meranien‹) und hatte verwandtschaftliche Beziehungen zum französischen bis ungarischen Thron. Mitglieder der Familie waren Städte- und Klostergründer, Bischöfe und Königinnen, viele von ihnen wurden selig und heilig gesprochen, wie die hl. Elisabeth von Thüringen und ihre Tante, die Schlesierherzogin Hedwig. 1132 wandelte das Grafengeschlecht die Stammburg Dießen in ein Hauskloster um, in das Augustinerchorherren einzogen, und verlegte seinen Sitz auf die Burg Andechs. 1208 der Mittäterschaft an der Ermordung Philipps von Schwaben durch Otto von Wittelsbach bezichtigt und gebannt, 1220 rehabilitiert, erlosch die Familie 1248.

Von der geschleiften Burg blieb nur die Nikolauskapelle stehen, und darin wurden 1388 die von den Andechsern im Heiligen Land gesammelten Reliquien mit dem Herzstück der Drei Heiligen Hostien gefunden. Ihre bei einer Heiltumsschau in München ›erprobte‹ Anziehungskraft bewirkte, dass die Wittelsbacher, jetzt Besitzer von Andechs, 1420 den Bau einer gotischen Wallfahrtskirche unterstützten und, nach weiteren Schritten, Herzog Albrecht III. 1455 auf dem ›Heiligen Berg‹ (von da an so genannt) ein Benediktinerkloster gründete. Ein Brand durch Blitzschlag 1669 ließ nicht viel mehr als die Reliquienkapelle unversehrt. Der Wiederaufbau der Anlage begann unverzüglich, erreichte seine Vollendung mit dem Inneren 1755. Die jüngste Restaurierung der **Kirche** (Mo–Fr 8–18 Uhr, Führung 14 Uhr, Gruppen-Führungen auf Voranmeldung, Tel. 0 81 52/37 61 54, www.andechs.de) wurde im März 2005 abgeschlossen. Eine dreischiffige gotische Halle in ein ›Roko-

kozelt‹ zu verwandeln, ohne jene zu verleugnen und ohne dieses in seinem Neuerungswillen zu hemmen, war das überlegene Kunststück Joh. Baptist Zimmermanns und Lorenz Sappels. Sie brachen die zwei östlichsten Pfeiler heraus, kuppelten über dem Altar ein erhöhtes Gewölbe auf, ondulierten die für Wallfahrtskirchen typische Umgangsgalerie mit Empore schwungvoll, erdachten eine Fülle architektonischer und ornamentaler Raffinessen, um den Raum in ›Drehbewegung‹ zu versetzen. Dabei spielen der zart flammende Stuck und die frühlingsfarbenen Deckenfresken mit, beides von Zimmermann!

Er entwarf auch den grandiosen *Doppelaltaraufbau* für die beiden Marien, die untere, spätgotische, barock bekleidete *Gnadenmadonna* (um 1460) und die obere barocke *Immaculata* (1609) von Hans Degler. Die begleitenden Heiligen: unten Nikolaus und die hinreißende Elisabeth (Joh. Bapt. Straub), oben Benedikt und Scholastika, auf den Emporen verzückt gestikulierend Nepomuk und Florian (alle von Franz Xaver Schmädl). In den *Deckenfresken* über dem Altar verehren Heilige, vor allem des Hauses Andechs, die Dreihostienmonstranz; über dem Gemeinderaum sind ›Christi Himmelfahrt‹ und der ›Teich Bethesda‹ unter dem Andechser Gnadenbild dargestellt, über der Orgelempore Engelschöre. Straubs elegante vordere *Seitenaltäre* umgeben zwei hervorragende Gemälde (1703) von Andreas Wolff: links der hl. Benedikt, rechts der sel. Rasso, legendärer Gründer des Hauses Andechs.

Die wichtigste der Seitenkapellen in beiden Stockwerken ist die obere **Heilige Kapelle** (Nordseite), die den Heiltumsschatz birgt: die gotische Monstranz (um 1435) mit den Drei Heiligen Hostien, ein Fragment der Dornenkrone, das Brautkleid der hl. Elisabeth (12./13. Jh.), das ›Siegeskreuz‹ Karls des Großen (um 1150), Kostbarstes mehr. Von Not und Bitte um

Der Berg und das Bier

Ob der Berg mehr Beter oder Zecher ruft, ist eine Frage, an der die Forschung lautlos verblüht wie Bierschaum. Weniger lautlos blühen heroben seit 1455 die Zecher vor ihrem Krug feuerrot auf. Sieben Sorten warten auf sie: die berühmten **Starkbiermarken** Bergbock hell und Doppelbock dunkel, dazu Andechser hell, Andechser dunkel und Spezial hell sowie Weißbier hell und Weißbier dunkel. Die hellen haben bis zu 16,5 % Stammwürze, die dunklen bis zu 18,5 %. Der Alkoholgehalt liegt bei beiden je nach Sorte zwischen 4,8 % und 7 %. Von den 100 000 Hektolitern Gerstensaft, die die technisch hochmoderne Klosterbrauerei pro Jahr produziert, rinnen 10 % an Ort und Stelle durch die Kehlen von jährlich mehr als einer Million Gästen in **Bräustüberl**, Biergarten und dem gepflegten Klostergasthof. Die traditionellen Unterlagen für den Biergenuss sind ausgereifter Andechser Romadour und Ziehharmonika-Radi, aber auch Schweinshax'n mit Kartoffelsalat. (Brauereiführungen Juni–Okt. Di/Mi 11 Uhr, für Gruppen nach Voranmeldung, www.andechs.de, Tel. 0 81 52/37 61 54).

Hilfe sprechen die bunten Votivtafeln allenthalben und die imponierende, europagrößte Sammlung von mehr als 250 Votivkerzen im **Wachsgewölbe** an der Westseite, darunter auch mannshohe Stücke. In der nördlichen **Schmerzhaften Kapelle** ist der Komponist Carl Orff (1895–1982) begraben.

6 Dießen

Das Heilige Theater, der Himmelsblick und das hohe Kunstkalkül im hübschen Kunsthandwerkerort am Ammmersee.

Schmelz, Intimität, Geheimnis – jede der Spätbarock- oder Rokokokirchen zeichnet eine andere Besonderheit aus. Beim **Marienmünster** von Dießen ist es der höfisch-sakrale Glanz. Der hohe Anspruch, in diesem Gehäuse das Abbild des »Thronsaales Gottes« und eine »Ahnung des Himmels« zu schaffen, war aus der Vergangenheit des Ortes abgeleitet, an dem die Stammburg und das Hauskloster der Grafen Dießen-Andechs lagen, vielleicht auch aus dem Wunsch des Kurfürsten und Kurzzeit-Kaisers Karl Albrecht nach einem »Kaiserkloster« (H. Schindler). Nach dem Neubau der Stiftsgebäude der Augustinerchorherren im 17. Jh. berief der ehrgeizige Probst Herkulan Karg den renommierten Joh. Michael Fischer aus München zum Neubau der Kirche (1732–39) auf den Fundamenten des Vorgängerbaus. Großer Auftakt in der *Fassade*, die sich nicht dem See, sondern einem weiten Wiesenplatz zuwendet, der ihr Atem lässt. Ihre Präzision, ihre Spannung, ihre raffiniert sanfte Schwingung sind Leitmotive des *Inneren*. Der hohe, lichtvolle, weiß-goldene Raum ist als Wandpfeileranlage gestaltet, die auf die halbrunde Altarapsis hinter dem Chorquadrat wie auf eine Bühne zustrebt, wobei die schlanken Wandpfeiler wie gestaffelte Seitenkulissen wirken. Herrlich die zarten Kannelierungen (senkrechte Rillen) und Einmuldungen der Pfeiler, die scharfen und reichen Profilierungen des Gebälks, die gerundeten oder sphärisch gekurvten Bögen, Spiel und Spannung des edlen Wessobrunner Stucks. Die wahrscheinlich von François Cuvilliés entworfene majestätische Bühne des *Hochaltars* ist voller gestenreicher Bewegung, die von den mächtigen Figuren der vier Kirchenlehrer bis zur Bekrönung durch die Dreifaltigkeit reicht (Joachim Dietrich) und das Altargemälde der ›*Himmelfahrt Mariens*‹ (Augustin Albrecht, 1738) einschließt – ›theatergemäß‹ kann es je nach Kirchenfest ausgewechselt werden! Darüber wölbt sich der ›*Dießener Himmel*‹ (1736): das Fresko der 28 Heiligen und Seligen aus dem Dießen-Andechser Grafengeschlecht, eine brillante Inszenierung des Augsburger Aka-

Dem ›Dießener Himmel‹ nah – Bergmüllers Fresko im östlichen Langhaus des Marienmünsters zeigt die ›Gründung des Chorherrenstifts 1132‹

demiedirektors Joh. Georg Bergmüller, die sich über dem Langhaus mit der Muttergottes im Kreis der Dießener Patrone (Mitte), der Gründung des Chorherrenstifts (Osten) und der Einführung der hl. Mechthild ins einstige Chorfrauenstift fortsetzt (Westen). Der Maler ist rechts in Kittel und blauer Kappe zu sehen. Die *Seitenaltäre* in den ›Kulissen‹ sind paarweise aufeinander bezogen und gleichfalls von Meistern geschaffen. Hier sei nur auf die beiden architekturlosen Altaraufbauten in der Mitte von Straub (die er in die Rokokokunst einführte) mit Gemälden berühmter Italiener hingewiesen: links die *›Steinigung des hl. Stephanus‹* von Giovanni Battista Pittoni und rechts *›Sebastians-Martyrium‹* von Giovanni Battista Tiepolo, beide mit Straub-Figuren, ebenso auf das furiose *Michaelsbild* des genialen Joh. Evangelist Holzer (1. Altar links), von dem in Garmisch zu hören sein wird. Funkelnde Stücke: *Kanzel* sowie *Schwebende Engel* in der Taufkapelle von Straub. Der hohe Anspruch schuf ein Gesamtkunstwerk, so unendlich kompliziert im Detail wie sonnenklar vollendet im Ganzen.

In der Winterkirche **St. Stephan** (links vom Eingang des Marienmünsters) gibt es wundervolle romanische und frühgotische Skulpturen zu sehen.

Im nahen **Carl-Orff-Museum** (Rinkhof, Hofmark 3, Tel. 0 88 07/9 19 81, Sa/So 14–17 Uhr und nach Vereinbarung, Tel. 0 88 07/15 83) sind Leben und Werk des Komponisten dokumentiert.

Ausstellungen zeitgenössischer Kunst zeigt das etwas weiter nördlich gelegene **Fritz-Winter-Atelier** (Forstanger 15 a, Tel. 0 88 07/45 59, Mi–Sa 14–18, So 11–18 Uhr). Dießen hat eine lange kunsthandwerkliche Tradition in der Töpferei und Zinngießerei. Künstler und Kunsthandwerker bieten Kurse und Atelierbesichtigungen an (Auskunft bei der Touristinfo, s. u.). Die

Der Handwerksort Dießen florierte schon im Mittelalter und ist immer noch belebtes und beliebtes Städtchen am Ammersee – im Hintergrund links das Marienmünster

ständige Ausstellung der *Arbeitsgemeinschaft Dießener Kunst* (ADK, Tel. 0 88 07/ 85 57, www.diessener-kunst.de) gibt es im Pavillon am See. Berühmt ist der *Dießener Töpfermarkt* (Tel. 0 88 07/92 94 27, www.diessen.net), der an Christi Himmelfahrt in den Seenanlagen stattfindet.

i Praktische Hinweise

Information: Touristinfo, Zinngießerei Schweizer, Herrenstr. 17, Dießen, Tel. 0 88 07/10 48, 0 88 07/350, www.diessen.net

Hotels

Hotel Maurerhansl, Johannisstr. 7, Dießen, Tel. 0 88 07/9 22 90, Fax 0 88 07/92 29 33, www.maurerhansl.de. Historisches Gebäude von 1721, individuell eingerichtete Zimmer. Restaurant mit Tischen im Innenhof.

Strandhotel Dießen, Jahnstr. 10, Dießen, Tel. 0 88 07/9 22 20, Fax 0 88 07/89 58, www.diessen.net/strandhotel.
Mit eigenem Strandbad und einem Restaurant mit Fischspezialitäten.

Restaurants

Gasthof Unterbräu, Mühlstr. 36, Dießen, Tel. 0 88 07/84 37. Traditionelles bayerisches Wirtshaus mit Biergarten unter Bäumen.

Schatzberg-Alm, Ziegenstadel 11, Dießen, Tel. 0 88 07/67 80. Ausflugslokal mit Biergarten, eine hübsche Sommerabendidylle (Mo geschl.).

Auf dem Dießener Töpfermarkt gibt es Kunsthandwerk aus ganz Europa zu bewundern

Pfaffenwinkel mit Rokokozauber

Nein, die Bezeichnung ›Pfaffenwinkel‹ ist beileibe nicht despektierlich gemeint, sondern ein liebevoll-kerniges Kürzel für das traditionsreiche **Kirchen- und Klosterland** zwischen Lech und Ammer, dem Südende des Ammersees und dem Ammergebirge – um den Begriff nur ungefähr geographisch zu umreißen. Namen wie **Polling**, **Rottenbuch** oder **›die Wies‹** beschwören strahlend genug die Vorstellung festlichster Kunst, und weiß der Himmel wieso die dazugehörigen Künstler diesem Boden einst in wahren Scharen entwuchsen, ganze ›Nester‹ bildeten, wie in **Wessobrunn** oder **Weilheim**.

Knallbunt, spitzgiebelig, mauerumgürtet die bayerisch-schwäbischen Städte, voller Abwechslung die Voralpenlandschaft zwischen dem staustufenreichen, oft zum See ›ausartenden‹ Lech und der stellenweise wild tosenden Ammer. Kein Wunder, dass sich hier die drei schönsten **Fernwanderwege** Oberbayerns die Hand reichen, und wenn einer davon ›Prälatenweg‹, der andere ›König-Ludwig-Weg‹ heißt, weiß man schon, wo's langgeht.

7 Landsberg am Lech

TOP TIPP

Altes Stadtbild von unversehrter Schönheit. Tor zum Pfaffenwinkel und Auftakt zum oberbayerischen Teil der Romantischen Straße.

Heinrich des Löwen Gründerehrgeiz, der Salzstraße von Reichenhall nach Oberschwaben und der Römerstraße von Italien nach Augsburg dankt die Stadt am Lechübergang ihre Entstehung. Dass die Eisenbahn haarscharf daran vorbeigelegt (heute ist jedoch ein Bahnhof vorhanden) und eine Auto-Umgehung geschaffen wurde, überdies die schüttere Industrie an die Ränder zog, hat das außergewöhnlich reizvolle, locker und anmutig vom Fluss zum Steilhang hochgestaffelte Stadtbild unversehrt erhalten.

Das zinnenbewehrte, fein geschmückte **Bayertor** (Mai–Okt. tgl. 10–12 und 14–17 Uhr) von 1425 mit Aussichtsplattform in 36 m Höhe an der Münchner Straße ist das schönste unter den vielen und vielgestaltigen Toren und Türmen der noch weitgehend intakten, einst dreifachen Ummauerung. Am dreieckigen, von spitzgiebeligen bayerisch-schwäbischen Bürgerhäusern gesäumten **Hauptplatz** am Fuße des Steilhangs schlagen der spitze **Schmalzturm** und die beschwingt stuckierte Rathaus-Fassade den hier herrschenden Doppelklang an: Spätgotik und Rokoko.

Dominikus Zimmermann (1685–1766), berühmter Architekt des **Rathauses** (Tel. 08191/128246, Mai–Okt. Mo–Fr 8–18, Sa/So 10–12 und 14–17 Uhr, Nov.–April Mo–Mi 8–12 und 14–17, Do 8–12 und 14–17.30, Fr 8–12.30 Uhr) sowie Stuckateur von Fassade und Hauptsälen (1700/19), waltete später in seinem Bau selbst als Bürgermeister. Mehr noch aber regierte der Wies-Meister das Rokoko des Pfaffenwinkels. Auch Landsbergs ›Exoten‹, Hubert von Herkomer (s. Mutterturm) begegnen wir schon hier vor seinem brillanten ›*Selbstbildnis mit Ehefrau*‹ im Vorsaal und den beiden monumentalen *Ratsherren-Bildern* (1894 und 1905) im Großen Sitzungssaal.

Die **Stadtpfarrkirche Mariä Himmelfahrt** nördlich des Hauptplatzes ist eine dreischiffige Basilika des 15. Jh., die dann um 1700, als zwei Morde ihre Neuweihung notwendig machten, innen ausbündig barockisiert wurde. Den hohen, hellen, goldfunkelnden Raum bestimmen die temperamentvollen und überaus charmanten Figuren des hervorragenden Landsberger Bildschnitzers Lorenz Luidl (1645–1719). Seine beiden großen *Tragengel* des Hochaltars sind förmlich umflattert von knittrigen ›Seiden‹-Bahnen – und in solch exzentrischen Gewandfaltungen stecken alle seine gebärdenreichen Barockheiligen (um 1680), ob am *Hochaltar*, ob am *Veitsaltar* an der Westwand, ob an den *Seitenaltären*, bis hin zum prachtvoll rotumbauschten *Palmesel-Christus* (1672). Zum schieren Theatertürken ist gar der *hl. Modestus* am Pfeiler gegenüber dem Veitsaltar geraten, zwar das Gesellenstück des Sohnes Johann Luidl (1685–1756), der in dieser Kirche vielfach zum Zug kommt, aber unverkennbar vom Vater beeinflusst.

Ein Hauptwerk des großen Ulmer Bildhauers Hans Multscher steht links im Chor: eine *Madonna* (um 1440) von ruhevoller Würde und schönlinig klarem Faltenwurf, umgeben von Zimmermanns dekorativem *Rosenkranzaltar* (1721) mit Einlegearbeit aus Stuckmarmor: Landsbergs Doppelklang noch im einzelnen. Die Glasgemälde im Chor aus der Zeit um 1500 sind eine Rarität!

Mit der schmucken **Johanneskirche** (1752 vollendet) am Vorderen Anger schuf Dominikus Zimmermann ein sehr spielerisches Spätwerk. Schon der schwingende Ovalraum mit Halbrundchor und Scheinkuppel ist einfallsreich, vollends wie eine große Porzellanspieluhr aber mutet sein als Blumenbaldachin gestalteter *Hochaltar* an, in den Johann Luidl die graziösen Figuren der ›Taufe Christi‹ stellte. Die *Deckengemälde* mit Darstellungen aus der Johanneslegende stammen von Karl Joseph Thalheimer.

Nahebei ist im **Historischen Schuh- und Schuhlöffelmuseum** (Vorderer Anger 271, Di–So 14–17 Uhr, Voranmeldung im Schuhhaus Pflanz, Tel. 0 81 91/4 22 96) Schuhmode aus sieben Jahrhunderten zu besichtigen.

Unter den vielen weiteren Gotteshäusern der einst so wohlhabenden Stadt sei nur noch die Malteser- (früher Jesuiten-) **Kirche Heilig Kreuz** auf der Anhöhe erwähnt, ein prunkvoller Barockbau jesuitischer Prägung (Mitte 18. Jh.), in dem vor allem die *Deckenfresken* des Asam-Schülers Christoph Thomas Scheffler aus Augsburg beachtenswert sind. Sie präsentieren eine virtuose Darstellung der Kreuzeslegende.

Das **Neue Stadtmuseum** (Von-Helfenstein-Gasse 426, Tel. 0 81 91/94 23 36, April–Jan. Di–So 14–17 Uhr) gegenüber der Kirche lässt die Historie Landsbergs Revue passieren, ebenso eine Kollektion von Ofenkacheln, die einst das bekannteste Erzeugnis des Landsberger Töpfergewerbes waren.

Jenseits des Lech, nördlich der malerischen und auf sehr alte Ursprünge zurückgehenden **Lechwehr**, erhebt sich die knorpelige Bilderbuch-Burg des 30 m hohen **Mutterturms** (Von-Kühlmann-Str. 42, April–Jan. Di–So 14–17 Uhr), den der schon erwähnte Sir Hubert von Herkomer (1849–1914) in Erinnerung an seine Mutter und als Atelier 1884 für sich bauen ließ. In Waal am Lech geboren, in England als Gesellschaftsmaler zu Ansehen gekommen, erwarb der smarte Weltmann – so zeigen ihn die Bilder – das Bürgerrecht in Landsberg und lebte wechselweise in der Umgebung von London und hier. Die Turmgemächer mit ihrer neogotischen Einrichtung und persönlichen Wohnatmosphäre sowie das **Herkomer-Museum** (Tel. 0 81 91/94 23 26, April–Jan. Di–So 14–17 Uhr) im Häuserl daneben mit Gemälden, Zeichnungen und Lebensdokumenten sind so von viktorianischem Fluidum durchdrungen, dass man das Zwiebelbarock vorm Fenster nur leicht entrückt zur Kenntnis nimmt. Doch die Kombination kommt glänzend an: Heiraten im Mutterturm ist hochbeliebt.

i Praktische Hinweise

Information: Kultur- und Fremdenverkehrsamt, im Rathaus, Hauptplatz 152, Landsberg, Tel. 0 81 91/12 82 46, Fax 0 81 91/12 81 60, www.landsberg.de

Stadtführungen: Mai–Okt. Mi, So 14.30 Uhr, Treffpunkt Marienbrunnen

Kultur

Ruethenfest, alle vier Jahre (2007 etc.) findet am Hauptplatz dieses Fest statt: Kinder in historischen Gewändern stellen die Stadtgeschichte dar.

Stadttheater, Schlossergasse 381, Landsberg, Tel. 0 81 91/9 29 10, Fax 0 81 91/92 91 34, Besichtigung Mo–Fr 10–12 und 15–18 Uhr

Hotels

Gasthof Zum Mohren, Hauptplatz 148, Landsberg, Tel. 0 81 91/4 22 10, Fax 0 81 91/3 21 32, www.zum-mohren.de. Traditionsreiches Haus mit Hofschänke und Biergarten. Bayerische und schwäbische Küche.

Hotel Goggl, Hubert-von-Herkomer-Str. 19/20, Landsberg, Tel. 0 81 91/32 40, Fax 0 81 91/32 41 00, www.hotelgoggl.de. Gepflegtes Haus mit Fitnessangebot. Internationale und bayerische Küche.

Landsberger Farbenspiel zwischen Blumenteppich und Fassaden, Brunnen und Schmalztor

Restaurant

Lechblick, Lechblick 1, Denklingen, Tel. 0 82 43/22 82, an der Romantischen Straße (B 17) zwischen Landsberg und Schongau. Gartenrestaurant mit guter Küche und schönem Blick aufs Lechtal.

Turmschänke, im Bayerturm, Alte Bergstr. 448, Landsberg, Tel. 0 82 43/1 22 93. Historisches Wirtshaus im Turm (tgl. ab 18 Uhr) mit hübschem Biergarten (ab 17 Uhr).

8 Wallfahrtskirche Vilgertshofen

Vierblättriges Kleeblatt in rotweißem Stein: Vorgeschmack auf die Wies.

Der originelle Barockbau der **Wallfahrtskirche zur Schmerzhaften Mutter** (Tel. 0 81 94/9 99 98, www.wallfahrtskirche-vilgertshofen.de) auf uraltem Kirchenboden verdankt sich einer spätgotischen ›Pietà‹, deren plötzliche Heilkraft Massenwallfahrten auslöste. Der treffliche Wessobrunner Architekt und Stuckateur Johann Schmuzer entwickelte 1686–92 einen Zentralbau in griechischer Kreuzform mit betonter Längsachse. Seine fulminante **Choranlage** prunkt mit einem zweigeschossigen Umgang, vor der ein doppelstöckiger Altar aufragt: unten das Gnadenbild, oben das Gemälde ›Mariä Himmelfahrt‹ von Edmund Egg oder J. M. Feichtmayr (1718). Das schöne *Chorfresko* ›Maria mit dem Leichnam Christi‹ (1721) stammt von Joh. Baptist Zimmermann. Die halbrunde, doppelstöckige Vorhalle mit Orgelempore entspricht der Choranlage.

Auffallend ist die schwere, kunstvolle **Stuckdekoration**, in der riesige Akanthusranken dominieren, wie sie typisch für Johann Schmuzer sind. Der italienische Einfluss der Münchner Theatinerkirche ist hier bravourös ›wessobrunnisch‹ verwandelt. Das **Stephanus-Altarbild** (1770) im rechten Seitenarm ist ein Werk von Joh. Baptist Baader, dem in diesem Winkel viel vertretenen ›Lechhansl‹.

9 Kloster Wessobrunn

Stabreim-Magie und Stuck-Zauberei.

Herzog Tassilos visionärem, lindenüberwölbtem Traum von drei unter einer Himmelsleiter hier entspringenden Quellen (die sein Jäger Wesso prompt entdeckte) soll das berühmte Kloster Wessobrunn (Tel. 0 88 09/9 21 10, www.kloster-wessobrunn.de, Führungen März–Okt. Di–Sa 10, 15, 16, So/Fei 15, 16 Uhr, Nov.–Febr. Di–Sa 15, So/Fei 15, 16 Uhr,) seine Gründung im Jahr 753 verdanken. Die uralte **Tassilolinde** im Südwesten der Klostermauern und das barocke *Brunnenhaus* über drei Quellen scheinen die Sage zur Wirklichkeit zu machen. Auch die Magie der Stabreime des um 814 aufgezeichneten ›**Wessobrunner Gebets**‹, des ältesten deutschen Sprachdenkmals, verfehlt ihre anrührende Wirkung nicht: Unter der Dorflinde ist es in Stein gemeißelt, das Original liegt in der Staatsbibliothek in München. Der freistehende *Glockenturm* und das wuchtige *Holzkruzifix* in der Pfarrkirche (beide Mitte 13. Jh.) sind die raren Reste aus den alten und berühmt-gelehrsamen Zeiten des Benediktinerklosters, das Tassilo III. übrigens wirklich protegierte.

Riesig geplant und bescheidener verwirklicht wurde die Neuanlage der Abtei im Barock durch Johann Schmuzer und seine Söhne Franz und Joseph von 1680 bis etwa 1730. Die Gebäudetrakte in Hufeisenform, die nach der Zerstörung durch die Säkularisation erhalten blieben, dienen heute als Jugendkurheim.

Doch der **Südflügel** ist zu besichtigen und bietet ein wahres Glanzstück an Stuckkunst. Akanthusranken, Lorbeer, Muscheln, Früchte, geflügelte Putti sind die Motive der Gewölbe: im effektvoll langen Gang des *Gästetrakts* italienisch angehaucht, fleischig und ›ausgesägt‹ (1690, Johann Schmuzer), zehn Jahre später im *Prälatentrakt* auffallend feiner und leichter, im **Tassilosaal** (1700–05, Johann Schmuzer, vorwiegend aber die Söhne Schmuzers) vollends zu französisch orientierter, geschmeidiger Virtuosität gesteigert. Das Gewölbe dieses den Jagdgästen gewidmeten Saals ist der schiere Zauberwald, durch den rosa Hirsche und Hunde, Hasen und Füchse hetzen, in dem nackte Figuren sich verstecken, aus dem Masken- und Fratzengesichter hervorbrechen: für uns eine subtile Augenjagd!

Mit sparsamem, zierlichem Rokokostuck von Tassilo Zöpf geht es in der im Klosterbereich liegenden **Pfarrkirche St. Johann Baptist** weiter, in der der schon erwähnte ›Lechhansl‹ (Joh. Baptist Baader) die Fresken schuf und Franz Xaver Schmädl die Figuren (Mitte 18. Jh.). Dass das von einem Mönch gemalte barocke *Gnadenbild* ungemein populär geworden ist, scheint nicht verwunderlich angesichts seines fast weltlichen Charmes und des Namens ›Mutter der schönen Liebe‹, was aber ›Maria als Braut des Heiligen Geistes‹ bedeutet.

Im Kloster ist heute das *Kulturhistorische Museum der Vereinigung Wessofontanum* (Tel. 0 88 09/12 98, So 14–17 Uhr und nach Vereinbarung) untergebracht.

Lohnend ist ein Spaziergang zum 4 km südlich von Wessobrunn nahe am Zellsee liegenden **Paterzeller Eibenwald**, der rund 500 Jahre alt ist und etwa 2000 dieser heute in Europa zur Rarität gewordenen Bäume aufweist.

i Praktische Hinweise

Hotel

Gasthof Zur Post, Zöpfstr. 2, Wessobrunn, Tel. 0 88 09/2 08, Fax 0 88 09/8 13, www.gasthof-wessobrunn.de. Kultiviertes Haus mit schönen Zimmern, ausgezeichneter Küche und sehr gutem Service.

10 Weilheim

Ein Handelsplatz und eine Kettenreaktion an Kunsttalenten.

Von den Wittelsbachern 1238 zur Stadt erhoben, gedieh Weilheim bald zum Handels- und Handwerksmittelpunkt zwischen Staffel-, Ammer- und Starnberger See und blieb es bis ins 19. Jh. Heute als Markt- und Einkaufszentrum des Umlands stark gewachsen, hat sich doch an der quadratischen Anlage der Altstadt mit teilweise erhaltenen Mauern und dem schmucken Marienplatz als Herz nichts Grundlegendes geändert. Dank der Aufträge der kunstsinnigen Prälaten ringsum (aber das erklärt das Phänomen nicht ganz) wurde Weilheim vom 16. bis 18. Jh. eine einzigartige Talentschmiede für Künstler, die speziell Bildhauer anzog, hervorbrachte und in alle Welt entließ. Und da der nahe liegendste Weg zu einer Werkstatt über die Ehe mit Witwe oder

Nackedeis in einem Märchenwald: Tassilosaal in Wessobrunn, Stuck 1700–05

Die Wessobrunner

Zwischen 1600 und 1800 war Wessobrunn das bedeutendste **Stuckatorenzentrum Europas**. Organisatorisch wie künstlerisch angeregt durch in Bayern tätige italienische Bauhandwerker-Gemeinschaften, entwickelten sich in den Dörfern um das **Kloster Wessobrunn** ›Compagnien‹ von Stuckateuren, Steinmetzen, Baumeistern, Bildhauern, Malern, die in zunftunabhängigen Familienzusammenschlüssen lebten und arbeiteten. Mit Aufträgen in ganz Süddeutschland überhäuft, auch in Böhmen, Ungarn, Polen, Russland, Frankreich tätig, schlugen sie ihre italienischen Konkurrenten aus dem Feld. Die Zahlenangaben schwanken: Bisher sind uns **600 Künstler** bekannt, man spricht von 2000 bis 3000 von ihnen gestalteten Objekten. Zu den berühmtesten Familiendynastien zählen die **Feichtmayr**, **Schaidhauf**, **Schmuzer**, **Üblher**, **Zimmermann**, **Zöpf**. Der Pfaffenwinkel ist ein wahres Musterbuch der Wessobrunner Schule von Renaissance bis Rokoko. Ob es sich nun um gegossenen **Versetzstuck** oder frei an der Wand modellierten **Antragstuck** handelt – stets ist sein Kennzeichen Virtuosität, Eleganz, Leichthändigkeit.

Tochter eines Meisters führte, waren bald auch die meisten miteinander versippt.

Das **Stadtmuseum Weilheim** (Tel. 08 81/68 21 00, So–Fr 10–12 und 14–17, Sa 10 –13 Uhr) im schönen Alten Rathaus am Marienplatz illustriert große Namen hervorragend durch Werke! Nur die Hauptvertreter der für das bayerische Frühbarock so wichtigen ›Weilheimer Schule‹ der Bildhauerkunst können hier herausgegriffen werden: *Hans Krumper* (1570–1634), der große Münchner Hofbildhauer, in Weilheim als Bildhauersohn geboren, der Schnitzer *Hans Degler* (1564–1635), bekannt durch seine Altäre in Augsburg, *Bartholomäus Steinle* (um 1580–1629), in allen Kirchen des Pfaffenwinkels daheim, der bedeutende Elfenbeinschnitzer *Christoph Angermair* (um 1580–1633) und sein Schüler, der hier geborene, weit gereiste, berühmt gewordene *Georg Petel* (1601/02–1634/35), schließlich der bereits dem Spätbarock angehörende *Franz Xaver Schmädl* (1705–1777), Weilheimer Bürgermeister, der 300 Werke in dieser Gegend hinterließ. Die meisten der Genannten (und Zahllose mehr!) sind mit mehreren Werken belegt; doch die ausgezeichnete Sammlung geht weit darüber hinaus, bietet von Bildern bis Bretterkrippe Sehenswertes in Fülle.

Nebenan, in der **Pfarrkirche Mariä Himmelfahrt** (1624), geht die Weilheimer Künstlerschau gleich weiter. Krumper, der ja auch Architekt war, hat die damals ›moderne‹ Wandpfeilerkirche à la St. Michael seines Münchner Schwiegervaters Sustris sogleich hier eingeführt. Viele Figuren von Schmädl sind an den linken Seitenaltären zu sehen, wohl die graziöseste, ein *hl. Michael* (um 1750), steht an der Sakristeiwand. In den das Thema Maria und Erzengel Michael variierenden Deckengemälden kommen die beiden Weilheimer Freskanten Johann und Elias Greither ins Spiel, ›modern‹ frühbarock auch sie. Von Jörg Schmuzers Spätrenaissancestuck wird in Polling mehr zu sehen sein, ungewöhnlich sind hier die noblen Muschelkuppeln im Altarraum. Das ergreifendste Bild ›*Beweinung Christi*‹ (1790), am zweiten Seitenaltar rechts, stammt von dem Tiroler Martin Knoller.

Lohnend ist es, einen Blick in die originelle **Friedhofskirche St. Salvator und Sebastian** zu werfen, ein gotischer achteckiger Raum mit Mittelstütze, der zwischen den Gewölbekappen mit barocken, dennoch fein ›passenden‹ Fresken (1591) von Elias Greither d. Ä. bemalt ist.

i Praktische Hinweise

Information: Veranstaltungsbüro Stadt Weilheim, Admiral-Hipper-Str. 20, Weilheim, Tel. 08 81/68 21 36, Fax 08 81/68 21 99, www.weilheim.de

Hotels

***__Stadthotel Bräuwastl__, Lohgasse 9, Weilheim, Tel. 08 81/9 4770, Fax 08 81/94 77 99, www.hotel-braeuwastl.de. Sehr gutes modernes Hotel, elegante Zimmer, Sauna, Fitness-Raum u. a. Internationale Küche, auch Vollwertkost.

**__Hotel Vollmann__, Marienplatz 12, Weilheim, Tel. 08 81/42 55, Fax 08 81/6 33 32, www.hotel-vollmann.com. Gediegenes Haus mit sehr guter bayerischer und internationaler Küche.

11 Kloster Polling

Die Gelehrsamkeit der Augustinerchorherren und ein Gnadenbild als Bühneninszenierung.

Überraschend weltlich der Wahlspruch an der Giebelfront der **Heilig-Kreuz-Kir-**

Schmucke Giebel und Blasmusik: Weilheimer Sommersonntagsgemütlichkeit

che (Tel. 08 81/78 55, Kirchenführungen So 10.45 Uhr und nach Vereinbarung, ansonsten geschl.): ›Liberalitas Bavarica‹ (Bayerische Freizügigkeit). Er gilt zwar den spendablen Mäzenen, entspricht aber auch den freisinnigen Gelehrten unter den Chorherren, die dem Kloster im 18. Jh. hohen wissenschaftlichen Rang, besonders in den Naturwissenschaften, verschafften. Und der Raum, der sich hinter der Vorhalle auftut, vermählt sakrale Würde durchaus mit weltlicher Repräsentanz: schier ein Theaterraum mit seinem Emporenumgang und der imposanten Hochaltarbühne! Dabei war er ursprünglich eine spätgotische Halle auf quadratischem Grundriss mit engerem Chor (1420). Eingeleitet durch Hans Krumpers schönen, unvollendeten Tuffsteinturm (1603), erfolgte 1621–28 eine Erweiterung, die Altes und Neues glücklich zur Einheit formte, bewirkt vornehmlich durch den Wessobrunner Stuck von Jörg Schmuzer, dem zweitältesten Stuckateur der Familie, der die Gewölbe zartfarbig und elegant mit gerahmten Engelsfiguren überzog.

Im Obergeschoss des gewaltigen *Hochaltaraufbaus* (Bartholomäus Steinle, 1623) prangt im Strahlenkranz das berühmte *Pollinger Kreuz*, ein auf Leder gemalter Gekreuzigter von 1180. Der Legende nach soll eine Hirschkuh dem Klostergründer Tassilo III. den Weg zu dem vergrabenen Kreuz gezeigt haben. Das *Tabernakel* (1765) im Untergeschoss, ein Rokokomeisterwerk Straubs, umgeben von den Allegorien von Glaube, Liebe, Hoffnung, weist mit den Seitenfiguren Heinrichs II. und Kunigundes auf die Geschichte des Klosters, das auf benediktinische Anfänge im 8. Jh. zurückgeht, nach Zerstörungen aber 1010 vom Kaiser neu gestiftet wurde.

Neben den Gemälden in den Seitenkapellen oder der herrlichen Rokokoausstattung der *Achberg-Kapelle* hinter der rechten Chorwand ist vor allem Hans Leinbergers ›*Thronende Madonna*‹ (1526) rechts am Chorbogen zu bewundern, deren ernste Schönheit mit den spielenden Putti in ihrem zerzausten Gewand kontrastiert.

Wichtigstes der nach dem Säkularisationsabbruch wieder erstandenen Gebäude ist die (einst 80 000 Bände umfassende) **Klosterbibliothek**, in deren klassizistischem, mit Baader-Fresken und Zöpf-Stuck geschmücktem *Bibliothekssaal* heute viel besuchte Konzerte zu hören sind

Hans Krumper: Musizierende Engel, um 1620, Relief im Stadtmuseum Weilheim

(Besichtigung Sa/So/Fei auf Voranmeldung, Tel. 08 81/6 13 16. Konzertkarten bei Hörtnagel, München, Tel. 0 89/9 82 92 80, Fax 089/98 29 28 33, www.hoertnagel.de).

i Praktische Hinweise

Hotel

Gasthof Alte Klosterwirtschaft, Weilheimer Str. 12, Polling, Tel. 08 81/48 51. Uriger Dorfkrug mit Zimmern und schönem Biergarten gegenüber dem Kloster.

12 Hohenpeißenberg

TOP TIPP *Rundblick vom Berg und aus den Wolken.*

Allerwege sieht man den Hohenpeißenberg aufgetürmt. Er lässt von seinen 988 m Höhe aufs Gebirge rundblicken, dass es grad' eine Lust ist: Allgäuer Alpen, Lechtaler Alpen, Wettersteingebirge, Karwendel, Kaisergebirge, Chiemgauer Alpen. Kein Wunder, dass schon 1772 eine Sternwarte, 1781 gar das erste Bergobservatorium der Erde hier stationiert wurden, heute Fernsehsender und Satellitenfunkinstallationen hinzugekommen sind.

In einer Einöde am Berghang wurde 1705 ein Bauernbub geboren, der einer der großen Freskanten Bayerns werden sollte: Matthäus Günther. Mit 42 Jahren malte er in ›seiner‹ **Gnadenkapelle** am Berg ein Deckenfresko mit Rundblick aus

der Warte der Himmlischen in den Wolken: Von Schongau sehen sie eine Prozession mit einem Gnadenbild, von Rottenbuch einen Zug von Augustinerchorherren zum Berg wandern. In der Mitte überreicht Herzog Maximilian I. dem Probst die Zueignung der Gnadenstätte an das Stift Rottenbuch. Gegenüber kniet ein betender Knabe neben einem pferdehaltenden Bauern: der Künstler und sein Vater.

Tatsächlich hatten die Schongauer den Hohenpeißenbergern eine gotische *Madonna* (1460/80) für eine 1514 entstandene Kapelle geschenkt. Unter Rottenbuchs Obhut wurde diese 1747/48 barockisiert, und die dort tätig gewesene Künstlergruppe trat nun hier an: Außer Günther der Wessobrunner Architekt Joseph Schmuzer mit seinem Sohn Franz Xaver sowie der Weilheimer Bildhauer Franz Xaver Schmädl, alles führende Künstler des schwäbisch-bayerischen Kreises, die denn auch ein Schmuckstück an Kapelle schufen.

Die eigentliche **Wallfahrts- und Pfarrkirche**, im Osten der Gnadenkirche angeschlossen, stammt aus dem frühesten Barock von 1619. Dieser in Oberbayern nicht häufigen Stilstufe gehört die prachtvolle Emporenbrüstung ungeschmälert an,

Ode an den Frühling – am Hohenpeißenberg mit Blick auf das Alpenvorland

Hochaltar und Kanzel hingegen sind im Hochbarock überarbeitet worden.

Der Markt **Peißenberg** zu Füßen des Erholungsorts war einst ein Kohlebergbauterrain, woran heute das *Bergbaumuseum* erinnert (Am Tiefstollen 2, Tel. 0 88 03/51 02, 0 88 03/69 01 20, www.peissenberg.de/kultur/bergbaumuseum, Führungen 15. Mai–15. Sept. Mi 14–16 Uhr, sowie ganzjährig jeden 1. und 3. So im Monat 14–16 Uhr).

13 Altenstadt

Dorf mit Vergangenheit und einzige fast original erhaltene romanische Basilika in Oberbayern.

Die jüngere Linie der Welfen, schwäbisch-italienisch gemischt, wurde 1070 mit dem Herzogtum Bayern belehnt, in dem sie zwischen Lech und Ammer Besitztümer hatte. Ihre Stammburg **Peiting** am rechten Lechufer war damals Zentrum bunten Ritterlebens. Das wohl schon zur Römerzeit besiedelte Altenstadt am linken Flussufer und an der

Römerstraße war wiederum ein frequentierter Handelsplatz welfischer Ministerialen. Damals hieß es ›Scongoe‹ (Schongau). Ihre Bewohner zogen um 1230 auf einen 3 km entfernten, einst lechumflossenen Berg und gründeten ein ›Neues Schongau‹. Die ›Alte Stadt‹ sank bald zum Dorf ab.

Ihre um 1200 gebaute **St. Michaels-Kirche** aber wurde zu einer Rarität, unversehrt, wie sie durch ihre Abseitigkeit blieb. Fast könnte man sich angesichts ihrer aufragenden strengen Zweiturmfassade aus Tuffstein, der kubischen Körperhaftigkeit, den lapidaren Schmuckformen in die Lombardei versetzt fühlen, mit der Bayern ja damals Meister tauschte. Die dreischiffige Basilika ohne Querhaus gehört denn auch dem ›alpenländischen Grundrissschema‹ an.

Mathematische Klarheit prägt den überwölbten Raum in den Maßverhältnissen: Das Mittelschiff ist doppelt so hoch und breit wie die Seitenschiffe, der Pfeilerdurchmesser entspricht deren halber Breite – dergleichen mehr. Feinste Präzision auch glättet den Steinschnitt der Säulen, Blattwerk-Kapitelle, Kreuzgratgewölbe. Dennoch ist die Schönheit dieser bloßen Mauern in Licht und Schatten voller Stimmung.

Wander- und Radtouren durch den Pfaffenwinkel

Lech-Höhen-Weg: Von Landsberg am Ufer des Lech aufwärts bis Füssen (90 km) über Mundraching, Schongau, am Forggensee entlang. Zwischen Prem und Brunnen mit dem König-Ludwig-Weg identisch.

König-Ludwig-Weg: Von Starnberg oder Tutzing am Starnberger See nach Füssen (120 km). Über den Ammersee, Wessobrunn, Hohenpeißenberg, Rottenbuch, Wies, Neuschwanstein (mit Variante Steingaden). Auch Radtour.

Prälatenweg: Von Marktoberdorf im Ostallgäu nach Kochel am See (140 km). Quer durchs Voralpenland über Lechbruck, Steingaden, Peißenberg, Bernried, Seeshaupt, Benediktbeuern. Auch Radtour.

Fahrradweg Romantische Straße: Von Würzburg nach Füssen (290 km). Infos und gepäcklose Wochenarrangements für diese und andere Touren: Tourismusverband Ammersee-Lech, Hauptplatz 152, Landsberg, Tel. 0 81 91/ 4 71 77, www.ammerseelech.de.

Königlich-Bayrische Radltour: Von Landsberg über Ammersee und Starnberger See nach Füssen und über Schongau zurück (350 km).

Informationen: Fremdenverkehrsverband Pfaffenwinkel, Bauerngasse 5, Schongau, Tel. 0 88 61/77 73, www.pfaffenwinkel.com

Zwei edle romanische Werke in Altenstadt: monumentaler Kruzifixus (**oben**) und Taufstein (**unten**), beide aus der Zeit um 1200

›Großer Gott von Altenstadt‹ nennt man den monumentalen *Gekreuzigten* in der Apsis (Original) mit Maria und Johannes zu seiten (Kopien; Originale, um 1200, im Bayerischen Nationalmuseum, München). Derselben Zeit gehört der edle *Taufstein* an; aus der Frühgotik stammen die Fragmente der *Wandgemälde*. Die Kirche ist eine ›Basilica minor‹, d.h. eine bevorrechtete ›Päpstliche Basilika‹.

14 Schongau

Mittelalterlich und malerisch, blitzblank und gewerbefleißig.

Gäbe es noch naturalistische Bühnenbilder für historische Schauspiele – Schongau müsste man abpausen. Die bunten, behäbigen Steilgiebelhäuser des *Marienplatzes* setzen sich in der *Münzstraße* schnurgrad' fort: Das war und ist die Hauptachse der reißbrettartigen Anlage am Hügelplateau, umfasst von einer nahezu vollständig erhaltenen Stadtmauer mit malerischen hölzernen Wehrgängen, vier Türmen und drei Toren, eins davon das Hoftor des ehem. **Wittelsbacherschlosses**, alles 14.–17. Jh.

Die Gründung um 1230/40 von Altenstadt [Nr. 13] aus stand unter der Herrschaft der Hohenstaufer, an die der welfische Lechrain-Besitz 1198 fiel. 1269 wurde der Ort an die Wittelsbacher verpfändet. Deren Privilegien und die einfachere Kontrolle des Lechübergangs und der Salzstraße sorgten für Handelsaufschwung. Stagnation trat erst ein, als sich durch die Entdeckung Amerikas auch die Wirtschaftswege in Europa änderten. Heute lebt Schongau von Industrie, Gewerbe und Fremdenverkehr.

Beherrschend steht das getreppt-gegiebelte **Ballenhaus** am Marienplatz, das einst als Warenlager, auch als Rathaus eine große Rolle spielte, 1419 gebaut, 1515 erweitert, mit spätgotischem Ratssaal ausgestattet. Nur noch die **Stadtpfarrkirche Mariä Himmelfahrt** darf sich so dominant in die Platzachse schieben. Kein Geringerer als Dominikus Zimmermann hat sie 1753 baulich ins Barocke umgestaltet und überaus sparsam-elegant stuckiert, kein Geringerer auch als Matthäus Günther 1748 ihre Fresken gemalt: im Langhaus *›Krönung Mariens‹*, im Chor *›Mariens Aufnahme in den Himmel‹* mit einer Darstellung des Heiligen Geistes als Jüngling, was schon seit 1745 verboten

Einst an der Römerstraße, jetzt an der Romantischen Straße: Schongaus malerischer Marienplatz mit dem Ballenhaus in der Mitte

war. Ein wundervoll komponiertes Werk ist der *Hochaltar* (1758), bei dem Franz Xaver Schmädl die frühbarocke ›Immaculata‹ im Mittelpunkt mit einem herrlichen Heiligenreigen umgeben hat.

Mit trefflichen Barockwerken warten auch die anderen Kirchen auf. Überdies zeigt das **Stadtmuseum Schongau** (Christophstr. 55, Tel. 0 88 61/2 06 02, Sa/So 14–17 Uhr) Kunst aus Mittelalter und Barock, dazu Funde von der Römerzeit an und eine numismatische Dauerausstellung der Münchner Münzsammlung.

Der 8 km lange Schongauer **Lechsee** ist ein ideales Erholungsgebiet. Da Schongau am Lech-Höhen-Weg, an der Romantischen Straße und an mehreren Radwegen liegt [s. S. 59], bieten sich viele Ausflugsmöglichkeiten an.

i Praktische Hinweise

Information: Tourist Information, Münzstr. 5, Schongau, Tel. 0 88 61/21 43 33, Fax 0 88 61/21 48 81, www.schongau.de. – Fremdenverkehrsverband Pfaffen-

In Rottenbuch findet jährlich im Herbst Deutschlands größter Kaltblut-Fohlenmarkt statt

Musik im Pfaffenwinkel: Ein Fest für die Sinne, wenn in der Wieskirche konzertiert wird

winkel, Bauerngasse 5, Schongau, Tel. 0 88 61/77 73, Fax 0 88 61/20 06 78, www.pfaffenwinkel.com

Kultur

Musik im Pfaffenwinkel, Weinstr. 20, Schongau, Tel. 0 88 61/93 58, www.musik-im-pfaffenwinkel.de. Veranstaltungsreihe von Juni bis August in den Kirchen und Klöstern von Polling, Steingaden, Wies, Wessobrunn etc.

Hotels

*****Hotel Alte Post**, Marienplatz 19, Schongau, Tel. 0 88 61/2 32 00, Fax 0 88 61/23 20 80, www.altepost-schongau.de. Kinderermäßigung, Rundflugarrangements, eigene Bäckerei.

*****Hotel Holl**, Altenstadter Straße 39, Schongau, Tel. 0 88 61/2 33 10, Fax 0 88 61/23 31 12, www.hotel-holl-schongau.de. Modernes Hotel am Waldrand mit Restaurant.

15 Rottenbuch

Wo die Ammer und Rokokostuck schäumen.

Weithin ist Rottenbuchs Kirchturm mit dem lustigen, lang gezogenen Helmzipfel zu sehen, denn die (durch die Säkularisation dezimierte) Klosteranlage des ehem. Augustinerchorherrenstifts erhebt sich malerisch über dem Ammertal. 1073 von Herzog Welf IV. von Bayern gestiftet, kämpfte das Reformkloster damals gegen die Verweltlichung des Klerus und bot Papsttreuen Zuflucht. Gotisch schlicht ist das Äußere der im 15. Jh. erneuerten dreischiffigen Basilika, der heutigen **Pfarrkirche Mariä Geburt**. Umso atemberaubender macht das Innere. Als beträte man einen Tanzsaal voller Menschen, Lichtgeflimmer, Musik! Das suggeriert allein die Pracht der wirbelnden Dekoration, die alle architektonisch durchaus vorhandene Gotik unter sich begraben hat.

Das Hohenpeißenberger Team war hier vorher und ausbündig am Werk: Joseph Schmuzer und Sohn Franz Xaver oblag die Barock- und Rokoko-Umgestal-

Ein Ammerrundweg führt zu den nahe Rottenbuch gelegenen Schleierfällen, einem der reizvollsten Naturschauspiele des Pfaffenwinkels

Rokokozauber in gotischem Gehäuse – das Langhaus der Kirche in Rottenbuch überwältigt durch die farbige Pracht seines fantasievollen Dekors

tung (1737–45). Sie öffneten die Fenster zum Licht und das Gewölbe zum Malereihimmel, und sie überzogen jede Handbreit Mauer mit weiß- und goldschäumendem Stuck von fantastischem Formenreichtum. Franz Xaver Schmädl inszenierte das Theatrum sacrum des Hochaltars für die *Mariengeburt*-Darstellung, die nicht minder bühnenwirksamen Chorschrankenaufbauten im Querhaus mit den anmutigen Figuren von *David* und *Zacharias*, fast alle Seitenaltäre, die Kanzel, den Orgelprospekt – ein Riesenwerk, 1760 vollendet. Ein frühes Hauptwerk hinterließ auch Matthäus Günther in seinem vielteiligen, Wände und Decken füllenden Freskenzyklus mit Szenen aus dem ›*Leben des hl. Augustinus*‹ im Hauptschiff, der ›*Huldigung Mariens*‹ im Chor und Darstellungen verschiedener Heiliger in den Seitenschiffen. Das 1746 vollendete Werk weist bereits auf seine »ins Absolute strebende Malerei« hin: lockere, auf die Ränder konzentrierte Komposition, melodische Bewegungsabläufe, venezianischer Farbenschmelz. Vor lauter Rokoko nicht übersehen: Erasmus Grassers *Madonna* (um 1480) am linken Seitenaltar.

Südlich von Rottenbuch hat die Ammer ihren wildesten Auftritt. Der westlich von Ettal im Naturschutzgebiet des Ammergebirges entspringende Fluss gebärdet sich auf dem Weg zum Ammersee höchst temperamentvoll. So vor allem unter der **Echelsbacher Brücke** (1929), die seine Schlucht in 76 m Höhe mit einem 187 m langen Eisenbetonbogen überspannt.

Wenige Kilometer weiter südwestlich sind die **Schleierfälle** sehenswert, von Saulgrub oder Peustelsau auf markierten Wegen erreichbar. Ein dreistündiger, bequemer und markierter Ammerrundweg führt vom Moorbad **Bayersoien** über die idyllische Soyermühle zu den Schleierfällen und über Kammerl und Achele wieder an den Ausgangspunkt.

i Praktische Hinweise

Information: Tourist Info, Klosterhof 42, Rottenbuch, Tel. 0 88 67/91 10 18, Fax 0 88 67/91 10 38, www.rottenbuch.de, touristik@rottenbuch.de

Hotel

***Landhotel Moosbeck-Alm**, Moos 38, Rottenbuch, Tel. 0 88 67/9 12 00, Fax 0 88 67/91 20 20, www.moosbeck-alm.de. Stimmungsvolles Haus mit hübschen Zimmern, Wellness-Angebot, Schwimmbad und Tennisplatz.

16 Steingaden

Eine der ersten deutschen Klostergründungen für die Prämonstratenser.

Eine Welfengründung wie Rottenbuch ist auch Steingaden. Welf VI. stiftete 1147 die **Prämonstratenserabtei** und erfüllte damit eine Vision des Ordensgründers Norbert von Xanten (1082–1134), eines Freundes der Welfenfamilie, der auf seinen Reisen an dieser Stelle ein Kloster erschaut hatte. Der 1191 gestorbene Fürst und sein lange vor ihm an einer Seuche umgekommener Sohn Welf VII. haben hier ihre Grablege gefunden. Schon um 1600 würdigte man das Andenken der Gründer durch eine gemalte *Welfengenealogie* in der gotischen Vorhalle der heutigen **Pfarrkirche Johannes des Täufers** (tgl. 8–19 Uhr, im Winter tgl. 8–17 Uhr): ein profanes Element im Sakralraum, wie es in der Renaissance kein Sakrileg war.

Die Romanik der Zweiturm-Basilika ist unübersehbar gegenwärtig: in der Kapelle am Torwärterhaus, im Außenbau, im Stufenportal der Vorhalle, im Kreuzgang, in den Schmuckformen. Das Innere hingegen ist vom Barock (1663) und Rokoko (1750) überformt – aber ein Wurf, wie in Rottenbuch, ist hier nicht gelungen. Der elegante Spätrenaissance- und Frühbarock-*Stuck* im Chor, wohl von Johann Schmuzer, lässt mit seinen strengen Geometrien noch die Romanik ahnen (beachtenswert die Monogramme Jesu, Mariens, Josephs und Norberts im Gewölbescheitel). Wie abgeschnitten davon aber wirkt das Langhaus mit seinem Rokokostuckgekräusel, das Franz Xaver Schmuzer schuf. Die figurenreichen, sattfarbenen, pathosgeladenen *Fresken* stammen von dem Augsburger Akademiedirektor Joh. Georg Bergmüller. Sie verknüpfen Szenen aus dem Leben des hl. Norbert mit solchen aus Steingadens Gründungsgeschichte.

Bedeutende Einzelwerke sind das noble *Renaissance-Chorgestühl* (1534), die schwungvolle *Kanzel* des Füssener Bildhauers Anton Sturm mit den Kirchenväter-Symbolen auf dem Schalldeckel und Evangelistensymbolen am Kanzelkorb sowie die kunstvoll aus Marmor und Bleiguss gefertigten *Welfenepitaphien* des hier viel beschäftigten Joh. Baptist Straub am zweiten Pfeilerpaar des Schiffs (Metallgrabplatten im Mittelgang).

Der schöne Erholungsort **Steingaden** selbst liegt an der Romantischen Straße, am Lech-Höhen-Weg und am Prälatenweg. Zu seinen Ortsteilen gehören so hübsche Plätze wie Ilgen (mit seiner Wallfahrtskirche), Urspring oder Wies.

i Praktische Hinweise

Information: Tourist Information, Krankenhausstr. 1, Steingaden, Tel. 0 88 62/2 00, Fax 0 88 62/64 70, www.steingaden.de

Hotels

Gasthof Graf, Schongauer Str. 15, Steingaden, Tel. 0 88 62/2 46, Fax 0 88 62/64 54, www.gasthof-graf.de. Ordentliche Zimmer, bayerische Schmankerl und ein schattiger Biergarten erfreuen die Gäste.

Gasthof Ilgen, Ilgen 2, Steingaden, Tel. 0 88 62/3 32, Fax 0 88 62/12 07, www.steingaden.de/gasthof_ilgen.htm. Einfache Hotelzimmer, für Familien geeignet, deftige Hausmannskost.

Züngelnde und flirrende Raumbewegung: ›die Wies‹ ist ein Höhepunkt bayerischen Kirchenrokokos ▷

›Tanzsaal Gottes‹ auf grünen Matten: Die Wieskirche, das späte Meisterwerk der Brüder Zimmermann, liegt auch heute noch abgeschieden

17 Wieskirche

TOP TIPP *Irdische Vollkommenheit im überirdischen Dienst.*

Der geschwungene Baukörper der **Wallfahrtskirche zum Gegeißelten Heiland auf der Waldwiese** (Tel. 0 88 62/93 29 30, www.wieskirche.de, im Sommer tgl. 8–19 Uhr, im Winter tgl. 8–17 Uhr) vor der ruhigen Kontur des Trauchbergs – diese sanftmütige ländliche Harmonie schlägt beim Eintritt in die Kirche augenblicklich ins Rauschhafte um. Wie ein vollendet durchmodellierter *Rokoko-Raum* atmet, sich dehnt, schwingt und schwebt, behaucht von einem Farbglanz, der just mit Föhn gemalt zu sein scheint – das ist das berückende Erlebnis dieser berühmten Kirche, die seit 1983 zum UNESCO Weltkulturerbe gehört.

Die ausrangierte Prozessionsfigur eines Heilands an der Geißelsäule, die in der Kammer der Wiesbäurin zu weinen begann und im Nu Pilger in Scharen herbeizog, war Anlass zum Bau ›der Wies‹ durch das Kloster Steingaden. Baumeister Dominikus Zimmermann und sein kongenialer Bruder Joh. Baptist als Maler und Freskant schufen 1746–54 hier ein sprühendes Alterswerk.

Ein ovaler Rundbau und ein Querrechteckraum gleiten ineinander über. Acht Doppelpfeiler, so vor die Mantelmauern gestellt, dass ein flacher Umgang entsteht, ›tragen‹ das aufgesetzte hölzerne Spiegelgewölbe von beträchtlicher Spannweite. Die fein gebildeten Pfeiler, die opulenten Übergangszonen zum Gewölbe, die fantasievollen Stuckornamente, die empfindsame Lichtführung: Alles dies sind ›mitbauende‹ Elemente der unendlichen Bewegtheit.

Sein Herz und das Kreuz, auf die der auferstandene Christus auf dem Regenbogen weist, bilden den Mittelpunkt des **Deckenfreskos** ›Jüngstes Gericht‹ im Gemeinderaum. Der Thron des Weltenrichters ist noch leer, das Tor zur Ewigkeit verschlossen. Der feierlich als doppelstöckige Säulenloggia gestaltete **Altarraum** im Barockfarbklang Blau-Rot-Gold ist – aufs Gnadenbild des ›Gegeißelten Heilands‹ (1730) abgestimmt – dem Opfer Christi gewidmet. Bezug darauf nehmen u. a. das brillant komponierte Fresko *›Engel mit den Marterwerkzeugen Christi‹* oder die Symbole des Pelikans und des Lamms unter und über dem Altarblatt, das mit der Darstellung der *›Heiligen Familie‹* (Balthasar Albrecht) auf die Ankunft Christi hinweist. Voller Grazie und Geist figuriert die **Kanzel** das Thema Quellen der Verkündigung, besonders schön in der Jünglingsfigur, der ein Delphin das Wasser des Lebens in die Schale leitet.

Von den **Heiligenfiguren** rundum seien nur die grandiosen Kirchenväter im Gemeinderaum (Anton Sturm) und die Evangelisten im Altarraum (Egid Verhelst) hervorgehoben.

Die jeweiligen Anteile der Brüder Zimmermann sind in diesem Gesamtkunstwerk von makelloser Einheitlichkeit kaum zu trennen. Joh. Baptist starb 1758 in München, Dominikus zog nach seiner Verwitwung 1757 von Landsberg hierher und lebte bis zu seinem Tod 1763 im selbst erbauten Haus gegenüber der Kirche (jetzt Gasthof).

Werdenfelser Land mit Ammergau und Isarwinkel – goldenes Landl

Das Werdenfelser Land ist die südlichste Region Oberbayerns mit **Garmisch-Partenkirchen** als ›irdischem‹ und der **Zugspitze** als ›himmlischem‹ Zentrum. Das Hochstift Freising war stolz darauf, denn zum Neid der Wittelsbacher gehörte ihm die Grafschaft Werdenfels von 1294 bis 1802. Da es an der Alpentransversale lag, mit Isar und Loisach günstige Wasserwege besaß und der Wald nicht nur Wild, sondern auch Holz für **Mittenwalder Geigen** lieferte, galt es seit altersher als ›Goldenes Landl‹. Züge und Autos brachten im 20. Jh. andere ›Goldfrachten‹ herbei. Schlagen wir Ammergau und Isarwinkel als Anlieger in Nordwest und Nordost hinzu, so öffnet sich ein **Erholungs- und Kulturpanorama**, das von 600 bis 3000 m Höhe und von Baden bis Klettern, von Bernini-Barock bis Lüftlmalerei, Passionsspiel bis Venusgrotte, Menzel bis Marc reicht.

18 Garmisch-Partenkirchen

Wintersportmetropole, Luftkurort, Bergwandererzentrum – und trotzdem viel Charme.

Natürlich forderte das verschwenderisch weite Tal zwischen Wettersteingebirge im Süden und Kramer und Wank im Nordwesten bzw. Nordosten früheste Besiedlung heraus. *Partanum* (Partenkirchen) entstand in der Römerzeit, *Germareskaue* (Garmisch) wurde 802 erstmals genannt. Durch Gemeinsamkeiten und Rivalitäten aneinander gebunden, wurden sie dennoch erst 1935 zur Marktgemeinde vereint. Partenkirchens Wirtschaftswunder bis ins 17. Jh. war die der Römerstraße folgende *Rottstraße* vom Süden über Innsbruck, Mittenwald, Murnau nach Augsburg. ›Rott‹ hieß die Zunft der Fuhrleute, die Rechte und Pflichten des Warentransports wahrnahm. Garmisch, zuerst abseits, holte im 17./18. Jh. durch Blüte des Schnitzerhandwerks auf. Fremdenverkehr und die Olympischen Winterspiele 1936 brachten wirtschaftliche und architektonische Angleichung. Doch die Neubauten blieben am Althergebrachten orientiert, Rustikalkitsch ist dabei wohltuend vermieden worden.

So wird man in **Garmisch** im Ortskern in der *Sonnenstraße* oder in der *Loisach-* und *Frühlingsstraße* seine helle Freude haben an der dichten Folge schindelgedeckter Gebirgshäuser mit Zierbundwerk und Heiligenstatuetten unterm Giebel, schweren Holzaltanen, bunten, pärchenbesetzten Bänken neben dem Eingang. Die Lüftlmalerei am Gasthaus ›Husar‹ in der Fürstenstraße, wo der bayernbegeisterte Adolph Menzel häufig abstieg, spielt auf bayerisch-französische Verbün-

Frischluft-Café im Zentrum von Garmisch

dung an. Dahinter steht **Alt-St.-Martin**, die Mutterkirche fürs obere Loisach- und Isartal, im 13. Jh. gebaut, im 15. Jh. umgestaltet. Der Saal mit Mittelstütze und Netzgewölbe ist wandfüllend mit Fresken bedeckt. Der kostbare Fleckerlteppich reicht (v. l. n. r.) vom Christophorus (um 1300) über den Passionszyklus (um 1400), die Apostel (um 1430), das ›Jüngste Gericht‹ (um 1430) bis zu den spätromanischen Heiligendarstellungen von St. Martin und St. Georg (um 1250).

Beim Barockbau von **Neu-St.-Martin** am Marienplatz im Zentrum waren bekannte Meister am Werk. Den vornehmen Saalraum und den Frührokokostuck schuf Joseph Schmuzer, die in Jochfelder geteilten Decken- und Chorkuppelfresken (1732/33) sind ein Jugendwerk von Matthäus Günther, in ungewohnt gedämpften Farben Szenen der Martinslegende zeigend. Das Figurenwerk stammt von Franz X. Schmädl (Seitenaltäre) und Anton Sturm (Hochaltar), das Altarblatt von Martin Speer. Die Kanzel (Franz Hasp, 1782) ist so rokokobeschwingt, dass sie jeden Augenblick abzuheben scheint.

In **Partenkirchen**, das einst durch Brände gelitten hat, beschwört die *Ludwigstraße* alte Bürgerhauspracht, die *Ballengasse* oder der kleine *Floriansplatz* hingegen zeigen Dorfidyllik. Das Plätzchen mit Blick auf die Zugspitze war übrigens ein beliebtes Motiv für die Maler der Münchner Schule. Neben den behaglichen Gasthöfen der Ludwigstraße fällt der Barockbau des **Werdenfelser Heimatmuseums** (Ludwigstr. 47, Tel. 0 88 21/21 34, Di–Fr 10–13 und 15–18, Sa/So/Fei 10–13 Uhr) auf, der in hervorragender Präsentation die immense Kulturvielfalt dieser Gebreiten veranschaulicht: Skulpturen, Gemälde, Veduten, Möbel, Wohnensembles, Bauerngeräte, Trachten, Kunstgewerbe von Schnitzerei bis Zinn, Hinterglasbilder, dazu prähistorische und historische Zeugnisse. Auch gibt die faszinierende Maskensammlung eine Vorstellung von dem noch heute zur Fastnacht hier üblichen Maschkeratreiben.

Das weithin sichtbare Zwiebelgekuppel am Westhang des Wank gehört zur **Wallfahrtskirche St. Anton**, einem höchst erlesenen Spätbarockwerk. Den Achteckraum von 1706 erweiterte Joseph Schmuzer 1736 durch einen Ovalraum mit Kapellen im ›Gelenk‹. In die niedrige Kuppel malte der Südtiroler Joh. Evangelist Holzer (1709–1740) ein atemberaubendes **Antonius-Fresko**, das zu Recht als »schönstes des 18. Jh.« bezeichnet wird. Im offenen Himmel schwebt der hl. Antonius dem Christkind entgegen, von mächtigen Engeln umkreist, deren Flügelschlag man schier zu spüren meint. Denn nah und fast lebensgroß wirken die Gestalten, wirkt auch die dramatische Szenerie zwischen den Raum aufreißenden Scheinarchitekturen der unteren Zone, die in einem Reigen von Ketzern und Bekehrten, von Siechen, Gefangenen, Bettlern und von Genesenden,

TOP TIPP

Schmuckstück von Garmisch: die Sonnenstraße mit sanierten Gebirgshäusern. An den Bänken Mandl und Weibl in Erwartung von Besuchern

In der spätbarocken Wallfahrtskirche St. Anton in Partenkirchen ist das einzige erhalten gebliebene Fresko des genialen Johann Evangelist Holzer zu bewundern

Befreiten, Erhöhten die ganze Not und Erhörung der Menschheit fasst. Kühne Realistik, prangende Sinnlichkeit der Farben, souveräne Formgewalt zeichnen dieses einzige erhaltene Fresko des Frühvollendeten aus. Von ihm stammen auch die Medaillons mit den Symbolen der Tugenden des hl. Antonius im Achteckraum.

Die beiden Sportanlagen der Olympischen Spiele 1936 sind das **Eisstadion** mit 4000 m² Fläche im Südosten von Garmisch und das **Skistadion** im Süden von Partenkirchen, in dem jedes Jahr am 1. Januar das *Neujahrsspringen* der Internationalen Vierschanzentournee stattfindet.

Zum Besuch der Gebirgsstadt gehört natürlich ein Super-Bergblick. Vom

TOP TIPP

Wank (1780 m) ist er unübertrefflich, weil er ein volles Rundum-Panorama bietet und die majestätischen Häupter nah rücken wie im Breitwandfilm. 13 Minuten braucht man mit der Kabinenbahn bis zum oberen Plateau, einem Rundwanderweggelände mit Sonnenterrassen und Restaurants, über denen lautlos bunte Drachenflieger kreisen. Im Südwesten Zugspitze und Alpspitze, im Süden Wettersteinkopf, im Südosten das Tal von Mittenwald mit Karwendel, im Nordosten Estergebirge mit Krottenkopf, im Nordwesten Kramer im Vordergrund, Ammergebirge mit Notkarspitze, Laber und Ettaler Mandl dahinter, im Westen der schöne Daniel und die Allgäuer Alpen. Der Abstieg ins Tal dauert von hier oben etwa 2 Std.

i Praktische Hinweise

Information: Kurverwaltung, Richard-Strauss-Platz 1a, Garmisch-Partenkirchen, Tel. 0 88 21/18 07 00, Fax 0 88 21/18 07 55, www.garmisch-partenkirchen.de

Wassersport

Alpspitz-Wellenbad, Klammstr. 47, Garmisch-Partenkirchen, Tel. 0 88 21/75 33 13, Mo–Fr 9–21, Sa/So 9–19 Uhr

Wintersport

Ski alpin, **Snowboard**, **Langlauf**, Schneetel. 0 88 21/79 79 79, www.adac.de/skiguide. Die gesamte Skiregion bietet 59 km Pisten und 39 km Loipen, erschlossen durch 23 Schlepp-, 6 Sessellifte, 6 Kabinenbahnen und 1 Standseilbahn.

Kultur

Vorverkauf: GAP-Ticket, Tel. 0 88 21/75 25 45, Fax 0 88 21/75 25 47

Bauerntheater Partenkirchen, Gasthof Zum Rassen, Ludwigstr. 45, Garmisch-Partenkirchen, Tel. 0 88 21/5 55 98

Kleines Theater, Kongresshaus, Richard-Strauss-Platz, Garmisch-Partenkirchen,Tel. 0 88 21/24 87, www.kleinestheater.de

Garmischer Volkstheater im Bräustüberl, Fürstenstr. 23, Garmisch-Partenkirchen, Tel. 0 88 21/30 29

Höher hinauf geht's nun nicht mehr in Deutschland: Gipfelkreuz auf der Zugspitze

Richard-Strauss-Tage, Mitte Juni, Infos: Kulturteam München, Tel. 0 82 43/ 96 04 10, www.gaponline.de/strauss. Der Komponist lebte 1908–49 in Garmisch im Haus Zoeppritzstr. 42 (nicht zugänglich).

Schloss Elmau, Tel. 0 88 23/1 80, Fax 0 88 23/37 19, www.elmau.de. Kulturelle Festveranstaltungen [s. S. 71].

Hotels

******Post-Hotel Partenkirchen**, Ludwigstr. 49, Garmisch-Partenkirchen, Tel. 0 88 21/9 36 30, Fax 0 88 21/ 93 63 22 22, www.post-hotel.de. Hotel in einem Gebäude des 16. Jh. Kultiviert bodenständig in Komfort wie Küche.

******Staudacher Hof**, Höllentalstr. 48, Garmisch-Partenkirchen, Tel. 0 88 21/92 90, Fax 0 88 21/92 93 33, www.staudacherhof.de. Exklusives Hotel im Landhausstil mit Wellness Center und Schwimmbad. Das Lokal bietet regionale und Vital-Küche.

*****Brunnthaler**, Klammstr. 31, Garmisch-Partenkirchen, Tel. 0 88 21/5 80 66, Fax 0 88 21/7 66 96, www.brunnthaler.de. Ruhiges Hotel garni mit herrlicher Aussicht.

Restaurants

Husar, Fürstenstr. 25, Garmisch-Partenkirchen, Tel. 0 88 21/9 67 79 22. Delikate Küche in kultiviert bayerischem Ambiente. Gehobenere Preise (Mo geschl., Wiedereröffnung Ende 2005).

Zum Rassen, Ludwigstr. 45, Garmisch-Partenkirchen, Tel. 0 88 21/ 20 89. Alter gemütlicher Gasthof mit ausgezeichneter bayerischer Küche.

Zum Wildschütz, Bankgasse 9, Garmisch-Partenkirchen, Tel. 0 88 21/32 90. Ländliche Gemütlichkeit mit schmackhafter bayerischer und internationaler Küche (Mi geschl.).

19 Zugspitze

TOP TIPP *Deutschlands höchster Berg (2962 m) ist voll möbliert.*

Am 27. August 1820 erklomm Leutnant Josef Naus, 27-jährig, in Erfüllung eines Landvermessungsauftrages, nach zwölf Stunden Aufstieg von der Reintal-Angerhütte aus die Zugspitze »unter einiger Lebensgefahr und außerordentlichen Mühen«. 1851 schleppten 29 Bergsteiger das Kreuz auf den Westgipfel (später wurde es auf den Ostgipfel versetzt). 1926 ›eröffneten‹ die Österreicher von Ehrwald-Obermoos aus mit der Tiroler Zugspitzbahn den binationalen Berg, vier Jahre später die Deutschen von Garmisch-Partenkirchen aus.

Heute begeben sich jährlich 500 000 Besucher in 80 Minuten zum Gipfel, drehen mit drei verschiedenen Bahnen die Runde Zugspitzplatt–Gipfel–Eibsee, können sommers auf dem Eibsee segeln, winters mit sechs Schleppliften und einem Sessellift ihre Ski-Künste testen, und zwar garantiert, denn der Schneeferner, der als einer der letzten Reste der eiszeitlichen Gletschermassen das Platt hochstemmt, sorgt für Schneesicherheit von November bis Mai. Weitere infrastrukturelle Annehmlichkeiten: Man kann hier um 12 Uhr mittags der Sonntagsmesse beiwohnen, sich Videos ansehen, Konferenzräume mieten, in der Gipfel-Galerie die ewigen Firn-Champions mit den aktuellsten Kunst-Champions vergleichen, Drinks im Panoramabistro, im Sonn Alpin, dem Szenetreff der Snowboarder, oder auf einer der Sonnenterrassen genießen – und die Scheine für all dies aus dem Geldautomaten ziehen.

Wer's unter diesen Umständen trotzdem noch mit dem Selbst-Erklimmen hält, muss hochalpin ausgerüstet sein und acht Stunden durchs Höllental oder zehn durchs Reintal auf sich nehmen. Der grandiose Fernblick, der vier Länder und 400 Berge umfasst, blüht den im Schweiß Emporgekommenen gleichermaßen.

i Praktische Hinweise

Internet: www.zugspitze.de

Bayerische Zugspitzbahn, Tel. 0 88 21/79 70. Zahnradbahn vom Bahnhof Garmisch-Partenkirchen über Grainau, Eibsee zum Gletscherbahnhof Zugspitzplatt (8.15–16.15 Uhr alle 60 Min., Fahrtdauer 75 Min.). Gletscherbahn von dort zum Gipfel (5 Min.), Eibseeseilbahn vom Eibsee direkt zum Zugspitzgipfel (10 Min.).

Wintersport

Ski alpin, **Snowboard**, Schneetel. 0 88 21/79 79 79, www.adac.de/skiguide. Von Nov. bis Ende Mai auf dem Zugspitzplatt (21,1 km Pisten).

Übernachtung

Im **Münchner Haus** nur für Alpenvereinsmitglieder. In der **Knorr-Hütte** (Tel. 0 88 21/29 05, www.knorrhuette.de) unterhalb des Gipfels für jedermann.

20 Mittenwald

TOP TIPP *Heiteres Ortsbild unter einem Himmel voller Geigen und gerahmt von mächtigen Gebirgshäuptern.*

Vom gewölbten Gerber oder der dreieckigen Wettersteinspitze schaut man in ein Bilderbuch: Behäbige bunte Fassaden unter fortlaufenden Zickzackdächern suggerieren Wohlhabenheit. Die war die Folge eines Streits zwischen Herzog Sigismund von Tirol und den Venezianern, die daraufhin 1487 den Bozener Markt nach Mittenwald verlegten. Als die neue Kesselbergstraße 1492 dann noch München in Reichweite brachte, war der Ort ›mitten im Wald‹ unversehens ein lu-

Partnachklamm, Elmau und Schachen

Seit 1878 begehbar, heute überlaufen (200 000 Besucher jährlich) und dennoch imponierend ist die **Partnachklamm**, eine Wildwasserschlucht, die sich bis zu 90 m tief und 900 m lang in einen Ausläufer des Wettersteinmassivs gegraben hat. Vom Skistadion Garmisch 25 Min. zu Fuß (auch mit der Bergbahn oder einer Pferdekutsche erreichbar). Oberhalb der Klamm liegt die Partnachalm, Gasthof und schöne Aussicht (weitere 40 Min.).

Der Weg durch die Klamm führt weiter nach Elmau, einem abgeschiedenen sonnigen Hochtal in 1050 m Höhe am Fuß der Wettersteinwand, in dem **Schloss Elmau** (www.elmau.de) steht, die durch ihre kulturelle Orientierung bekannt gewordene heutige Hotelanlage mit Wellness- und Freizeitangebot. Von der Klamm wie von Klais aus 6 km.

Eine Attraktion, die nur zu Fuß erreicht werden kann, ist Ludwigs II. **Königshaus am Schachen** (auch Jagdschloss genannt, Tel. 0 88 21/29 96, 01 72/8 76 88 68, www.schloesser.bayern.de, Führungen Juni–Anfang Okt. tgl. 11, 13, 14, 15 Uhr). Es liegt 1866 m hoch unter der Dreitorspitze. Von Garmisch geht man durch Partnachklamm und Reintal 7 Std., von Elmau 3 Std. Der König fuhr im zweirädrigen, ponygezogenen Bergwagen. Selbst hier musste Exotisches her: Außen Gebirgssanatoriumsstil, innen Orientkopie, wurde das Haus 1869–72 von Josef Röhrer gebaut. Im legendären *Türkischen Saal* pflegte Ludwig maurisch gewandet aufzutreten, umgeben von Dienern, die ihm mit Düften und Pfauenfederfächerlüften Tausendundeine Nacht simulierten. In der Nähe gibt es einen Alpengarten des Botanischen Gartens München.

Der malerische Obermarkt in Mittenwald mit dem lüftlbemalten Kirchturm St. Peter und Paul

krativer Handelsplatz. Der Wald wiederum wurde zur Rettung, nachdem der Markt 1679 wieder nach Bozen zurückgekommen und die Straße Augsburg–Füssen–Reutte zur Konkurrenz geworden war. Der Mittenwalder Matthias Klotz (1653–1743), in Italien ausgebildet, begann nämlich damals hier mit dem Geigenbau. Bald tat's ihm der ganze Ort gleich, und mit dem Hausierhandel stieg der Ruf der hiesigen Instrumente geradezu ›crescendomäßig‹, um im Musikbild zu bleiben. Die 1858 gegründete **Geigenbauschule** blieb die einzige in Deutschland und hat längst internationales Ansehen. Im imponierend restaurierten **Geigenbau- und Heimatmuseum** (Ballenhausgasse 3, www.geigenbaumuseum-mittenwald.de, Tel. 0 88 23/25 11, Kernzeit Di–So 11–16 Uhr, Hauptsaison Winter wie Sommer Di–So 10–17 Uhr) wandert man an den über 200 Meisterstücken von Generationen der hier ansässigen Geigenbauerfamilien entlang, von denen einige noch tätig sind. Sogar eine ganze Geigenbauwerkstatt ist zu besichtigen

Schon seit über 300 Jahren ist Mittenwald ein Zentrum des Geigenbaus

›Fassadenbummeln‹ ist in der Stadt der **Lüftlmalerei** das Schönste. Einige Beispiele: *Neunerhaus* am Obermarkt 24: Apostel und ›Verkündigung‹ wohl von Schülern Matthäus Günthers. *Alpenrose* am Obermarkt 1: ›Die fünf Sinne‹ von Zwinck, *Hornsteinerhaus* am Prof.-Schreyögg-Platz 6/8: ›Tötung des Holofernes‹ von Zwinck, *Hoglhaus* am Malerweg 3: ›Flucht nach Ägypten‹ von Karner, ebenso die Häuser Goethestraße 23, 28. Dazwischen allenthalben hübsche, der Tradition nachempfundene Lüftlmalerei von heute. Und viele Häuserensembles mit Zierbundwerk im Giebel, breitmäuligen Toreinfahrten, weit in die Straße ragenden hölzernen Dachrinnen. Sogar die **Pfarrkirche Peter und Paul** ist hier strahlend lüftlbemalt! Kein Geringerer als Matthäus Günther hatte 1746 dem Bau diesen Schlusspunkt gesetzt. 1740 hatte er innen die eleganten *Fresken* mit Szenen aus dem Leben der Kirchenpatrone in dramatischer Bewegtheit und brillanter Farbigkeit auf die Decken komponiert (das Hochaltarblatt ›Glorie der Apostelfürsten‹ stammt auch von ihm) – und gleich ging's mit demselben Thema in Oberammergau weiter. Dort und hier war auch Joseph Schmuzer am Werk; hier schuf er 1738–40 den gefällig abgerundeten Saalraum, dazu die feinen Rocaille- und Bandelwerk-Stuckaturen. Ebenfalls beachtenswert sind das gotische *Kruzifix* und die barocke *Schmerzensmutter* in der linken Seitenkapelle, die *Madonna* von 1520 am linken Seitenaltar und die *Zunftstangen* an den Bänken.

i Praktische Hinweise

Information: Tourist Information, Dammkarstr. 3, Mittenwald, Tel. 0 88 23/3 39 81, Fax 0 88 23/27 01, www.mittenwald.de

Wandern

Mit dem Sessellift (Tel. 0 88 23/15 53) auf den *Kranzberg* (1391 m), Abstieg zum Ferchensee und zurück über den Lautersee (2,5 Std.).

Mit der Karwendelbahn (Tel. 0 88 23/ 53 96, www.karwendelbahn.de) zur westlichen *Karwendelspitze* (2385 m). Von der Bergstation durch die eindrucksvollen Geröllhalden des Dammkar bergab (3 Std.).

Der Mittenwalder Klettersteig für Anspruchsvolle: Von der Bergstation Karwendelspitze (s. o.) über sieben Gipfel zur *Brunnsteinspitze* (2180 m) und bergab zurück (ca. 7 Std.).

Wintersport

Ski alpin, **Snowboard**, **Langlauf** www.adac.de/skiguide. Das Dammkar (www.dammkar.de, Schneetel. Tel. 0 88 23/53 96) für Anspruchsvolle (7 km Pisten), der Kranzberg für gemütlichere Abfahrten (15 km Pisten). Hinzu kommen 20 km Loipen.

Hotels

****Post-Hotel**, Obermarkt 9, Mittenwald, Tel. 0 88 23/9 38 23 33, Fax 0 88 23/ 9 38 29 99, www.posthotel-mittenwald.de. Komfortables Haus sowie gute internationale und regionale Küche.

Tonihof, Buckelwiesen 3, Mittenwald, Tel. 0 88 23/50 31, Fax 0 88 23/17 83, www.hotel-tonihof.de. Hotel mit Restaurant und Café inmitten von Buckelwiesen. Herrlicher Blick auf 98 Gipfel.

Verkündigungsengel am Neunerhaus in Mittenwald

Lüftlmalerei

Ungewiss, ob sie so heißt, weil sie den frischen ›Lüftln‹ ausgesetzt ist, oder weil ihr berühmtester Maler bei einer Familie ›Lüftl‹ wohnte. Der nun hieß **Franz Seraph Zwinck** (1748–1792), war in Oberammergau tätig und verschaffte der schon im Mittelalter bekannten, Anfang des 18. Jh. wieder belebten Fassadenmalerei große Popularität. Sein Kollege **Franz Karner** (1737–1817) stieg wiederum in Mittenwald aufs Gerüst, und beider Vorbild war **Matthäus Günther**, der den Mittenwalder Kirchturm 1746 mit den Gestalten Petri und Pauli bemalt hatte. Wohlhabende Bürger und Bauern ließen fortan die durch vorkragende Dächer geschützten Fassaden ihrer Häuser mit religiösen, historischen, moralisierenden oder burlesken Motiven in Freskotechnik schmücken, besonders im Werdenfelser Land, in der Tölzer und Schlierseer Gegend, kaum mehr aber jenseits des Inn (mit Ausnahme von Berchtesgaden). Die Meister blieben aber meist unbekannt, da sie ihre Werke nicht signierten. Diese liebenswürdige Kunst hielt sich bis Anfang des 19. Jh., wurde um 1900 durch die Heimatkunst-Bewegung wieder belebt und taucht sogar heute noch sporadisch auf.

Restaurant

Arnspitze, Innsbrucker Str. 68, Mittenwald, Tel. 0 88 23/24 25. Restaurant mit schöner Aussicht und einfallsreicher, qualitätvoller Küche.

21 Kloster Ettal

Die berühmte Benediktinerabtei zeigt Großbarock von römischer Attitüde.

Zwischen Rappenkopf, Kofel und Laberberg in den hoch gelegenen Talgrund der Ammer gebettet, scheint das ruhende Geviert von Kloster und **Klosterkirche Ettal** (Tel. 0 88 22/7 40, www.kloster-ettal.de, tgl. 6–18 Uhr) mit ihrer majestätischen Kuppel ein Kunstkonzentrat der erhabenen und gestaltreichen Landschaft zu sein. Es war einst auch ein Konzentrat der Bestrebungen *Kaiser Ludwigs des Bayern*: trotz seiner Kämpfe mit dem Papst ein Glaubenszeichen aufzurichten, einen strategisch wichtigen Punkt nahe der Fernstraße nach Italien zu etablieren, seine Position im Erbland Bayern durch ein Landeskloster zu festigen, mit einer aus Italien mitgebrachten, bald legendenumrankten Marmor-Madonna das 1330 gestiftete, 1370 geweihte Kloster zu einem Ort der Marienverehrung zu machen.

Top Tipp

Die Architektur der Kirche war für die Gotik ungewöhnlich: ein zwölfeckiger Zentralbau mit Zeltdach und Mittelstütze! Und genau dieser Bau, wenn auch ohne Stütze, bekam ein ›Barockpaletot‹ umgeworfen, als Wallfahrtsblüte und Akademie-Einrichtung eine Bauerneuerung nötig machten. Sie wurde durch Enrico Zuccalli (bis 1724) und Joseph Schmuzer (bis 1762) vollzogen.

Römische Bernini-Elemente sind unübersehbar bei der aufwendig gestalteten geschwungenen **Fassade**, die mit zwei späteren Türmen den Kuppelaufbau rahmt. Der doppelstöckige, farbig überwölbte (25 m Kuppeldurchmesser), gold-weiße **Innenraum** wirkt auf unnachahmliche Weise würdevoll, jubelnd und bergend zugleich. Schmale Pilaster runden ihn; die graziöse Westempore antwortet dem Bogen zum ovalen Chor; die Stuckornamentik ist von raffinierter Nuancierung bis zum ›Himmel‹ hinauf (Joh. Georg Üblher, Franz Xaver Schmuzer). Den aber reißt das wirbelnde *Kuppelfresko* (1751) des Tirolers Joh. Jakob Zeiller auf, das mit mehr als 400 Gestalten die Dreifaltigkeit mit Engelschören, Heiligenscharen und gleichzeitig eine Verherrlichung des Benediktinerordens darstellt, über dem Chorbogen die Gründung Ettals. Die *Seitenaltäre* sind Meisterwerke von Straub, ihre Gemälde stammen von Zeiller, Martin Knoller, Felix Anton Scheffler u. a. Straub schuf auch die furiose *Engelssturzkanzel* von 1759/60. Klassische Kühle atmet hingegen der rund 30 Jahre später ausgestattete **Chorraum**, in dem sich das *Hochaltarbild*

›Himmelfahrt Mariens‹ (1786) des Tirolers Martin Knoller im *Deckenfresko* ›Empfang Mariens durch Christus im Himmel‹ (1769) geistvoll fortsetzt. Von vergoldeten *Bleireliefs* des Marienlebens von Roman Anton Boos flankiert, birgt die Tabernakelnische Ettals Zentrum: das *Gnadenbild* (um 1300), eine Pisaner Arbeit.

Die im 20. Jh. erneuerten Klostergebäude beherbergen die Benediktinerpatres und ihr berühmtes *Gymnasium mit Internat*, ferner Hotel, Verlag, Bierbrauerei, Metzgerei und jene berühmte Likörbrennerei, die den grünen herben, gelben süßen und braunen magenbitteren *Ettaler Klosterlikör* herstellt.

Oben: *Benediktinerkloster Ettal, so einzigartig durch seine ungewöhnliche Lage im Hochgebirgstal der Ammer wie durch seine außergewöhnliche Bauform*

Unten: *Jedes Detail vollendet: Orgel und Orgelempore in Ettal*

Praktische Hinweise

Hotel

Blaue Gams, Vogelherdweg 12, Ettal, Tel. 0 88 22/64 49, Fax 0 88 22/8 69, www.blaue-gams.de. Alpenländlich-modern eingerichtetes Hotel in schöner Lage am Waldrand. Das Restaurant bietet zünftige Speisen, kulinarisch raffinierte Gerichte und Süßes aus der hauseigenen Konditorei. Bei schönem Wetter kann man auf der großen Terrasse mit Aussicht genießen. Wellness- und Sportarrangements.

Das einzige Schloss, das Ludwig II. wirklich bewohnen konnte: Linderhof im Graswangtal

22 Schloss Linderhof

TOP TIPP *Die bildhübsche Bürgervilla des ›Unbürgerkönigs‹.*

Wenn er gegen 17 Uhr erwachte, erblickte er vom nördlichen Schlafzimmer aus die kräftige Neptunsgestalt und darüber die steile Wasserkaskade zum Hennenkopf. Vor dem Spiegelsaal auf der anderen Seite erhoben sich die (flugs angestellte) 30 m hohe Fontäne und die fulminante Terrassenanlage mit dem Venustempel zuoberst, dem sein erster Spaziergang galt.

Schwänefüttern bei Tannhäusermusik: König Ludwigs Venusgrotte

In der Laube in der Krone der Linde im Gartenparterre frühstückte er mit einem lieben Gast, nach dem Diner gegen 22 Uhr folgten Spazierfahrt, Grottenbesuch, Souper in der Hundinghütte und Zubettgehen gegen 3 Uhr früh.

Schloss Linderhof (Tel. 0 88 22/9 20 30, www.schloesser.bayern.de, www.linderhof.de, für Gruppen Ticketreservierung empfohlen, April–Sept. tgl. 9–18 Uhr, Okt.–März tgl. 10–16 Uhr, Parkbauten April–Sept. tgl. 9–18 Uhr) ist das einzige der Schlösser Ludwigs II., das er vollenden und auch bewohnen konnte. Das lauschige *Graswangtal*, ein Seitental der Ammer, war ein geliebter Jagdgrund des Vaters, Königs Max II. Dessen ›Försterhäuschen‹ baute Georg von Dollmann 1869–86 in vielen Etappen zunächst zum ›Königshäuschen‹ und dann zu einem zierlichen Schlösschen vom Typ Bürgervilla um. Dafür entfesselten Franz Seitz und Christian Jank den fälligen Märchenkönigsprunk, im ›Sanktuarium‹ des Schlafzimmers, im ›Tischlein-deck-dich‹-Speisezimmer, in den verschiedenen Kabinetten. Der goldschwere Dekor im Stil des stark barock, leicht französisch beeinflussten ›Zweiten Rokoko‹ lässt keinen Zentimeter Wand ungeschoren. Und ringsum blickte der Nachtkönig den Majestäten und Marquisen des Sonnenkönigshofs in die teuren Angesichte.

Für die **Venusgrotte** im Park investierte der Meister der künstlichen Paradiese dann seine blühendste Fantasie: Capris Blaue Grotte kombiniert mit roter Wagnerischer Hörselberg-Grotte, ein bengalisch beleuchteter Teich, Tropfsteine und Tannhäuser-Berieselung, Muschelthron und Muschelkahn, Welle und Wasserfall, Riffe, Regenbogen, Rosen, Schwäne – die ganze Grotte besteht aus Gips und funktionierte damals durch Siemenstechnik und Lakaienschweiß – heute tut's die Elektronik.

Karl von Effners Französischer Garten im Schlossbereich geht in einen Landschaftsgarten über, der mit vielen Bauten bestückt war. Restauriert oder rekonstruiert sind heute der **Maurische Kiosk**, der von der Pariser Weltausstellung 1867 zum Eisenbahnkönig Henry Strousberg nach Schloss Zbirow in Böhmen und dann hierher verfrachtet wurde und vor allem durch seinen Pfauenthron entzückt, die **Einsiedelei des Gurnemanz** und die **Hundinghütte**, ›bewohnbare‹ Bühnenbilder aus ›Parsifal‹ und ›Walküre‹, sowie das **Marokkanische Haus**, ebenfalls eine Weltausstellungsakquisition Ludwigs II. Mit dem bisschen Exotismus wird die wundervolle Gebirgslandschaft schon fertig! Und das erträumte Orientalische Schloss blieb ihr aus Geldmangel erspart.

Neuschwanstein

Wem Linderhof noch zu wenig märchenhaft erscheint – die Gralsburg Neuschwanstein (Besichtigung nur mit Führungen und vorbestellten Tickets, Tel. 0 83 62/93 08 30, www.ticket-center-hohenschwangau.de, April–Sept. Fr–Mi 9–18, Do 9–20, Okt.–März tgl. 10–16 Uhr) liegt, wenn auch schon im Allgäu, knapp 50 km westlich nahe Füssen. Turm- und zinnenreich thront sie in hinreißender Gebirgsszenerie über Alpsee und Pöllatschlucht gegenüber Schloss Hohenschwangau, dem Lieblingsaufenthalt Ludwigs II. als Knabe. **Rittelträume und Wagneropern** inspirierten hier die Bauideen des Königs: der Sagensänger Tannhäuser, der Schwanenritter Lohengrin, der Gralssucher Parzival, auch das Erlebnis der Wartburg. Architekten und Künstler realisierten sie 1869–92 in neoromanischen, neogotischen und neobyzantinischen Formen einer wahren Opernburg. Die beiden prunkvollen Herzkammern im Palas des Schlosses sind der teils auf Wartburg-Reminiszenz, teils auf Parzival-Beschwörung gestimmte **Sängersaal** mit Sängerlaube und Königsloggia sowie der goldgetönte **Thronsaal** als Sakralraum mit der Erlösungsaura eines Gralstempels. In Arbeits-, Wohn-, Speise- oder Schlafzimmer dominiert in der Dekoration jeweils ein anderes Wagner-Thema. Das Gesamtdesign aber ist von Schwänen beschwingt; sie treten in Schwindel erregenden Formen als Türklinken, Wasserspender, Blumenvasen, Stoffapplikationen auf. Das menschenfern geplante Burggenist, nie vollendet, nur wenige Tage vom König bewohnt, unseliger Ort seiner Verhaftung, wird heute von Millionen durchwandelt.

Schloss Neuschwanstein und, jenseits der Schlucht, Schloss Hohenschwangau über dem Alpsee

Spitze der Märchenseligkeit aber ist, dass der ›Kini‹ seit 2000 singend wiederaufersteht, nämlich im **Festspielhaus Neuschwanstein**. Zuerst tat er es in einem Musical von Franz Hummel, 2005 hat ihm Konstantin Wecker ein neues komponiert, **Ludwig²** (Di–Fr 19.30, Sa 14.30 und 19.30, So 14.30 Uhr, Tickets, Tel. 0 18 05/13 11 32, www.festspielhaus-neuschwanstein.de).

Der Schnitzer und sein Werk

23 Oberammergau

Jede Menge Holz, jede Menge Farbe, jede Menge biblischer Rummel.

Ganz Oberammergau ist ein Museum, prangend mit Fassaden voller Lüftlmalerei, Schaufenstern voller Holzgeschnitztem und in Jahrzehnt-Intervallen bärtigen Bibelgestalten und aufgemascherlten Prominenzen. Die Weltberühmtheit aber wurde aus Not geboren.

Als die Oberammergauer noch ein karges Gebirglerdasein führten, lernten sie von den Rottenbucher Mönchen, das »Leiden Christi in einer halben Nussschale« zu schnitzen. 1563 gab es hier schon 40 Schnitzmeister und eine eigene Zunftordnung. Im 18. Jh. verkauften nicht mehr Hausierer, sondern vertrieben Verleger die **Herrgottschnitzereien** und in deren Gefolge auch Krippen, Fatschenkinder, Wachsblumen und vieles anderes bis nach St. Petersburg, Amsterdam, Cadiz. 1878 wurde die *Staatliche Fachschule für Holzschnitzerei* hier gegründet.

Die **Passionsspiele** wiederum verdanken sich der Pest. Im Pestjahr 1633 gelobte der Rat, alle zehn Jahre das Leiden Christi aufzuführen, wenn die Seuche aufhöre. Der Schwarze Tod ging und das Spiel kam schon im Jahr darauf und dauert bis heute fort. Die ursprüngliche Spielvorlage des 15./16. Jh. durchlief immer neue Stadien bis zu einer Fassung des Pfarrers Daisenberger von 1860, dienoch heute in modernisierter Form aufgeführt wird. Das **Passionsspieltheater** (www.passionstheater.de, Tel. 0 88 22/9 45 88 33, Ticket-Tel. 0 88 22/92 31 58, Führungen Mai–Okt. tgl. 10–17 Uhr, jeweils zur vollen Stunde) am Nordrand des Orts, 1900 errichtet und für die Millenniums-Aufführung 2000 erweitert, fasst rund 5000 Zuschauer. Auf seiner offenen Bühne vor echter Landschafts-Kulisse können (und müssen in manchen Szenen) 1600 Laienspieler agieren. Das sechseinhalbstündige Stück ist ein Gesamtkunstwerk aus Bühnen- und Kostümgestaltung, wobei die 14 ›Lebenden Bilder‹ aus dem Alten Testament eine hiesige Besonderheit darstellen.

Im Pilatushaus mit seiner opulenten Lüftlmalerei von Franz Seraph Zwinck (1784) haben Schnitzer und Töpfer eine ›Lebende Werkstatt‹ eingerichtet

Nur die **Lüftlmalerei** ist aus Spaß an der Freud' entstanden. Die prächtigsten Häuser, alle von Zwinck bemalt, sind leicht zu finden: *Gerold-Haus* (Dorfstr. 24) mit ›Marienkrönung‹, ›Abraham‹, ›Rosenkranzübergabe‹ (1778); *Pilatushaus* (Ludwig-Thoma-Str. 10) mit Palast-Scheinarchitektur (1784); *Am Mühlbach 5* (1768); *Lüftlmalereck 1* (1787). Im *Verlegerhaus Lang* (Dorfstr. 20) wurde Ludwig Thoma 1867 als Försterssohn geboren.

Bei so viel Farbenverliebtheit muss auch die **Pfarrkirche St. Peter und Paul** ein malerisches Gehäuse sein, zumal die Stifte Ettal und Rottenbuch in Oberammergau überhaupt und beim Rokoko-Neubau der Kirche (1737–42) speziell das Sagen hatten. So treffen wir in dem hellen, saalartigen Raum Pfaffenwinkel-Bekannte: Joseph Schmuzer als Baumeister und (mit Sohn Franz Xaver) Schöpfer der Frührokokostuckatur, Schmädl als Bildner der Altaraufbauten und des Figurenwerks, Matthäus Günther als Freskanten (und Maler des Hochaltarblatts). Seine dramatischen Fresken im Langhaus (1741 in zwei Monaten geschaffen!) sind voller Figurenreichtum und in Rom erlernten Perspektiveffekten, sie zeigen *›Martyrium und Glorie von St. Peter und Paul‹* mit Petersdom als Kulisse (über der Orgelempore Selbstbildnis als Pilger auf der Treppe zum Bernini-Tabernakel), die späteren im Chor *›Maria als Rosenkranzkönigin‹* (1761). Meister Zwinck schuf die alttestamentlichen Szenen an der Empore (1787).

Das **Oberammergau Museum** (Dorfstr. 8, Tel. 0 88 22/9 41 36, www.oberammergaumuseum.de, Di–So 10–17 Uhr, 14. Febr. –14. März geschl.) prangt seit seiner Wiedereröffnung mit 5000 Exponaten heimischer *Schnitzerei* aller Epochen, einer *Krippensammlung*, deren Paradebeispiel aus 200 Figuren besteht, *Hinterglasbilder* und vielem mehr. Dazu kommen Wechselausstellungen und ein Medienzentrum. Ein neuer Star unter den Heimatmuseen!

i Praktische Hinweise

Information: Oberammergau Tourismus, Eugen-Papst-Str. 9 a, Oberammergau, Tel. 0 88 22/9 23 10, Fax 0 88 22/92 31 90, www.oberammergau.de

Kutschfahrten, Tel. 0 88 22/73 21, 66 79. Nach Unterammergau, Graswang, zur Wieskirche oder Schloss Linderhof.

Dorfbewohner agieren als Darsteller der Oberammergauer Passionsspiele

Kunsthandwerk

Pilatushaus, Ludwig-Thoma-Str. 10, Oberammergau, Tel. 0 88 22/9 23 10, Ende Mai–Okt. Mo–Fr 13–18 Uhr. Kunst, Kunsthandwerk und ›Lebende Werkstatt‹.

Wandern

Am Fuß des Kofel vorbei ins Naturschutzgebiet des Ettaler Weidmoors und zur Ettaler Mühle (1 Std.).

Nach Unterammergau, einem reizvollen Ferienort, und zur *Schleifmühlenklamm* (3 Std.), Rückfahrt mit Bahn oder Bus möglich.

Nach Schloss Linderhof [Nr. 22] über den *Pürschling* (4 Std.).

Wassersport

Freizeitzentrum WellenBerg, Oberammergau, Tel. 0 88 22/9 23 60, Mo/Di, Do 9.30–21, Mi, Fr 9.30–22, Sa/So 9.30–20 Uhr. Frei- und Hallenbad mit Riesenrutsche.

Wintersport

Ski alpin, Snowboard, Langlauf, Schneetel. 0 88 22/92 31 31, www.adac.de/skiguide. Zum *Laber-Gipfel*: Kabinenseilbahn, Tel. 0 88 22/47 70, tgl. 9–16.30 Uhr. Zum *Kolbensattel*: Sesselbahn, Tel. 0 88 22/47 60, tgl. 9–16.45 Uhr. Langlauf-Dorado mit 100 km Loipen.

Hotels

***Landhaus Feldmeier**, Ettaler Str. 29, Oberammergau, Tel. 0 88 22/30 11, Fax 0 88 22/66 31, www.hotel-feldmeier.de. Modernes Hotel in zwei oberbayerischen Häusern mit Restaurant und Badeanlage.

Gasthhof zur Rose, Dedlerstr. 9, Oberammergau, Tel. 0 88 22/47 06, Fax 0 88 22/67 53, www.hotel-oberammergau.de. Traditionshaus mit individueller Atmosphäre und Restaurant mit bayerischer und internationaler Küche (Mo geschl.).

24 Murnau und Staffelsee

Der Stall des ›Blauen Reiters‹ zwischen Moor-Schwermut und See-Heiterkeit.

Hier Staffelei, Pinseltopf, Hinterglasbilder, Ross und Reiter auf Möbeln und Treppengeländer, dort der Blick aufs Moor, hier aufs Rufzeichen des Kirchturms, der noch in Kandinskys abstraktesten Kompositionen geistert: das kunterbunte ›Russenhaus‹ in **Murnau** hatte Beschwörungskraft. 1908 quartierten sich Gabriele Münter und Wassily Kandinsky im ›Griesbräu‹ ein, im Jahr darauf kaufte die Malerin das Haus an der Kottmüllerallee. Alexej Jawlensky und Marianne von Werefkin (Russen wie Kandinsky), Franz Marc und August Macke kamen zum Malen, die oberbayerische Landschaft und Volkskunst war ihnen ein Experimentierfeld ohnegleichen, 1911 gründen sie zusammen in München die Gruppe *Der Blaue Reiter*: Initialzündung der abstrakten Kunst. Kandinsky musste 1914 nach Russland zurück, Macke und Marc fielen 1914 bzw. 1916 im Krieg, die Münter lebte mit Unterbrechungen bis 1962 hier. Bis heute blieb das hübsche **Münter-Haus** (Kottmüllerallee 6, Tel. 0 88 41/62 88 80, www.lenbachhaus.de, Di–So 14–17 Uhr) weitgehend original erhalten, mit bemaltem Mobiliar und anderen Zeitdokumenten. Und wer auf Hinterglasbilder neugierig geworden ist, der besucht das **Schlossmuseum Murnau** (Schlosshof 4–5, www.schlossmuseum-murnau.de, Tel. 0 88 41/47 62 07, Di–So 10–17 Uhr, Juli–Sept. auch Sa/So 10–18 Uhr), wo in der exzellenten Sammlung Dammert Exponate aus Europa und Asien in Fülle zu bewundern sind, überdies gibt es auch eine Reihe von Münter-Bildern.

Das im 12. Jh. beurkundete Murnau, ein wichtiger Punkt an der Rottstraße zwischen Innsbruck und Augsburg, hat durch Brände sein mittelalterliches Gesicht verloren, doch den oberbayerischen Marktcharakter behalten, zumal Emanuel von Seidl der Marktstraße 1910 ein ›Heimatbauweise-Design‹ gab. Der Münchner Architekt hielt bereits um die Wende zum 20. Jh. in seiner hiesigen Parkvilla inmitten eines turbulenten Künstlerkreises Hof. Die Villa ist ebenso verschwunden wie das Elternhaus des Dramatikers Ödön von Horváth, der 1923–33 überwiegend in Murnau lebte

Voller Intimität und Atmosphäre: das Gabriele-Münter-Haus in Murnau ist heute Museum

Feierlich und dennoch kunterbunt: Fronleichnamsprozession in Seehausen

und sich damals hier die Kleinbürger als (böses) Modell nahm.

Ein Blick in die hoch gelegene, spätbarocke **Pfarrkirche St. Nikolaus** (1717–21 nach Abbruch des gotischen Langhauses errichtet, Baumeister unbekannt) überrascht, präsentiert sich das Innere doch als achteckiger Zentralraum, rokokostuckiert von Joh. Baptist Zimmermann (1724–29), mit einigen Figuren von Franz Xaver Schmädl und dem Hauptaltarblatt von Johann Baader (1771), vertraute Namen alle drei.

Der inselreiche Staffelsee

Dass Murnau ein beliebter Luftkurort und Moorkurbad geworden ist, verdankt es seiner Lage auf einem Höhenrücken zwischen dem Murnauer Moos und dem **Staffelsee** (www.staffelseeschiffahrt.de) mit den Trabanten **Riegsee** und **Froschhauser See**. Grüngefasst, zerlappt und mit sieben Inseln besetzt, den Schwimmer mit weichem, moorhaltigem Wasser umfangend, ist der Charme des Staffelsees offenkundig. Rundum breitet sich eine Spaziergänger-Landschaft mit Wiesen, Wäldern, Mooren, feinen Dörfern, stattlichen Höfen aus, hoch aufgebaut begleitet von Ester- und Wettersteingebirge im Süden, Ammergebirge mit Ettaler Mandl und Laber im Südwesten und der Benediktenwand im Osten.

Im schönen **Uffing** gibt es gleich zwei Strandbäder, in **Seehausen** kann man an Fronleichnam die einzige noch erhalten gebliebene Bootsprozession erleben, sie zieht zur *Insel Wörth*, der größten Insel des Sees, auf der bis zum 18. Jh. eine Bischofskirche stand. Die hier ausgegrabenen Reste von Kirche und Kloster des 7./8. Jh. werden heute als *Archäologiepark* präsentiert. Auf dem Gelände steht auch eine Kapelle von 1836, *St. Michael in Seehausen*. Der stattliche Bau zwischen Rokoko und Klassizismus (1775, Leonhard Matthäus Gießl) wartet mit Illusionsstuck und Architekturmalerei auf. Gegenüber in **Froschhausen** in der *Wallfahrtskirche St. Leonhard* (1783) ist der späte Wessobrunner Rokokostuck von Franz E. Doll zwar schon gleichfalls abgeklärt, doch die Altäre sind noch ganz zügellos.

Stimmungsvolles Hochmoor

Das **Murnauer Moos** im Süden ist mit 32 km^2 die größte weitgehend unkultivierte Moorfläche im Alpenraum. Von sanfter Schwermut und voller filigraner Augenreize, ist es von Bächen durchzogen, von waldbeschopften ›Köcheln‹ (verkieselte Hartsteinhügel) belebt und bietet mit allen Entwicklungsstadien von Flach- bis Hochmoor eine Vielfalt von Pflanzengesellschaften. Unter den 160 Arten gibt es 80, die anderswo längst ausgestorben sind. Zwei Drittel aller Libellenarten Europas sind hier beheimatet. Das Moor steht zwar großteils unter Naturschutz, doch haben kommerzielle In-

Schwermütige Schönheit, behütet und bedroht: das Murnauer Moos

teressen viel zerstört: Die Köchel werden zur Schottergewinnung, die braune Erde wird für Moorbäder abgebaut, der Tourismus tut ein Übriges. Wanderer sollten auf den markierten Wegen bleiben.

Ohlstadt (www.ohlstadt.de) am Ostrand prunkt mit malerischen Bauernhöfen. Eine Schleifmühle am Dorfbach in Rathausnähe erinnert an die hier jahrhundertelang florierende Wetzsteinindustrie. Zu besichtigen ist die *Kaulbach-Villa* (Kaulbachstr. 22, Tel. 0 88 41/74 80, April–Okt. Mi, Sa 16–18 Uhr) aus dem Besitz des Malers Friedrich August von Kaulbach, in der auch sein Schwiegersohn, der große Maler Max Beckmann, viele Sommer verbrachte.

Die Ettaler Patrone sorgten dafür, dass in **Eschenlohe** am Eintritt der Loisach ins Moor keine Dorfkirche, sondern ein Nobelbau entstand, *St. Clemens*, dessen kompliziertes Zentralraumgefüge Joh. Michael Fischer entwarf und dessen elegante Ausstattung (1764–73) in Ettal tätige Meister wie Joh. Baptist Straub und Joh. Jakob Zeiller schufen. Und da ein aus Eschenlohe stammender Hamburger als Mäzen auftrat, findet im Hochaltargemälde das Clemensmartyrium in Hamburg statt.

i Praktische Hinweise

Information: Verkehrsamt, Kohlgruber Str. 1, Murnau, Tel. 0 88 41/6 14 10, Fax 0 88 41/34 91, www.murnau.de

Wandern

Von Ohlstadt geht es nach Südosten zum *Heimgartengipfel* (1790 m) über die Bärenfleckhütte (3 Std.) oder Wankalm (4 Std.).

Von Ohlstadt zum *Haupt- und Landesgestüt Schwaiganger* (Tel. 0 88 41/6 13 60, www.schwaiganger.bayern.de, Führungen Mitte Mai–Mitte Okt. Di–Do 13.30, 15 Uhr, im Herbst Gestütsparade), knapp 3 km nach Norden.

Hotels

Alpenhof Murnau, Ramsachstr. 8, Murnau, Tel. 0 88 41/49 10, Fax 0 88 41/49 11 00, www.alpenhof-murnau.de. Modernes Hotel und Restaurant im Landhausstil mit herrlichem Blick und ehrgeiziger Gourmetküche.

Tonihof, Walchenseestr. 42, Eschenlohe, Tel. 0 88 24/9 29 30, Fax 0 88 24/92 93 99, www.eschenlohe.de/verkehrsamt/h_tonihof1.html. Beliebtes Hotel und Restaurant mit Terrasse und Bergblick. Bayerisch Kräftiges am Kachelofen.

25 Walchensee

Natur und Technik ausnahmsweise im Bunde.

»Die traurig schöne Perle der Berge« nannte Karl Stieler den waldumgürteten, von Bergen eingeschlossenen, sehr tiefen Walchensee (194 m) – und in Lovis Corinths Bildern ist sein rauschhaftes Blau voller Aufruhr. Die Techniker freilich reizte die einzigartige Situation, dass 200 m tiefer just der Kochelsee liegt: Gefälle bedeutet Strom. So wird seit 1924 der Spiegel des oberen ›Speicherbeckens‹ über ein **Kraftwerk** um 1–2 m, winters sogar bis zu 6 m in das untere ›Ausgleichsbecken‹ abgesenkt. Zur Auffüllung wird Wasser der Isar und des Rissbachs in den Walchensee abgezweigt, die kleinere Kraftwerke bei Obernach und Niedernach an den Südecken des Sees bedienen.

Ein technisches Problem war auch die den **Kesselberg** zwischen beiden Seen bezwingende Straße. Schon seit 1492 (!) gibt es eine Fahrstraße, deren Kurven im Laufe der Jahrhunderte immer breiter und eleganter wurden, bis sie sich 1905 gar zur Rennstrecke glätteten und in den 1930er-Jahren der Begriff Kesselbergstraße mit dem Namen des Rennfahreridols Hans Stuck verschmolz.

Doch all dies hat dem grün glitzernden See kaum etwas von seiner viel beschworenen »geheimnisvollen Aura« genommen. Dem Hauptort **Walchensee** gegenüber liegt die Halbinsel **Zwergern** mit dem alten, barockisierten *St.-Margareth-Kirchlein* an der Spitze und dem *Klösterl St. Anna*, einem imponierenden von Barockbaumeister Josef Hainz 1728 geschaffenen Satteldachbau, der einst eine Eremitenkapelle und Mönchszellen umschloss und inzwischen zum Jugendbildungszentrum mutiert ist. Jahrhundertelang war die weit verzweigten Fischerfamilie Zwerger hier ansässig, der viele Künstler, u. a. der Wiener Barockbaumeister Joh. Bernhard Fischer von Erlach entstammten.

In seinem Haus oberhalb von **Urfeld** am Nordende des Sees verbrachte *Lovis Corinth* von 1919 bis zu seinem Tod 1925 jede freie Minute und malte die geliebte Landschaft zu allen Tages- und Jahreszeiten, ein wahrer Hymnus von 60 Gemälden, dazu Radierungen und Lithographien. Und an der zweiten Kehre der Straße nach Kochel schaut rechts ein bronzener *Goethe-Kopf* auf den See. Die fehlende Inschrift sei hier nachgeliefert: Am 7. September 1786 lud ein Herr Philipp Möller aus Leipzig, nach Italien reisend, hier eine Harfnerstochter in seine Kutsche ein, die später als Mignon durch ihn unsterblich wurde, wie er selbst als Johann Wolfgang von Goethe.

Ganz umrunden kann man den See nur zu Fuß, das Ostufer ist für Autos gesperrt. Die Straße am Südufer ist bis Jachenau mautpflichtig.

Die *Herzogstandbahn* (Tel. 0 88 58/2 36, tgl. 9–16.45 Uhr, winters tgl. 9.15–16 Uhr) führt auf 1600 m, dann geht es zu Fuß auf den Gipfel, den beliebten **Herzogstand** (1761 m), benannt nach den hier mit Vorliebe jagenden Herzögen Wilhelm IV. und Albrecht V. Für den Aufstieg vom Kesselberg aus benötigt man etwa 2 Std. Der Ausblick ist hinrei-

Im Sommer wird selbst der sonst so geheimnisvolle Walchensee an manchen Stellen zum ferienfröhlichen Surfrevier

Postkartenmotiv: die künstliche Seelandschaft des Sylvensteinspeichers ▷

ßend: unten der See, im Süden der nahe Hochkopf, die Schroffen von Karwendel und Wettersteinkette, in der Ferne Stubaier und Zillertaler Alpen, im Norden der Starnberger See und bei guter Sicht gar der Münchner Fernsehturm.

i Praktische Hinweise

Information: Tourist Info, Ringstr. 1, Walchensee, Tel. 0 88 58/4 11, Fax 0 88 58/2 75, www.walchensee.de

Wandern

Nur Geeignet für Wanderer, die schwindelfrei und trittsicher sind, ist die Gratwanderung in 90 Min. vom Herzogstand-Gipfel zum *Heimgarten* (1790 m) und von dort hinunter nach Ohlstadt in weiteren 2,5 Std.

Ein attraktiver Waldwanderweg führt von Einsiedl nach *Eschenlohe* im Loisachtal (4 Std.).

Hotel

Zum Schwaigerhof, Seestr. 42, Walchensee, Tel. 0 88 58/9 20 20, Fax 0 88 58/ 92 02 52, www.schwaigerhof.de. Großes, preiswertes Haus mit Seeblick, Bootssteg, Bootsverleih, Sauna und Liegewiese.

Lovis Corinth malte ab 1919 immer wieder die geliebte Landschaft rund um sein Haus bei Urfeld: ›Walchensee, Serpentine‹, 1920

26 Jachenau und Sylvensteinsee

Idyllisches Tal und künstliche Seelandschaft.

Das 20 km lange, wunderschöne Tal der Jachenau begleitet das Flüsschen Jachen, das sich von der Südostspitze des Walchensees bis zur Mündung in die Isar bei Wegscheid durch den Wiesengrund mäandert, beidseitig flankiert von bewaldeten, sanftkuppigen Tausendern bis Tausendfünfhundertern. Die Bewohner des bis tief ins 19. Jh. weltverlorenen Tals

lebten einst von Viehzucht und von der Holztrift auf dem Jachen, die ein Ende hatte, als das Walchenseekraftwerk dem Fluss die Kraft nahm. Dennoch wehrten sie sich standhaft gegen die Eisenbahn, was den heutigen Erholungssuchenden sehr zugute kommt. Hauptort ist der noch recht ursprüngliche Luftkurort **Jachenau**. Die vereinzelt liegenden stattlichen Höfe aus dem 18. und 19. Jh. östlich davon sprechen von einem gewissen Wohlstand. Unter ihren Lüftlmalereien fällt jene auf dem Eggernhof in **Hinterbichl** durch ihre Anmut besonders auf: Maria mit Schäfchen und Schäferstab als gute Hirtin, 1789 von Franz Karner gemalt.

Jenseits der die Jachenau südlich überragenden Bergkette dehnt sich die ›Fjordlandschaft‹ des **Sylvensteinsees**, eines 1954–59 angelegten Stausees, der dazu dient, die fürs Walchenseekraftwerk entwässerte Isar wieder anzuhöhen, zugleich in Zeiten der Schneeschmelze das Land vor Hochwasser zu schützen, und die Fallhöhe von 26 m für Stromerzeugung zu nutzen. Der Speicher umfasst bei Normalwasserstand 6 km^2 und ist bis zu 40 m tief. Geopfert wurde bei seiner Anlage der Weiler Fall, so genannt nach den einst hier schäumenden Isar-Katarakten und bekannt durch Ganghofers Roman ›Der Jäger von Fall‹. Südlich des Sees ist ein neuer Fall entstanden.

Das Land im angewinkelten Arm der Isar zwischen Vorderriss und Lenggries und weiter bis nach Bad Tölz hat der Volksmund (nicht die Geographie) zärtlich ›Isarwinkel‹ genannt.

27 Kochel und Kochelsee

Im Zeichen von Keule und Malerpalette, Kraftwerk und konservierter Bauernkultur.

Im Zentrum von Kochel steht der gusseiserne *Schmied von Kochel*. Das Muskel-

Eine technische Meisterleistung der 20er-Jahre des 20. Jh.: das Walchenseekraftwerk am Südufer des Kochelsees

Kunst und Wirklichkeit: ›Hocken im Schnee‹ von Franz Marc im Museum von Kochel ...

paket mit der Keule ist historisch ein Windei. Als die Bauern im Spanischen Erbfolgekrieg 1705 auf München und den österreichischen Besatzern auf den Pelz rückten, soll er sich mordsmäßig hervorgetan haben. Von wegen! Gute 100 Jahre später hat ihn ein Münchner Maler glatt erfunden, auf die Sendlinger Kirche gepinselt und patriotisch vermarktet. Aber Fantasiehelden sind zeitbeständig. (Was nicht heißt, dass es bei diesem Volksaufstand nicht Tapfere in Fülle gab.)

Wichtiger ist hier jener Frühvollendete mit revolutionärer Malerpalette, dessen leuchtende Bilder diese Landschaft nach seinem Tod weltberühmt machten: *Franz Marc* (1880–1916). Der Münchner hatte 1910–14 in Sindelsdorf nordwestlich von Benediktbeuern, dann im nahen Ried gelebt (wo seine Witwe bis 1955 wohnte). Da beide Häuser nicht mehr zur Verfügung standen, wurde das **Franz Marc Museum** (Herzogstandweg 43, Tel. 0 88 51/71 14, www.franz-marc-museum.de, März–Mitte Jan. Di–So 14–18 Uhr) 1986 am südlichen Rand von Kochel am See in einer schönen Villa mit Park eingerichtet. Gezeigt werden Gemälde, Zeichnungen, Holzschnitte und Plastiken des Künstlers, darunter das ›*Springende Pferd*‹ und der kühne ›*Hocken im Schnee*‹ von 1911, dem Jahr der *Blauen Reiter*-Gründung. Marc fiel 1916 bei Verdun und fand sein Grab auf dem hiesigen **Friedhof**, den Wassily Kandinsky und Gabriele Münter so oft malten. Schmiedeeisenkreuze vor einer Dorfkirche: Stimmiger kann eine Ruhestätte für diesen ergreifenden Maler nicht sein.

Die Anmut der Kochelseelandschaft hat schon im 19. Jh. viele Maler und so hoch gestellte Gäste wie die bayerischen Könige angezogen. Der 6 km^2 umfassen-

Ganz Oberbayern nach Glentleiten versetzt: Freilichtmuseum der Bauernhöfe

... und Hocken im Winter von Bauernhand

de, von der Loisach durchflossene See wird im Süden von den Ausläufern von Herzogstand und Sonnenspitz umfangen und geht im Norden in stille Moose und Filze über. Am Nordufer liegt das **Walchenseekraftwerk** (Altjoch 21, Tel. 0 88 51/7 70, Mai–Mitte Okt. tgl. 9–18 Uhr, sonst bis 17 Uhr), das heute der E.ON Energie AG gehört. Das Werk, eine technische Hochleistung, mit der Bayerns Elektrifizierung begann, wurde 1918–24 von dem genialen Oskar von Miller gebaut: Vom Wasserschloss leiten sechs Druckrohre mit Durchmessern von 2 m das Walchenseewasser den Hang hinab zu dem 200 m tiefer gelegenen Krafthaus. Die Jahreserzeugung an Elektrizität beträgt rund 300 Mio. kWh. Am Nordwestufer des Sees leuchten die Türme der Kirche von **Schlehdorf**, einem ehem. Augustinerchorherrenstift, das auf eine Gründung der Huosi-Dynastie um 740 zurückgeht. Fassade wie Inneres sind geprägt von der Strenge des Übergangs von Barock zu Klassizismus um 1780.

Wenig weiter nordwestlich, bei Großweil, liegt hoch über dem See seit 1976 das **Freilichtmuseum an der Glentleiten** (Tel. 0 88 51/18 50, www.glentleiten.de, März–Anfang Nov. Di–So 9–18 Uhr, Juli/Aug. tgl. 9–18 Uhr). Die eindrucksvolle Hanglandschaft stellt gleichsam Oberbayern in der Nussschale dar: Bauernhöfe, Handwerkshäuser, Almgebäude, Mühlen, Kapellen aus allen Hauslandschaften und Epochen, mit Schwergewicht auf dem 17./18. Jh. Das Innere der Häuser von Möbeln bis Bettwäsche, ihre Umgebung vom Brunnen und Bauerngarten bis zum Taubenschlag sind minuziös rekonstruiert worden. Und alles sieht man funktionieren: der Seiler, der Hafner, der Weber, der Wetzsteinmacher treten in Aktion, sogar die Kühe und Ziegen auf der Weide sind echt! Die Zahl der Objekte wächst laufend: Mit jedem, das hierher umgesetzt wird, ist wieder ein Stück alte Bauernkultur gerettet. Und die Brotzeit in der *Kreut-Alm* (Tel. 0 88 41/58 22, www.kreutalm.de) etwas höher am Berg genießt man mit einem unvergesslichen Blick auf das dunkelblaue Juwel des Sees.

TOP TIPP

Praktische Hinweise

Information: Tourist Info, Kalmbachstr. 11, Kochel am See, Tel. 0 88 51/3 38, Fax 0 88 51/3 55 88, www.kochel.de

Wassersport

Familien- und Erlebnisbad Trimini, Seeweg 2, Kochel am See, Tel. 0 88 51/53 00, www.trimini.de, Do–Di 9–20, Mi 9–21 Uhr, winters Do–Di 9–20, Mi 10–21 Uhr. Hallen- und Freibad, Heißwasserbecken, Wasserrutsche, Fitness Center.

Hotels

Alpenhof Postillion, Kalmbachstr. 1, Kochel am See, Tel. 0 88 51/18 20, Fax 0 88 51/18 21 61, www.alpenhofpostillion.de. Angnehmes Haus und vielseitige Küche.

Hotel Zur Post, Schmied-von-Kochel-Platz 6, Kochel am See, Tel. 0 88 51/9 24 10, Fax 0 88 51/92 41 50, www.posthotel-kochel.de. Gediegen bayrisch von der Lüftlmalerei bis zur Küche.

Gasthof Klosterbräu, Seestr. 2, Schlehdorf, Tel. 0 88 51/92 38 65, Fax 0 88 51/ 92 38 64, www.schlehdorf.de/index2.html. Altes Dorfgasthaus, gute Küche, zwei ›Königszimmer‹, die Ludwig II. bewohnte (Restaurant Di geschl.).

28 Benediktbeuern

Bedeutende Keimzelle bayerischer Klosterkultur am Fuße der Benediktenwand.

Benediktbeuern (Tel. 0 88 57/8 80, www.kloster-benediktbeuern.de, Führungen Okt.–Mitte Mai Sa/So/Fei 14.30 Uhr; Mitte Mai–Juni Mi 14.30, Sa/So/Fei 10.30, 14.30 Uhr; Juli–Anfang Okt. Mo–Fr 14.30, Sa/So/Fei 11.30, 14.30 Uhr) ist das älteste Urkloster Bayerns, 739 vom Uradelsgeschlecht der Huosi gestiftet, als der hl. Bonifatius und die Agilolfingerherzöge eine an Rom gebundene bayerische Landeskirche aufbauten. Eine Armreliquie des hl. Benedikt, die Karl der Große den Benediktinern schenkte, machte es früh zum wichtigsten Kultort des Heiligen in Deutschland. Rodung und Bewirtschaftung errangen dem Kloster ein ausgedehntes, über den Walchensee und die Jachenau reichendes Territorium.

Die geistige Kultur ging damit Hand in Hand: Es gab im Mittelalter hier ein Handschriftenskriptorium, im Barock eine Art Akademie der Benediktinerkongregation, es gab eine erlesene Gemäldegalerie und eine große Bibliothek, wo übrigens die durch Carl Orffs Vertonung so berühmt gewordenen *Carmina Burana*, Liebes-, Sauf- und Fresslieder des Mittelalters, keineswegs entstanden sind, sondern wohl ›nur‹ versperrt ruhten, bis sie 1803 entdeckt wurden. Nach der Säkularisation lange profaniert, ging das Kloster erst 1930 in die Hände der Salesianer Don Boscos über, die in der weitläufigen, um zwei Höfe gruppierten Barockanlage eine Philosophisch-Theologische Hochschule und mehrere andere Bildungsinstitute einrichteten.

Die doppeltürmige einstige Klosterkirche, heute **Basilika St. Benedikt** (Dorfplatz 4, Tel. 0 88 57/69 28 90, tgl. 8–17 Uhr), hatte vier Vorgängerbauten. Sie selbst wurde 1681–86 wohl von Marx Schinnagl und Kaspar Feichtmayr als frühbarocke Wandpfeileranlage errichtet. Die Hauptwirkung ihres Raumes geht von dem üppigen, wulstigen, sehr italienischen *Stuck* aus. Nicht minder tragen die *Deckengemälde* des Christuszyklus von Hans Georg Asam dazu bei, die den Auftakt der barocken Illusionsmalerei in Bayern bildeten: im Langhaus noch Tempera-, in Altarraum und Seitenkapellen bereits Freskotechnik (1684–87). Mit ihnen begann die Karriere Asams. Der ältere seiner beiden berühmten Söhne, Cosmas Damian, übrigens wurde hier 1686 geboren. Meisterhaft ist auch Martin Knollers *Hauptaltarbild* ›Hl. Benedikt vor der Dreifaltigkeit‹ (1788).

Ein Glanzstück des Rokoko ist die **Anastasiakapelle** (tgl. 8–17 Uhr, Eingang von außen) neben dem Nordturm, zu Ehren

Keine Prozession ohne Gebirgsschützen. Benediktbeuerns Turmpaar im Hintergrund

Die weitläufige, um zwei Höfe gruppierte Barockanlage von Benediktbeuern: benediktinische Klosterkulturgeschichte am Fuß der Benediktenwand

der schon seit dem 11. Jh. hier bewahrten Reliquie der Heiligen von Spitzenkünstlern 1750–58 geschaffen: Der elegante elliptische Raum stammt von Joh. Michael Fischer, der graziöse Stuck von Joh. Michael Feichtmayr, Hauptaltarbild (Jacopo Amigoni) und Deckenfresken (Joh. Jakob Zeiller) feiern die Himmelfahrt Anastasias und ihre Aufnahme in den Himmel. Egid Quirin Asam entwarf das ursprünglich silberne Kopfreliquiar fürs Tabernakel, das heute durch ein Holzmodell ersetzt ist.

Die **Klostergebäude**, in denen Fresken und Stuck von Joh. Baptist Zimmermann und Sohn Josef zu bewundern sind, können im Rahmen der Führung ebenfalls besichtigt werden. Dass der ganze Komplex dem Säkularisationsabbruch entging, war dem umtriebigen Josef von Utzschneider zu danken, der ihn 1804 für seine wissenschaftlichen Unternehmungen erwarb. In sein ›Mathematisch-mechanisches Institut‹ berief er 1809 einen blutjungen Mann, der als Bub vor seinen Augen aus den Trümmern eines Hauses in München gerettet worden war und dessen Ausbildung in Optik er unterstützt hatte. Der hieß *Joseph von Fraunhofer* (1787–1826), erwies sich als Physikgenie und entdeckte hier jene ›Fraunhoferschen Linien‹, die zur Spektralanalyse führten. Die zum Institut gehörige Glashütte ist heute als **Museum Fraunhofersche Glashütte** (Fraunhoferstr. 2, tgl. 10–17 Uhr) interessant aufbereitet.

Die *Dorfkirche St. Georg* (1751/52; zugänglich nur bei Gottesdiensten) auf einem Hügel im nördlich nahen **Bichl**, ein kleines Werk großer Meister, ist buchstäblich ›am Rand‹ der Benediktbeurer Anastasiakapelle entstanden. In Joh. Michael Fischers quadratischen Raum mit abgerundeten Ecken und wie immer bei ihm mit rhythmisierenden und scharf profilierten Baugliedern malte Joh. Jakob Zeiller dramatische St.-Georgs-Szenen und stellte Straub einen temperamentvollen Drachentöter vollplastisch auf den Altar.

i Praktische Hinweise

Information: Gästeinformation, Prälatenstr. 3, Benediktbeuern, Tel. 0 88 57/2 48, Fax 0 88 57/94 70, www.benediktbeuern.de

Kultur

Benediktbeurer Sommerkonzerte, Tel. 0 89/9 97 38 96, Fax 089/99 73 89 73, www.bvv-ev.de. In Barocksaal, Basilika und Meierhof.

Wandern

Die *Benediktenwand* (1801 m) bietet vom Gipfel einen grandiosen Ausblick. Von Benediktbeuern führt der Weg über die Kohlsattelalm (1030 m) zur Tutzinger Hütte (1327 m) unter der Nordflanke und dann über einen Ost- oder einen Westweg zum Gipfel (5 Std.). Die Benediktenwand ist nur für erfahrene Bergsteiger geeignet. Es gibt aber auch eine Fülle von Rundwanderwegen in der Gegend.

Restaurant

Klosterbräustüberl, Zeilerweg 2, Benediktbeuern, Tel. 0 88 57/94 07, www.klosterwirt.de. Speisen im früheren Rinderstall unterm Kreuzgewölbe, im Sommer lockt der Biergarten mit Klosterblick.

29 Bad Tölz

Top Tipp *Reizvolle Altstadt und heiteres Kurbad an der Isar.*

Die Geschichte von Tölz beginnt mit der Isarbrücke: Über sie zogen die Säumer mit Salz, unter ihr schwammen die Flöße mit ›welschen‹ Waren und Holz aus dem Isarwinkel fürs baugierige München (zum Beispiel 2100 Baumstämme allein für den Domdachstuhl). Bei der heutigen Salzstraße (am oberen Ende der Marktstraße) entwickelte sich eine Siedlung mit Stellmachereien, Schmieden und Lagerhäusern, an der Isarlände beim heutigen Gries eine andere mit Flößer- und Fischerhäusern und Kalkbrennereien. Als beide im 13./14. Jh. unter den Wittelsbachern zum Markt zusammenwuchsen, wurde die **Marktstraße** ihr Mittelpunkt.

Ein außergewöhnlicher Straßenzug! Wie er von der Brücke hügelan steigt und unbekümmert ums Regelmaß weiterläuft, sich dennoch platzbreit mit prächtigen Fronten unter weit vorstehenden Giebeldächern geschlossen und bildhaft aufbaut – das ist so gebirglerisch oberbayerisch wie landstädtisch distinguiert. Zuerst aus Holz, nach dem großen Stadtbrand von 1453 dann aus Stein gebaut, wurde der Häuserbestand des 15.–18. Jh. nach 1900 von Gabriel von Seidl überarbeitet und vereinheitlicht.

»Christof truge Christum/Christus truge die gantze Welt/Sag, wo hat Christoforus/damals hin den fues gestellt.« Diese abgründige Barockgrübelei unterm Christophorusbild (Nr. 21) ist ebenso merkenswert wie die *Fassadenmalereien* und *Stuckgliederungen* des 18. und 19. Jh. sehenswert sind, z. B. an den Häusern Nr. 42, 45, 47, 51, 54, 57 (Moralthaus), 59 (Pflegerhaus). Das letztgenannte Haus und das *Denkmal* vor dem Rathaus von Oskar von Miller erinnert an Kaspar Winzerer III. († 1542), Tölzer Pfleger, Haudegen und Diplomat in Diensten Herzog Wilhelms IV. von Bayern, Kaiser Maximilians I. und Kaiser Karls V. Und an vielen Stellen erzählen Fresken und Sprüche von der Bauernerhebung gegen die österreichische Besat-

Die Tölzerinnen zeigen gern Festtracht – bei der Leonhardifahrt jährlich am 6. November

Einer der charaktervollsten Plätze Oberbayerns: die Marktstraße von Bad Tölz

zung 1705, die u.a. in Tölz initiiert und eine Woche später in der ›*Sendlinger Mordweihnacht*‹ in München im vergossenen Blut erstickt wurde.

Das **Heimatmuseum** (Marktstr. 48, Tel. 0 80 41/50 46 88, Mai–Anfang Nov., Dez.–Anfang Jan. Di/Mi 11–15, Do–So 10–16 Uhr, sonst Do–So 10–16 Uhr) hinter seiner besonders feinen Fassade holt beim Erzählen der Stadtgeschichte vom Salz bis zum Jod mit Tausenden von Exponaten mächtig aus. Es breitet auch Trachtenpracht, Leonhardi-Brauchtum und eine bewundernswerte Sammlung jener ›*Tölzer Kästen*‹ mit bunten Blumen und Früchten auf meist blauem Grund aus, durch die die Kistler vom 16. Jh. an hier reich wurden.

Aber auch das erwähnte Viertel über der Isarlände mit seinen gut erhaltenen, aneinandergedrängten Handwerkerhäusern mit Holzstiegen und Zierwerk ist eine Augenweide. In der darüber aufragenden, stark regotisierten **Stadtpfarrkirche Mariä Himmelfahrt** schwebt eine blutvolle Muttergottes im Strahlenkranz (1611) von Bartholomäus Steinle unterm Chorbogen und steht Kaspar Winzerer III. (1542) in Rotmarmor so draufgängerisch hinterm Hochaltar, wie man ihn sich denkt. Ungewohnt folkloristisch ist die Krippendarstellung im Hochaltar (1866) von Anton Fröhlich .

Die ›Krönung‹ von Tölz ist die weiße Doppelturmfassade der **Kalvarienbergkirche** auf der Anhöhe über dem Isartal, eine Aussichtskanzel mit Panoramablick bis zum Karwendel. Die ganze Anlage reicht von einer *Ölberggruppe* am Fuß der Anhöhe über fünf Wegkapellen und den *Golgathahügel* mit eingebauter Kerkerkapelle bis zur genannten Kirche, die im ersten Raum ein *Heiliges Grab* (1880) unterm Hochaltar, im zweiten eine überraschend großräumige *Heilige Stiege* (1711–32) nach dem Vorbild der Scala Sancta in Rom birgt. Sie führt zu einem barocken Schmerzensmann, indes an ihrem Geländer Engel mit seinen Leidenswerkzeugen herabsteigen, insgesamt eine bühnenwirksame Inszenierung.

Einen Steinwurf weiter steht die mit der Eisenkette als Attribut des Gefangenenbefreiers St. Leonhard umgürtete **Leonhardikapelle** mit ihrer Frührokokoausstattung (1718–22), die seit der Mitte des 19. Jh. Ziel der berühmten *Tölzer Leonhardifahrt* am 6. November ist, ein opulentes Fest, zu dem Rösserumritte und Festtrachten, Truhen- und Tafelwägen, Schützenkompanien, Blasmusik und Zuschauermassen gehören.

Heutigen Wohlstand verdankt Bad Tölz den 1846 entdeckten Jodquellen sowie den umgebenden Mooren: Hilfen also bei Herz- und Kreislauf- sowie Gelenkerkrankungen. Die **Kurstadt** links der Isar ist weitläufig, gepflegt und heiter, überdies mit Attraktionen wie etwa dem Wellenbad **Alpamare** (Ludwigstr. 13, Tel. 0 80 41/50 99 99, www.alpamare.de, Mo–Do 9–21, Fr–So 9–22 Uhr) mit Solefreibecken, Wildwasserbahnen etc. versehen. Verwöhnt ist der Ort seit der Wende zum 20. Jh. auch mit prominenten Sommerresidenten, um nur Thomas Mann oder Gabriel von Seidl zu nennen. Durch die Schenkung eines Fabrikanten kam damals die **Evangelische Kirche** (Schützenstr.) im Kurviertel zu einem Altarbild von Lovis Corinth: eine altmeisterlich betonte, dennoch ›modern‹ aufgewühlte und wetterleuchtende ›*Kreuzigung*‹ von 1897, aus seiner Münchner Zeit (der rechte Schächer ist ein Selbstbildnis).

Seit Jahren ist Bad Tölz überdies durch die Fernsehkrimiserie ›Der Bulle von Tölz‹ mit Ottfried Fischer in aller Augen.

i Praktische Hinweise

Information: Tourist-Information, Max-Höfler-Platz 1, Bad Tölz, Tel. 0 80 41/7 86 70, Fax 0 80 41/78 67 56, www.bad-toelz.de

Kultur

Marionettentheater, Am Schlossplatz 1, Bad Tölz, Tel. 0 80 41/7 41 76, www.marionetten-toelz.de. Vorstellungen in der Regel Sa/So.

Tölzer Knabenchor, Kaminskistr. 13, Benediktbeuern, Tel. 0 88 57/90 61, www.knabenchor.de. Auftritte finden u. a. im Tölzer Kurhaus statt. Veranstaltungskalender z. B. bei der Tourist-Info.

Wandern

Der Hausberg *Blomberg* (1248 m) liegt 3 km südwestlich. Der Doppelsessellift (Tel. 0 80 41/37 26, März–Nov. tgl. 9–18 Uhr, Dez.–Febr. tgl. 9–16 Uhr) ist sommers wie winters in Betrieb: die beliebte Sommerrodelbahn ist 1226 m, die Winterrodelbahn 5 km lang.

Vom nahen ländlichen *Bad Heilbrunn*, das seit 400 Jahren bayerisches Hofbad ist, gibt es den *Loisach-Rundweg* (2 Std.).

Reizvoll sind auch Wanderungen ins nördliche *Isartal*.

Südlich von Tölz, beim Wintersport- und Luftkurort *Lenggries*, liegt das Wander- und Skigebiet des *Brauneck* (1553 m), auf den die Brauneckbahn (Lenggries, Tel. 0 80 42/50 39 40, tgl. 8.15–17 Uhr) und Lifte führen. Die mehrstündige *Höhenwanderung* von Lenggries übers Brauneck und die Benediktenwand nach Benediktbeuern (ohne Gipfelbesteigung!) ist lohnend.

Wintersport

Ski alpin, **Snowboard**, **Langlauf**, Schneetel. 0 80 42/50 08 49, www.adac.de/skiguide. Liftketten am *Brauneck* – 14 Schlepp-, 3 Sessellifte, 1 Gondel – erschließen 35 km Pisten. Insgesamt hat Lenggries 70 km Loipen, die in der *Jachenau* gehören zu den schönsten im Land.

Hotels

Altes Fährhaus. An der Isarlust 1, Bad Tölz, Tel. 0 80 41/60 30, Fax 0 80 41/7 22 70, info@altes-faerhaus-toelz.de. Kleines Hotel und renommiertes Restaurant mit französisch-klassischer Küche und Isarterrasse.

Hotel Kolbergarten, Fröhlichgasse 5, Bad Tölz, Tel. 0 80 41/7 89 20, Fax 0 80 41/90 69, www.tiscover.de/hotel-kolbergarten. Sehr angenehmes Jugendstilhotel an der Isar.

Posthotel Kolberbräu, Marktstr. 29, Bad Tölz, Tel. 0 80 41/7 68 80, Fax 0 80 41/7 68 82 00, www.tiscover.de/kolberbraeu. Traditionsreiches Hotel mit guter Regionalküche.

Restaurant

Waldherralm, Wackersberg, Bad Tölz, Tel. 0 80 41/95 20. Ausflugsgaststätte mit Sonnenterrasse.

30 Kloster Reutberg

Klosterbier und Panoramablick unter Kastanien.

Der Biergarten der Klosterbrauerei auf dem Moränenhügel über Wiesen, Wald und dem kleinen Kirchsee, überragt vom schlanken Turm der Klosterkirche, ist – vor ausgezacktem Horizont – ein **Bilderbuchplatz** für heiße Sommerabende.

Dabei beginnt seine Geschichte ruchlos. Die Gräfin Anna Papafabin stiftete das Kapuzinerinnenkloster 1618, nachdem sie dem Mordanschlag ihres geldgierigen Gemahls entronnen war. Schon vorher, 1606, hatte sie hier eine *Loretokapelle* er-

Brillanz von Johann Baptist Zimmermann – Dietramszeller Pfarrkirche Mariä Himmelfahrt

richtet. Ab 1735 wurde die ganze Anlage von Münchner und Tölzer Meistern neu erbaut. Seit 1849 leben hier Franziskanerinnen in Klausur, unterhalten neben der Ökonomie auch eine kleine Fremdenpension und fertigen nach alter Tradition ›Fatschenkindl‹ (Christkindl in Wickelhülle). Das Innere der **Kirche,** durch einen weit vorgeschobenen Schwesternchor düster, wirkt ungewöhnlich, weil die ursprüngliche Loretokapelle als Altarraum eingebaut ist. Sinnfällig wird dadurch der Schreincharakter des Loretoheiligtums, das ja das von Engeln nach Italien getragene Haus Marias aus Nazareth symbolisiert. Sehr schön ist die Legende über dem *Chorbogen* dargestellt. Auf dem *Hochaltar* eine Nachbildung der Loreto-Muttergottes. Das ›Reutberger Jesuskind‹ aus der Geburtskirche in Bethlehem und das ›Bittrich-Kindl‹ aus München, beides barocke Gnadenkinder, werden nur zu Weihnachten in der Kirche ausgestellt.

31 Dietramszell

Rokokokirche aus einem Guss. Spätwerk von Johann Baptist Zimmermann.

Die Rokokoschönheiten von Hofkünstler Zimmermanns Gnaden reichen quer durch Oberbayern von Andechs bis Raitenhaslach. Die **Pfarrkirche Mariä Himmelfahrt** des einstigen Augustinerchorherrenstifts Dietramszell, das auf eine Zelle des Tegernseer Mönches Dietram um 1100 zurückging, wurde in den Jahren 1729–41 von einem unbekannten Baumeister als herkömmliche Wandpfeileranlage neu errichtet. Erst durch Johann Baptist Zimmermanns weißgoldenen Stuck, seine dekorativen Deckenfresken mit Darstellungen der Klostergründung und seine brillanten Altarbilder – vor allem die *›Himmelfahrt Mariens‹* am Hauptaltar – erhielt sie ihren herausragenden Rang. Bildhauer Franz Xaver Schmädl assistierte mit *Altarfiguren*, vor allem den in gebauschte Draperien gesetzten glanzvollen *Triumphbogenfiguren* des hl. Nepomuk und des selig gesprochenen Augustinerchorherren Petrus Fourier, oder der *Kanzel* mit Reliefs der Augustinuslegende. 110 Jahre früher, 1635, schuf sein Weilheimer Landsmann Hans Degler die graziöse Muttergottes, die dann in den *Rokoko-Rosenkranzaltar* platziert wurde. Die Hochaltarfiguren der hll. Martin und Korbinian als Klosterpatrone werden dem Wessobrunner Joh. Georg Üblher zugeschrieben.

Nicht minder aus einem Guss ist das Kirchlein **St. Leonhard** 2 km nördlich von Dietramszell, ein feines Spätrokokowerk von 1770.

Tegernsee, Schliersee, Mangfallknie – Sommerfrische nach Maß

Am Tegernsee wurde die Sommerfrische, am Sudelfeld der Wintersport ›erfunden‹, zumindest der bayerische. Kein Wunder, dass dieser Landstrich als Maß herhalten musste: Berge, Baustil, Bauerntheater, Trachten, Tänze, sogar Kühe wurden zum **Inbegriff Oberbayerns**. Ausgerechnet der gemütliche König Max I. Joseph hatte eine Reise- und Hausbau-Lawine losgetreten, als er sich im Tegernseer Tal niederließ und Gäste zuhauf einlud – auch ›Reporter‹ in Form von Landschaftsmalern –, die mit ihren Werken als eilige Begeisterungs-Multiplikatoren wirkten.

Nun sind diese Gebreiten aber auch zum **Ferienland** geboren! Die Berge milde gewölbt und freundlich geneigt, mit Tausendachthundert-Höhen nicht *zu* Respekt heischend, die Seen überschaubar, durch Buchten handlich, die Täler wie gepflegte Schlossparks, die Ortschaften weiß, bunt, holzbraun von Balkon bis First und keineswegs überall touristisch überzuckert.

Das Pastorale liegt gleich nebenan: Im Norden, wo die **Mangfall** einen kühnen A-Haken zwischen Tegernsee und Inn ins Land schreibt, wird es eben, weide-samtig, still und unverfälscht ländlich – gehäuft treten hier nur die Dorf- und Wallfahrtskirchen auf.

32 Tegernsee

Mönche, Majestäten und Wahltegernseer von Ganghofer bis Gulbransson.

In Tegernsee habe man das ganze Bayern unter einem Dach: das Gotteshaus, das Königshaus und das Bräuhaus, bemerkte der preußische Historiker Heinrich von Treitschke. Fürwahr, was die Einheimischen heute **Schloss** nennen, war bis zur Säkularisation Kloster. Halb schon abgerissen, rettete Max I. Joseph die andere Hälfte, indem er sie 1817 zu seinem Sommersitz ausbauen ließ. Und das ›Herzogliche Bräustüberl‹ just neben dem Kircheneingang ist seit mehr als 300 Jahren ehern zeitbeständig. Im Mittelgrund des Bildes: der Tegernsee.

Der *Schlossplatz* ist die historische Keimzelle des Tegernseer Tals. Hier gründeten die wohl aus dem Huosi-Geschlecht stammenden Brüder Adalbert und Otkar Mitte des 8. Jh. ein *Benediktinerkloster*, das durch Aufnahme der Reliquien des hl. Quirinus aus Rom besondere Ausstrahlung gewann. Hochberühmt wurde es überdies durch weitreichende Besitzungen und eine Kulturentfaltung ohnegleichen, mit Glanzleistungen in der Buchmalerei, später in der Buchdruckkunst, Philosophie, Musik und Literatur; so entstand hier u. a. um 1050 der früheste Roman des Abendlands, ›Ruodlieb‹.

Mit den späteren fürstlichen Abteibewohnern kam die ›große Welt‹ vom Zaren bis zu Paganini ins Tal. König Max I. Joseph und seine Gemahlin Karoline, seine Tochter Ludovika und deren Gemahl, der als ›Zithermaxl‹ so populäre Herzog Max in Bayern, liebten Festivitäten. Eher stille Wohltäter waren die Erben: ein sozialer der Sohn Prinz Karl, der hier seinen ständigen Wohnsitz nahm, ein medizinischer dessen Neffe, Herzog Karl Theodor in Bayern, der auch hier als Augenarzt ordinierte.

Die Schlossgebäude dienen heute als Gymnasium und Brauerei. Die einstige Klosterkirche, die **Pfarrkirche St. Quirinus**, ist ein Barockbau mit romanischen und gotischen Elementen. Klenze, der das Kloster zum Schloss umbaute, formte bei der Kirche nur die *Fassade* klassizistisch um. Die gotische *Grabplatte* (Hans Haldner, 1457) über dem Portal zeigt die Klostergründer, die Tumba selbst ist im

Erst durch die Benediktiner, dann durch die Wittelsbacher berühmt: Kloster Schloss Tegernsee

Hochaltartisch eingebaut. Die tonnengewölbte, dreischiffige Pfeilerbasilika (Zuccalli, ab 1678) mit Vierung und Querhaus prangt mit üppigem italienischen Stuck und trefflichen *Fresken* (1689–94) von Hans Georg Asam, dessen zweiter großer Künstlersohn Egid Quirin 1692 in Tegernsee zur Welt kam. Die Fresken stellen in der damals neuen Untersichtperspektive über der Vorhalle die Quirinuslegende, über Lang- und Querhaus Leben, Passion und Glorie Christi, in der Vierungskuppel Allerheiligen und Dreifaltigkeit dar. Das Kreuzigungsgemälde (um 1690) im Hochaltar stammt von Karl Loth. Als einzige Rokokowerke blieben nach der Verkargung der Kirche die *Quirinus-* und die *Benediktuskapelle* in den Seitenschiffen erhalten: Herrliche Straub-Figuren sind darin zu sehen.

Die Tegernseer und Rottach-Egerner Straßennamen sind eine Reverenz an die prominenten ›Zuagroasten‹. Die erste Welle kam im Biedermeier u. a. mit den Familien Kobell und Stieler, die beide Dichter und Maler aufzuwarten hatten; zur zweiten nach 1900 gehörten Thoma, Ganghofer, Gulbransson, Macke. Im **Ludwig-Thoma-Haus** (nur nach Voranmeldung, Tel. 0 80 22/53 82) auf der Tuften 12, wo der Volksdichter 1908–21 lebte, sind vier der von ihm bewohnten Räume zugänglich. Für den ›Simplicissimus‹-Zeichner, der 1929–58 im Schererhof über Tegernsee wohnte, hat man im Kurgarten das feine **Olaf-Gulbransson-Museum** (Tel. 0 80 22/33 38, Dez.–Okt. Di–So 11–17 Uhr) gebaut. Wechselausstellungen zu historisch–regionalen Themen zeigt das **Museum Tegernseer Tal** (Seestr. 17, Tel.

Gleichbleibend süffiges Bier seit 300 Jahren: Herzogliches Bräustüberl

Der Saliterhof in Tegernsee ist mit seinen eleganten, schlanken Proportionen vielleicht der schönste aller alten Bauernhöfe rund um den See

0 80 22/49 78, Di–So 14–17 Uhr, im Winter eingeschränkt).

Seit der Erschließung der Benediktusquelle, 1956, ist Tegernsee ein heilklimatischer **Kurort** mit entsprechenden Einrichtungen. So haben moderne bauliche Akzente die Gründerzeitzüge überlagert. Schöne Beispiele alter Bauernhäuser kann man in der *Rosenstraße* sehen; das absolute Prunkstück aber steht am Rande der Rottach auf einer Wiese: der **Saliterhof** (Ludwig-Thoma-Weg 8).

2 km nördlich des Tegernsees überwölbt ein gotisches Kirchlein, **St. Quirin**, einen Ziehbrunnen. Als man der Legende nach die Reliquien des hl. Quirinus ins Kloster Tegernsee überführte und hier nochmals rastete, entsprang unter dem abgestellten Schrein eine heilkräftige Quelle. So wurde der im 3. Jh. seines Glaubens wegen in den Tiber geworfene, dann geborgene und begrabene römische Königssohn bald als Schutzheiliger des Tegernseer Tales verehrt. Und als um 1450 ein Mönch an dieser Stelle einen wunderbaren Fingerzeig auf eine heilkräftige Ölquelle am anderen Ufer bekam, ersetzte man die bisherige hölzerne durch eine Steinkapelle, die im 17. Jh. mit Schlierseer Stuck und mit Barock-Altären ausgestattet wurde.

Die tintengrüne Eminenz des Tales ist der **Wallberg** (1722 m), dem Wanderer huldvoll geneigt, denn in 3 Std. ist man

Der Wallberg, hier die Kapelle, ist ein Paradies der Bergwanderer, Skiläufer, Drachenflieger

von Oberach aus droben (in 10 Min. mit der Kabinenbahn), um sich einen wunderschönen Überblick über die anderen Würdenträger dieser Gegend zu verschaffen: Im Norden sieht man Baumgartenschneid, Gindelalmschneid, Neureut; im Westen Rossstein, Sollberg, Hirschberg, dahinter Wettersteinkette; im Süden Risserkogel, Schinder, Karwendelgebirge. Die als Rennstrecke bekannte *Wallberg-Autostraße* führt auf 1100 m Höhe zur Moosalm, von wo das Wallberg-Unterkunftshaus in 1 Std. zu erreichen ist.

i Praktische Hinweise

Information: Tourist Information, Hauptstr. 2, Tegernsee, Tel. 0 80 22/18 01 40, Fax 0 80 22/1 37 58, www.tegernsee.de

Bergbahn

Wallbergbahn, Tel. 0 80 22/7 05 36, tgl. 8.45–17 Uhr

Schiff

Bayerische Seenschifffahrt, Seestr. 70, Tegernsee, Tel. 0 80 22/9 33 11, www.bayerische-seenschifffahrt.de

Kultur

Tegernseer Volkstheater, Ludwig-Thoma-Saal, Rosenstr. 5, Tegernsee, Tel. 0 80 22/9 32 92, Fax 0 80 22/9 32 84, www.tegernseer.volkstheater.de

Wandern

Auf den Hausberg *Neureut* (1264 m) über den Lieberhof- und Kobellweg in 90 Min. (Neureuthaus): Panoramablick. Von dort über die *Gindelalm* nach *Schliersee* (weitere 2,5 Std.).

Hotels

******Bischoff am See**, Schwaighofstr. 53, Tegernsee, Tel. 0 80 22/39 66, Fax 0 80 22/17 20, www.bischoff-am-see.de. Edles Hotel mit Schlemmerlokal in herrlicher Lage am Fuß des Leebergs.

TOP TIPP ****Hotel Bayern**, Neureuthstr. 23, Tegernsee, Tel. 0 80 22/18 20, Fax 0 80 22/18 21 00, www.hotel-bayern.de. Hotel mit langer Geschichte. Alte und neue Gebäude mit Blick in die Bergwelt. Badeplatz am See.

*****Hotel Guggemos am See**, Hauptstr. 23, Tegernsee, Tel. 0 80 22/91 40, Fax 0 80 22/91 43 00, www.hotel-guggemos.de. Das angenehme Hotel mit Restaurant verfügt über ein eigenes Seegrundstück, Terrasse, Garten und Liegewiese.

Restaurants

Herzogliches Bräustüberl, Schlossplatz 1, Tegernsee, Tel. 0 80 22/41 41. Berühmt. Nur Brotzeit.

Schlossrestaurant Tegernsee, Schlossplatz 1, Tegernsee, Tel. 0 80 22/45 60. Angenehmes Restaurant mit gutbürgerlichem bis kulinarischem Angebot und mit Seeterrasse.

Ludwig Thoma

Geboren in Oberammergau, Kindheit im Forsthaus in Vorderriss, Jurist in Traunstein und Dachau, ›Simplicissimus‹-Redakteur in München, freier Autor im Haus auf der Tuften bei Tegernsee, begraben in Rottach-Egern: Ludwig Thoma (1867–1921) war mit vielen Orten Oberbayerns, am innigsten aber mit der Tegernseelandschaft verbunden. Man hat seine Aufmüpfigkeit, derbe Gradheit, eingespulte Weichheit als Inbegriff bayerischen Wesens genommen: Jedenfalls hat er dem bayerischen Volkscharakter zur Sprache und der bayerischen Sprache zu einem Reichtum verholfen wie kein anderer. Von den ›Lausbubengeschichten‹ über den ›Wittiber‹ bis zur ›Moral‹ (um nur drei zu nennen) zeichnen sich seine Erzählungen, Romane, Theaterstücke durch farbigen Humor, satirischen Witz und unsentimentale Bauernmilieu-Echtheit aus. Unbegreiflich, dass der Spießerfeind, der mit einer indischblütigen Tänzerin verheiratet, später mit einer Jüdin liiert war, von 1916 an rassistische Töne vernehmen ließ.

Blick in die Egerner Bucht mit der spitztürmigen Pfarrkirche von Rottach-Egern und dem Wallberg dahinter

33 Rottach-Egern

Luxus-Hotellerie und Prominentenfriedhof am Tegernsee sowie Gebirgsabstecher nach Kreuth.

Unmittelbar an Tegernsee anschließend, erstreckt sich die Gemeinde Rottach-Egern zwischen den Mündungen der Rottach und der Weißach am Südende des Sees. Das Geschäftszentrum liegt an der Durchgangsstraße, das Gästeviertel aber an der Egerner Bucht nahe der zum Wahrzeichen gewordenen spitztürmigen **Pfarrkirche St. Laurentius**. Der gotische Bau ist innen mit dem hier vorherrschenden barocken Schlierseer Felderstuck geschmückt. Das Laurentius-Gemälde für den Hauptaltar schuf Hans Georg Asam 1689.

Die *Luxus-Hotellerie* ist weitgehend traditionsreich, der berühmte ›Bachmair am See‹ besteht seit 1800, darum verträgt sie sich mit den hier aufkommenden Erinnerungen an alte Sommerfrischler-Geselligkeit, die vor allem die Grabinschriften am **Friedhof** wecken. Ludwig Thoma, seine Geschwister, seine Freundin Maidi von Liebermann, Ludwig Ganghofer, Leo Slezak mit Frau und Sohn, der Kiem-Pauli, Olaf Gulbransson, Angehörige der Aristokratenfamilien Wittgenstein und Henckel von Donnersmarck – und viele andere Wahltegernseer sind hier begraben.

Mittelpunkt des Freundeskreises war das Gasthaus ›Zur Überfahrt‹ (heute steht hier das Dorint Seehotel Überfahrt) an der nahen, noch heute bestehenden Anlegestelle zum Übersetzen nach Tegernsee-Point. Hier spielte der große Volksliedsammler Kiem-Pauli mit seinem Terzett, hier trat das legendäre Tegernseer Bauerntheater auf, für das Thoma Stücke schrieb, als erstes 1910 den triumphalen

Schwank ›Erste Klasse‹. Gleich nebenan wohnte der Opernstar Leo Slezak und schmetterte allmorgendlich Arien übern See. An Bauernbühnen ist auch heute keine Not, Tegernsee wie Rottach-Egern haben je eine eigene.

Zum Kurort **Kreuth** am Ende des Tegernseer Tals führen die Deutsche Alpenstraße und ein schöner Weg durch das blumenreiche Landschaftsschutzgebiet der Weißach, das die Blauberge nach Süden abschließen. Die Kreuther *St.-Leonhard-Kirche* am Fuß des pittoresken Leonhardstein geht auf das Jahr 1184 zurück und ist das älteste dem Viehpatron geweihte Gotteshaus in Bayern, nicht zufällig grad' hier errichtet, wo die Saumpferde auf gefährlichen Pfaden nach Tirol geführt wurden. Der jetzige Bau von 1491 vereint im Inneren Spätgotik, Barock und Neogotik. Anfang November findet hier der große Leonhardiritt statt.

Der südlich in einem Hochtal gelegene Ortsteil **Wildbad Kreuth** mit seinen lang vorher vom Tegernseer Kloster genutzten Schwefelquellen wurde ein viel besuchter, gar von gekrönten Häuptern beehrter *Kurort*, als Max I. Joseph seine Schönheit entdeckte und seine Heilkraft wieder nutzbar machte. Er ließ ein feines Biedermeierensemble aus Badegebäuden mit Wandelhalle unter Einbeziehung einer Kapelle von 1696 bauen, die seit der Einstellung des Badebetriebs 1973 zum Teil als Tagungsstätte der Hanns-Seidel-Stiftung dienen.

i Praktische Hinweise

Information: Tourist Information, Nördliche Hauptstr. 9, Rottach-Egern, Tel. 0 80 22/67 13 41, Fax 0 80 22/67 13 47, www.rottach-egern.de

Kultur

Ludwig-Thoma-Bühne, Kur- und Kongresssaal, Nördliche Hauptstr. 35, Rottach-Egern, Info-Tel. 0 80 22/67 13 41. Vorverkauf: Reisebüro Giller, Nördliche Hauptstr. 1, Rottach-Egern, Tel. 0 80 22/63 27

Wandern

Beliebt ist der Spaziergang (75 Min.) von Kreuth über Wildbad Kreuth am König-Max-Denkmal im Wald vorbei zu den *Siebenhütten* – heute nur drei –, wo man einst die 500 Ziegen hielt, deren Milch für die Molkekur der Gäste verarbeitet wurde. Von hier aus führen 2- und 3-Std.-Wanderungen zur *Königsalm* sowie zur *Großen* und *Kleinen Wolfsschlucht*.

Hotels

*****__Hotel Bachmair am See__, Seestr. 47, Rottach-Egern, Tel. 0 80 22/27 20, Fax 0 80 22/27 27 90, www.bachmair.de. Stilvolles Haus in schönem Park. Die neun Restaurants bieten kulinarische Highlights. Pool, Sport- und Wellnessangebot inklusive Indoor-Golfanlage.

Hotel Zur Post, Nördliche Hauptstr. 5, Kreuth,Tel. 0 80 29/9 95 50, Fax 0 80 29/3 22, www.hotel-zur-post-kreuth.de. Traditionsreiches Haus mit gepflegter Küche.

Restaurant

Mesner-Gütl, Seestr. 53, Rottach-Egern, Tel. 0 80 22/61 39. Tradtionsreiches Lokal mit Café. Geboten wird bodenständige und herausragende französische Küche in rustikalem Ambiente oder auf der wunderschönen Seeterrasse.

34 Bad Wiessee

Vom Quirinus-Öl zur Jod-Schwefel-Therme – hübscher Kurort am Tegernsee mit beliebter Spielbank.

Wiessee verdankt seine Entwicklung zum Heilbad eigentlich jenem Mönch, von dem schon die Rede war [s. S. 96]. Er hatte von Wiessee bis St. Quirin bei Tegernsee einen goldgelben Streifen auf dem Wasser entdeckt, der von einer Ölquelle bei Wiessee stammte. Die wundertätige Gabe zog als ›St.-Quirinus-Öl‹ alsbald Scharen von Pilger in das Dorf. In Wirklichkeit war es Petroleum. Die Bohrungen im 19. Jh. erbrachten zwar nur dürftige Ergebnisse, aber 1909 stieß man in 676 m Tiefe auf eine Jod-Schwefel-Therme. Der Aufstieg des kleinen Orts zu einem Heilbad für Gelenk-, Kreislauf- und Gefäßleiden ging schnell. Das abseits der Durchgangsstraße am See liegende **Kurzentrum** mit modernen Einrichtungen und Hotels ist von geradezu mondäner Atmosphäre geprägt. Weithin bekannt ist der Ort auch wegen der **Spielbank Bad Wiessee** (Am Winner 1, Tel. 0 80 22/9 83 50, www.spielbankenbayern.de/wiessee, tgl. ab 19 Uhr), die seit Juni 2005 in einem großzügig verglasten Neubau am östlichen Ortsrand oberhalb der Münchener Straße (B 318) residiert.

All das Mondäne ist aber auch schnell wieder vergessen, denn schon in *Altwiessee* und *Abwinkl* genießt man erneut ganz ländliches Ambiente.

Bad Wiessee heißt nicht nur Entspannung, Spannung bietet die Spielbank in neuem Gewand

»Das Frauenzimmer wird unter das schönste in Deutschland gezählt«, schrieb Lorenz Westenrieder 1782 über die ›Baierinnen‹. Hat sich daran viel geändert?

Praktische Hinweise

Information: Tourist Information, Adrian-Stoop-Str. 20, Bad Wiessee, Tel. 0 80 22/8 60 30, Fax 0 80 22/86 03 30, www.bad-wiessee.de

Wandern

Der Weg von Abwinkl am Söllbach entlang zum *Bauer in der Au* hat seit König Max Josephs Zeiten, der das Anwesen erworben hatte, Tradition. Leider ist der legendäre Einfirsthof, der mit seinen 61 m Dachlänge ein Rarissimum war, 1971 abgebrannt (Modell in Glentleiten, s. S. 87). Ein neuer Berggasthof hat die Nachfolge übernommen. Oberhalb des Bucherhofes am Weg nach unten bietet sich der wohl schönste Blick auf den Tegernsee.

Hotels

******Lederer am See**, Bodenschneidstr. 9, Bad Wiessee, Tel. 0 80 22/82 90, Fax 0 80 22/82 92 00, www.lederer.com. Großes, am See liegendes Haus mit allem Komfort von Schönheitsfarm bis Arztpraxis. Gute internationale Küche.

*****Villa Toscana**, Freihausstr. 27, Bad Wiessee, Tel. 0 80 22/9 83 60, Fax 0 80 22/ 98 36 50, www.hotel-villatoscana.de. Eine charmante Mischung aus mediterranem Flair und bayerischer Lebensart zeichnet dieses Haus aus.

Restaurant

Freihaus Brenner, Freihaus 4, Bad Wiessee, Tel. 0 80 22/8 20 04. Das Lokal bietet eine Kombination von klassischer und regionaler Feinschmeckerküche (Di geschl.).

35 Gmund

Alpenfleckvieh oder Billetzählmaschine: findige Gmunder am Werk.

Der sehr alte Ort am Abfluss der Mangfall aus dem Tegernsee war als Knotenpunkt der Verkehrswege einst ein reger Handelsplatz, dem einige findige Köpfe entstammten. Hans Reiffenstuel (1548–1620), Leiter des Münchner Bauwesens, der mit seinem Sohn Simon die geniale Soleleitung von Reichenhall nach Traunstein legte [s. S. 143], gehörte einer weitläufigen Gmunder Familie an. Der Metzgerssohn Max Obermayr wiederum kreuzte sein unergiebig gewordenes Braunvieh in der Schweiz mit Simmentaler Rindern und erzielte Prachtexemplare von Alpenfleckvieh, die er bis nach St. Petersburg exportierte – zu Fuß, wohlgemerkt. Vom Hüttenbub eines nahen Dorfs zum erfindungsreichen Konstrukteur verrückter Uhren und Werkzeuge wie Billetzählmaschine oder Makkaronipresse brachte es Johann Mannhardt (1798–1878).

Die über das schmucke Ortszentrum erhobene **Pfarrkirche St. Ägidius** birgt in ihrer *Totenkapelle* die Grablege der Familie Reiffenstuel mit Porträts des Hofmalers Niklas Prugger. Seine Tochter war mit Hans Georg Asam verheiratet, von dessen Hand wiederum das *Hochaltargemälde* des hl. Ägidius (1693) stammt.

Auf dem Weg zum Risserkogel, im Hintergrund der Blankenstein

Wandermöglichkeiten zwischen Schliersee und Wendelstein

Der Rundweg (2 Std.) um den **Schliersee** ist abwechslungsreich und bequem, er führt im Osten wie Westen direkt oder nah am Ufer entlang, weicht nur im Nordwesten ein wenig zur Schlierach ab. Im Sommer hat man Badegelegenheiten, im Winter ist der 7,5 km lange Weg geräumt. In einstündigen Wanderungen erreicht man vom Ort Schliersee aus im Norden die Schliersbergalm (mit Kabinenbahn), im Südosten die Burgruine Hohenwaldeck – beides schöne Aussichtspunkte.

Hochbeliebt als Zentrum variationsreicher Wander- und Ski-›Zirkulationen‹ ist der kleine **Spitzingsee**, der 42 m unterm Spitzingsattel (1127 m) im Süden liegt. Vom Spitzingsattel über den Trautweinweg gelangt man zur Oberen Firstalm, über die Untere Firstalm auf dem Kratzerweg wieder zurück (2,5 Std.). Auf der Unteren Firstalm wird alljährlich zünftig **Skifasching** mit Maskentreiben gefeiert.

Die Stümpfling-Sesselbahn erschließt für Wanderer das Gebiet von Brecherspitz (1683 m) und Stolzenberg, die Taubenstein-Kabinenbahn die Bereiche von Aiplspitz und Rotwand (1885 m, schönster Blick). Die Rote Valepp entwässert den Spitzingsee nach Süden zum Inn. In ihr Tal, kurz **die Valepp** genannt, kommen die Seitentäler über Klammen herunter. Vom Ort Spitzingsee zum Forsthaus Valepp sind es etwa 2 Std. Die Valepp ist ein idealer Ausgangspunkt für Bergtouren auf den Schinder oder das Hintere Sonnwendjoch.

Im **Wendelsteingebiet** gibt es zahlreiche Wandermöglichkeiten und eine große Anzahl bewirtschafteter Almen. Der Aufstieg von Osterhofen zum Wendelsteingipfel beansprucht 3 Std., der Abstieg 2 Std. Eine größere Bergabwanderung von 4 Std.geht über die Kessel-Alm nach Birkenstein und über Geitau wieder zur Talstation.

Ebenfalls 4 Std. dauert eine bequeme Gipfelwanderung vom Wendelstein zum Breitenstein (1622 m).

Landschaftlich reizvoll ist der Weg vom Ausgangspunkt ›Beim schweren Gatter‹ südlich von Bayrischzell über Sillberghaus und Wirthsalm zum Rotwandhaus bzw. zur Rotwand (3 Std.).

Die einschiffige Wandpfeilerkirche von 1688 mit dem vornehm wirkenden weiten Raum war das Werk des Graubündners Lorenzo Sciasca, der viele Landkirchen in Oberbayern baute. Ihre Ausstattung mit spätgotischen Bildern und Skulpturen ist qualitätvoll. Die *Hochaltarfiguren* des besonders schönen St. Michael, des hl. Josef mit Jesus und des selten dargestellten hl. Joachim mit Kind Maria (1695) schuf der Tegernseer Thomas Hürnle, das vergoldete *Holzrelief* des Barmherzigen Samariters (1763) an der Südwand Ignaz Günther.

Im nahen nördlichen **Georgenried** wird sich der Kunstfreund ein sehr feines spätgotisches Kirchlein mit Stern- und Netzgewölben und Renaissancealtären nicht entgehen lassen.

Wer aber den schönsten Nordblick auf den Tegernsee mit Wallberg, Risserkogel, Blauberge genießen will, begibt sich nach **Kaltenbrunn**, dem malerisch auf der Anhöhe gelegenen einstigen Mustergut der Wittelsbacher. Hier soll in den nächsten Jahren vielleicht eine Luxushotelanlage entstehen. Zwischen Gmund und Hausham oder Miesbach breitet sich eine herrliche Parklandschaft aus, die zu Spaziergängen einlädt.

i Praktische Hinweise

Restaurant

TOP TIPP **Gut Kaltenbrunn**, Kaltenbrunn 1, Gmund am Tegernsee, Tel. 0 80 22/ 79 69, www.gutkaltenbrunn.de. Gepflegtes Restaurant in schönen Gasträumen und mit Terrasse. Auch der gemütliche Biergarten mit Selbstbedienungstheke bietet herrliche Ausblicke auf den See.

36 Schliersee

Eine Gipsküche, Komödienspieler, der Wildschütz Jennerwein und der Spitzingsee-Zirkus.

Eingesenkt in die Moränenhügel, ist der Schliersee das i-Tüpferl einer parkartig ausgebreiteten Wiesen- und Baumlandschaft, die sich im Süden mit profilierten Übergängen zum Gebirge aufgipfelt, am See-Ende zu Brecherspitz und Jägerkamp und dem Spitzingsattel dazwischen. Im Talgrün stehen die Häuser sommers im Blumenflor, überdies mit Geschnitztem und Lüftlgemaltem winkend. Allenthalben also sanftes Behagen. Den Hauptort **Schliersee** im Norden, heute wie im 8. Jh. von den Einheimischen ›Schliers‹ genannt, wurde gegen 1830 von den natursüchtigen Münchner Landschaftsmalern aus seinem damals tiefen Dornröschenschlaf gerissen. Darunter waren so Berühmte wie Georg von Dillis, Joh. Jakob Dorner oder Max Josef Wagenbauer, dazu Schriftsteller wie August von Platen oder Heinrich Noë. Sie tummelten sich in der gleichnamigen Taverne der schönen ›Fischerlisl‹ (heute ›Gasthof zur Post‹). Die späteren Gäste fanden im ›Hotel Seehaus‹ (dann ›Hotel-Gasthof Terofal‹) ihre Attraktion, denn dort gründeten der Hoteldirektor, Schuhplattler und Schauspieler Xaver Terofal und der Münchner Komiker Konrad Dreher 1893 das **Schlierseer Bauerntheater** (Xaver-Terofal-Platz 2, Tel. 0 80 26/2 00 11, www.schlierseer-bauerntheater.de, Vorverkauf: Schreibwaren Huber, Lautererstr. 10, Tel. 0 80 26/47 07), das mit Gastspielen bis nach Amerika zog und bis 1958 bestand. 1966 übernahm die Theatergruppe des Trachtenvereins die Nachfolge und 1994 wurde das Schlierseer Bauerntheater als Verein neu gegründet.

Im Herzen des Ortes, wie die beiden prächtigen Gasthöfe und das aus der Spätgotik stammende *Rathaus*, liegt auch das sehenswerte **Heimatmuseum** (Lautererstr. 6, Tel. 0 80 26/76 17, Mitte Mai–Okt. Di–Fr 16–18, Sa 10–12 Uhr, Juni–Sept. auch So 10–12 Uhr). Es sind zwei Häuser unter einem Dach, vorn ein Holzblockbau auf gemauertem Erdgeschoss aus dem 15. Jh., hinten ein gemauerter Bruchsteinbau aus dem 14. Jh. Raumaufteilung und Einrichtung mit bäuerlichem Hausrat sind völlig ursprünglich, sogar die Rarität einer ›Rauchkuchel‹, d. h. einer offenen Feuerstelle mit Abzug, ›Hur‹ genannt, gibt es noch.

Der Komplex gehörte vom 16. Jh. bis zum 18. Jh. der Familie Zwerger, der die beiden trefflichsten Vertreter der **Schlierseer Stuckatorenschule** im 17. Jh., Hans und Sohn Georg, entstammten. Die Schlierseer ›Gipsküche‹ arbeitete mit gegossenem, also vorgeformtem, meist farbigem Gips; charakteristisch für ihr Renaissancerepertoire, das sie bis ins beginnende 18. Jh. hineinzog, waren gerahmte geometrische Felder, auf deren glatten Flächen Figuren, Puttoköpfe, Vasen, Girlanden, Fruchtgehänge appliziert sind. Die Bezeichnung ›Miesbacher Stuckatorenschule‹ kam wohl irrtümlich zustande.

Kunstvolle Landschaftskomposition – Schliersee-Panorama mit Brecherspitz ▷

Die heutige **Pfarrkirche St. Sixtus** gehörte ursprünglich zu einem im 8. Jh. gegründeten Stift, das aber im 15. Jh. aufgehoben wurde. Der außen schlichten Wandpfeileranlage (Kaspar Gläsl, 1712–14) verlieh der junge, damals in Miesbach lebende Joh. Baptist Zimmermann 1714 innen eine dezente Festlichkeit, indem er Stuck und Fresken geschickt auf den Chor konzentrierte. Der von ihm entworfene *Hochaltaraufbau* trägt ein Gemälde (Joh. Paul Vogl, 1720) des in diesen Breiten als Kirchenpatron beliebten Märtyrerpapstes Sixtus II., flankiert von Figuren der hll. Benno und Arsatius (Franz Fröhlich). Vor allem aber faszinieren im Chor drei spätgotische Werke: die ausdrucksstarke Sitzfigur des *hl. Sixtus* (unbekannter Meister, um 1520), der eigenwillige *Gnadenstuhl* (um 1480) von Erasmus Grasser, bei dem Vater und Sohn blockhaft eng aneinander gedrängt sind, doch zugleich unheimlich fremd erscheinen, sowie eine weichlinige *Schutzmantelmadonna* (1494) des damals in München lebenden Polen Jan Polack.

Zur ursprünglich gotischen, dann barockisierten *Georgskapelle* auf dem **Weinberg** wird man wegen des feinen Blicks auf den See emporspazieren, nicht minder aber wegen des ungewöhnlichen triumphbogenartig freistehenden *Hochaltars* mit der Schnitzfigur des Drachentöters (Stephan Zwinck, 1624) im Inneren der Kapelle.

Zünftige Gaudi im Schnee beim Skifasching auf der Unteren Firstalm

Fans von Wilderer-Krimis werden am *Friedhof* von **Westenhofen** das Grab des Wildschützen Jennerwein suchen, der im Bodenschneidgebiet hinterrücks von einem Jäger erschossen wurde. Sein Grabkreuz von 1877 ist original erhalten.

Einen besonderen Zauber aber umgibt die Kirche *St. Leonhard* in **Fischhausen** im Süden des Sees, die neben einer wahren Volkslied-Linde spitztürmig an der Straße steht, allseitig frei für den Leonhardi-Ritt am 6. November. Hans und Georg Zwerger, die auch die Baumeister waren, haben das Gotteshaus 1657 auf einem originellen gestreckten Achteckgrundriss errichtet, mit apartem Stuck von der oben beschriebenen Art geschmückt und im Zentrum mit großen Reliefdarstellungen versehen. Sehenswert sind auch die volkstümliche Altarfiguren.

i Praktische Hinweise

Information: Kurverwaltung, Bahnhofstr. 11 a, Schliersee, Tel. 0 80 26/6 06 50, Fax 0 80 26/60 65 20, www.schliersee.de

Bergbahnen

Stümpflingbahn, Tel. 0 80 26/73 04, ganzjährig, außer Dez. und April, tgl. 8.30–16.20 Uhr

Taubensteinbahn, Tel. 0 80 26/70 71, Mitte Mai–Okt. tgl. 8.45–16.30 Uhr

(Beide ab Sommer 2005 wegen Modernisierungsarbeiten geschl.)

Wintersport

Ski alpin, **Snowboard**, **Langlauf**, Schneetel. 0 80 26/70 99, www.adac.de/skiguide. Die Skigebiete *Stümpfling* und *Taubenstein* bieten zusammen 29 km präparierte Abfahrten und 24 km Loipen. 13 Schlepp-, 3 Sessellifte, 1 Großkabinenbahn.

Hotel

***__Landhaus Hohenwaldeck__**, Carl-Schwarz-Str. 17, Schliersee, Tel. 0 80 26/9 25 80, Fax 0 80 26/9 25 81 00, www.hohenwaldeck.de. Das zentral aber ruhig gelegene Haus mit Seeblick bietet freundlich eingerichtete Zimmer. Hinzu kommen Frühstücksbüffet und Frühstücksterrasse sowie ein kleiner Wellness- und Fitness-Bereich.

37 Fischbachau

Die anmutige Leitzach, die Wittelsbacher Ahnherrin und die ruhelosen Mönche.

An der baum- und buschreichen, streckenweise geradezu idyllischen Leitzach öffnen sich das Becken von Fischbachau und der Kessel von Bayrischzell zu besonders malerischen Tälern. Dass der einst reißende Wildbach Fische in Fülle hergab, verrät der Name des durch weit verstreute Höfe ausgedehnten heiteren Ortes Fischbachau. Dass das Tal früh besiedelt war, führt der romanische Kubus des Martinsmünsters vor Augen. Die Ahnfrau der Wittelsbacher, Gräfin Haziga, Gemahlin Ottos II. von Scheyern-Wittelsbach, hatte 1079 Benediktinern aus Hirsau ein Klösterl in Bayrischzell übergeben, doch die Mönche wanderten etappenweise in immer bequemere Gebreiten: 1085 hierher, 1104 auf den Petersberg bei Dachau, 1119 nach Scheyern, dessen Priorat Fischbachau wurde.

Der 1100 geweihte Bau des ehem. **Martinsmünsters** wurde erst zwischen 1628 und 1738 eingreifend verändert, sein basilikales querschiffloses Gefüge blieb dabei jedoch erhalten. Weiß-blau-goldene Festlichkeit erstrahlt im Inneren. Am Barock-, Regence- und Rokoko-*Stuckgewand* wirkten verschiedene Meister, u.a. Thomas Glasl aus Freising und Johann Pichler aus Erding. Die auf blauem Grund leuchtenden *Decken- und Wandgemälde* (1738) von Melchior Buchner aus Ingolstadt stellen im Mittelschiff die Martinslegende (Decke) und die Martyriumsnachfolger der Apostel (Wände) dar, rechts im Seitenschiff die Rosenkranzgeheimnisse, links die Benediktiner-Historie. Im schönen *Hochaltar* ein Bild der Kirchenstifterin von Johann Deyrer, 1766. Die hervorragende *Mondsichelmadonna* (1740) am rechten Seitenaltar stammt wohl von einem Passauer Meister. Das einstige barocke Klostergebäude dient nun als Rathaus und Tourismusbüro.

In der gedrungenen kleinen **Friedhofskirche Maria Schutz** (1087) hinter dem Münster, dem ältesten Gotteshaus des Tals, sind früher Schlierseer Stuck (1630), die spätgotischen Reliefs der Schutzmantelmadonna und des Marientods sowie in der Karwoche der barocke Bühnenaufbau eines Heiligen Grabes (1786) zu bewundern.

Grabkreuz des Wildschützen Jennerwein in Westenhofen nahe Schliersee

Wie hier stehen auch im nahen **Elbach** Pfarr- und Friedhofskirche wie Mutter und Kind beieinander, beide barock. Mindestens in die kleine sollte man einen Blick werfen, um sich an dem reichen und originellen farbigen Schlierseer Stuck zu entzücken – natürlich von Georg Zwerger 1660–70 geschaffen.

Bittgänger, Trachtenwallfahrer oder Hochzeiter haben andere Anliegen, sie lenken ihre Schritte in die heiß geliebte **Wallfahrtskirche Birkenstein** am Fuß des Breitenstein und weiden sich dort am über und über Güldenen.

i Praktische Hinweise

Information: Tourismusbüro, Kirchplatz 10, Fischbachau, Tel. 0 80 28/8 76, Fax 0 80 28/90 66 43, www.fischbachau.de

Restaurants

Alte Bergmühle, Birkensteinstr. 60, Fischbachau, Tel. 0 80 28/732. Gemütliches bayerisches Wirtshaus mit preisgekrönter Küche und schönem Blick von der Terrasse auf die Bergwelt.

Café Schwaigeralm, Fischbachau, Tel. 0 80 28/20 02. Uriges Restaurant mit Biergarten. Grillabende und Hackbrettmusik (Mi/Do geschl.).

Café-Berggasthaus Winklstüberl, Winkl 1, Fischbachau, Tel. 0 80 28/7 42. Freistehender Gasthof zwischen Fischbachau und Winkl mit rühmenswerten Konditorwaren. Zu besichtigen: eine rare Sammlung alter Kaffeemühlen.

38 Bayrischzell und Wendelstein

Schmuckschatullen im Bergkessel und der inkarnierte Tatzelwurm hoch droben.

Jene zwölf Mönche, die 1085 – wie bei Fischbachau berichtet – der »wüsten Einsamkeit« flohen, in der ihr Kloster lag, würden sich's heute anders überlegen: Jeder Hof ein Gasthof, jedes Haus eine Schmuckschatulle, jeder Weg leichtsohlig begehbar und der Wendelstein durch Seile ›geerdet‹. Die Entwicklung dazu begann vor 100 Jahren, als Münchens Wintersportler in Schliersee auf Holzschlitten

Für den Tourismus mit zwei Bahnen erschlossen – der Wendelsteingipfel mit der dem Viehpatron Wendelin geweihten Kapelle

nach **Bayrischzell** um- und hier zu Fuß zum *Sudelfeld* aufstiegen. Es sprach sich schnell herum, dass die Übungsfahrten aller Grade und die (mittlerweile 30 km langen) Abfahrten da oben aller Mühen lohnten. Überdies könne man da die ›Norweger-Methode‹ des Skilaufs mit zwei Stöcken lernen. Die Bahn nach Bayrischzell folgte 1911, die Teilstrecke der Deutschen Alpenstraße bis zum 1130 m hohen Sudelfeldsattel 1937.

Jene fünf Höfe wohlhabender Viehbesitzer, aus denen Bayrischzell bis ins 19. Jh. bestand – es hieß bis 1835 offiziell Margarethenzell und bei den Einheimischen kurz ›die Zell‹ –, stehen noch heute im Kern des gepflegten Orts, der sich einige alte bäurische Bausubstanz bewahrt hat. Seine Urzelle war ein Eremitorium und die schon erwähnte, daraus hervorgegangene Klosterstiftung der Gräfin Haziga mit einer der hl. Margarethe geweihten Kirche. Davon blieb für Jahrhunderte nur ein Provisorium als Filiale von Fischbachau. Die heutige **Pfarrkirche**, unter Einbeziehung des alten Turms 1733/34 errichtet, ist eine treffliche Leistung wenig bekannter ländlicher Künstler, außen bescheiden, innen herzerwärmend. Der ausgerundete Zentralraum (Architekt unbekannt) mit Flachkuppel besticht durch seine Bewegtheit, der Regencestuck (Thomas Glasl) durch Fantasie, die Fresken mit Szenen der Klostergründung und Margarethenlegende durch bunte Lebendigkeit, der frühbarocke Hochaltar mit den »drei heiligen Madln« Margarethe, Barbara, Katharina durch Feierlichkeit, die Prozessionsstangen durch Grazie – und alles zusammen durch Liebenswürdigkeit und Harmonie.

Vom Vorland gesehen ein gemütlicher Eierwärmer, aus der Nähe ein felsgrauer, steilwandiger, dreieckiger Charakterkopf, genießt Bayrischzells ›Hausvater‹ **Wendelstein** (1838 m) riesige Volkstümlichkeit. Seinen Gipfel hat ein Bauer 1718 auf der Suche nach verirrten Pferden ›erstbestiegen‹ und dann dem Viehpatron Wendelin eine Kapelle gebaut, später verfügten sich der Münchner Erzbischof und König Max II. per pedes hinauf. Was nicht hinderte, dass das Volk in dem wetterwendischen Berg mit seinen Höhlen – die größte ist begehbar! – die Residenz eines Tatzelwurms wähnte; die **Tatzelwurm-Klamm** am Ende der Alpenstraße schien ihre bizarre, wasserumtoste Pforte. 1912 inkarnierte sich der Unhold leise schnaubend in der Zahnradbahn von Brannenburg, 1970 in der Seilbahn von Osterhofen, durch die er nun schon ganz schön Hundertschaften speit. Gipfel und Plateau sind ›befestigt‹ durch Observatorium, Wetterwarte, Sendeanlage, Unterkunftshaus. Die allseitig freie Rundsicht ist freilich ganz herrlich: im Süden bis zu den Zacken der Zentralalpen, im Westen zu Karwendel, Wetterstein, Zugspitze, im Osten zu den Chiemgauer und Berchtesgadener Alpen, im Norden über die Moränenwellen.

i Praktische Hinweise

Information: Kurverwaltung, Kirchplatz 2, Bayrischzell, Tel. 0 80 23/6 48, Fax 0 80 23/10 34, www.bayrischzell.de

Bergbahn

Wendelsteinbahn, Kerschelweg 30, Brannenburg, Tel. 0 80 34/30 80, www.wendelsteinbahn.de: *Zahnradbahn* von Brannenburg-Degerndorf, Bergfahrt Mai–Okt. tgl. stdl. 9–15 Uhr, Dez.–April Mo–Fr 9, 10, 12, 13.30, 14, Sa/So 9, 10, 11, 13, 14 Uhr; *Seilbahn* von Osterhofen, Schlierseer Str., tgl. 9–16 Uhr stdl.

Wintersport

Ski alpin, **Snowboard**, **Langlauf**, Schneetel. 0 80 23/4 28, www.adac.de/skiguide. Das Skiparadies *Sudelfeld* (30 km Pisten) bietet 17 Schlepp- und 3 Sessellifte; 5 Loipen über 50 km. Wendelstein (10 km Pisten), Schneetel. 0 80 34/30 81 11

Hotels

*******Hotel Alpenhof**, Osterhofen 1, Bayrischzell, Tel. 0 80 23/9 06 50, Fax 0 80 23/90 65 20, www.der-alpenhof.com. Zum exklusivem Ambiente des Hauses gehören schöne Zimmer und Themen-Suiten. Die preisgekrönte Küche bietet bayerische Speisen, aber auch Kulinaria. Ein Plus ist die Indoor-Golf-Anlage.

******Feuriger Tatzlwurm**, Tatzlwurm 1, 8 km nordwestlich von Oberaudorf, Tel. 0 80 34/3 00 80, Fax 0 80 34/30 08 38, www.tatzlwurm.de. Schön gelegener historischer Gasthof, 1863 von Künstlern aus der Taufe gehoben, inzwischen umgebaut. Das alte Gastzimmer mit Reminiszenzen ist noch erhalten.

*****Hotel Wendelstein**, Ursprungstr. 1, Bayrischzell, Tel. 0 80 23/80 90, Fax 0 80 23/80 89 69, hotel.wendelstein@t-online.de. Angenehmes Hotel mit adretten Zimmern und gutbürgerlicher Küche sowie Biergarten.

39 Weyarn

Sehenswertes rund um das Mangfallknie: Hauptwerke des genialen Bildhauers Ignaz Günther.

Ihr gebogener Körper bildet ein einziges Fragezeichen aus Anmut und Demut, indes die zum Herzen weisende Geste ihrer feinen Hände das Geheimnis schon weiß. Der schöne Engel ist unmerklich lächelnd auf der Wolke bei ihr angekommen, noch fliegt der eine seiner Flügel, schon knickt der andere ein. Sein erhobener Arm weist auf den heiligen Geist, sein gesenkter mit der Lilie hält behutsam inne. Beide Figuren schweben. »Dann sang der Engel sei-

Ein anrührender Ausdruck bayerischer Volksfrömmigkeit: Ignaz Günthers ›Verkündigung‹ in der Pfarrkirche von Weyarn

TOP TIPP

ne Melodie.« Es handelt sich um die berühmte ›**Verkündigung**‹, aber es könnte auch ein zum Tanz anhebendes Paar bei Hofe sein. Inkarniert ist ein feinst instrumentierter Augenblick atemloser Nähe. Herrlicher Ignaz Günther, bei dem Geistigkeit und Sinnlichkeit, subtile Gefühlsbeschreibung und sakraler Ernst, Exzentrizität und Kunstraffinement sich so kühn verschwistern!

Die **Pfarrkirche St. Peter und Paul** in Weyarn ist mit der beträchtlichen Anzahl seiner Werke *sein* ›Museum‹. Mit vierschrötigem Tuffsteinturm am Rande der Mangfallschlucht aufragend, stammt der barocke Kirchenneubau (1693) des einstigen, bis ins 12. Jh. zurückgehenden Klosters der Augustinerchorherren von Lorenzo Sciasca. Seinen klassischen Wandpfeilerraum stattete Joh. Baptist Zimmermann 1729 mit zartem Frührokokostuck und Deckenfresken mit Szenen aus den Legenden der Kirchenpatrone und des hl. Augustinus aus.

Der ›hofbefreite‹, d. h. den Zunftzwängen enthobene Bildhauer **Ignaz Günther** (1725–1775), Schüler von Straub in München und Raphael Donner in Wien, schuf schon 1755 für die Kirche den *Valeriusschrein* mit wundervollen Liegeengeln (südlicher Mittelpfeiler), 1763–65 dann den reizvoll asymmetrischen *Tabernakel*, schließlich als Höhepunkte die drei Tragefiguren für Prozessionen (!): *Verkündigung, Pietà* (an beiden Seiten des Chorbogens) und *Maria vom Sieg* (im Altarraum). Tiefster Schmerz und vollkommene körperliche Schönheit gerinnen in der Pietà zu meisterlicher Komposition, indes die sieghafte *Immaculata* sich mit graziösem Schwung über dem geringelten Satan förmlich zu drehen scheint.

Die **Jakobuskapelle** gegenüber der Kirche birgt ein weiteres Hauptwerk: eine vor Schmerz erstarrte *Mater dolorosa* (um 1765, später abgelaugt) sowie die in Physiognomie und Gewandbehandlung schönen, aber schlecht gefassten Figuren der *hll. Sebastian und Leonhard*.

Das Tal der Mangfall, die aus dem Tegernsee stracks nach Norden strebt, bei Grub aber plötzlich umkehrt und nach Südosten fließt, ist nicht nur kurvig, sondern an vielen Stellen zu tiefen Schluchten eingeschnitten wie bei Gmund, Weyarn, Grub. Es ist Teil der etwa von Bad Tölz bis Bad Feilnbach reichenden **Egartenlandschaft**, ein Name, der auf die Abgrenzung von Anwesen durch Baumzeilen hinweist.

Leibls ›Drei Frauen in der Kirche‹, in Berbling gemalt

Leibl in lichtlosen Bauernstuben

Auch wenn der Kölner Maler **Wilhelm Leibl** (1844–1900) kein bayerisches Wort zuwege brachte, waren ihm die Bauern und Bäuerinnen des Oberlands herzlich zugetan und saßen ihm geduldig Modell. Nach Studium und wenigen Jahren in München verbrachte der passionierte Jäger sein Sommerleben hier: im Dachauer Land, am Ammersee, in Berbling (1878–81), Aibling (1881–91) und Kutterling bei Bad Feilnbach (1892–1900). Mühevoll entstanden seine Bilder in engen, lichtlosen Bauernstuben. Das Heimatmuseum in *Bad Aibling* bewahrt die Einrichtung seines Kutterlinger Ateliers. In *München* sieht man im Lenbachhaus und in der Neuen Pinakothek viele seiner zupackenden Porträts von Bauern, Städtern und Malerfreunden.

i Praktische Hinweise

Hotel

*****Landgasthof Alter Wirt**, Miesbacher Str. 2, Weyarn, Tel. 0 80 20/90 70, Fax 0 80 20/15 15, www.alter-wirt.com. Haus mit Tradition und gutem Restaurant inklusive Biergarten.

Geschweift wie ihr Baukörper ist auch der Innenraum der Berblinger Kirche, eine der schönsten Dorfkirchen Oberbayerns

Dreifaltigkeitskirche Weihenlinden, ein beliebtes Wallfahrtsziel im stillen Mangfall-Landstrich

40 Berbling

Drei berühmte Bäuerinnen in einer böhmisch-bayerischen Dorfkirche.

Das reizvoll zwischen Moor und Moränen liegende Dorf mit seinen regellos stehenden Höfen und wilden Bauerngärten beherbergte vier Jahre lang Wilhelm Leibl, der wie besessen in der **Dorfkirche** an ›*Die drei Frauen in der Kirche*‹ (1881) malte. Das Bild wurde berühmt, die Kirche aber ist bis heute wenig bekannt – trotz ihrer Originalität und Schönheit.

Weiß-gelb, allseits geschweift, dennoch voller Spannung, überhöht ihr Baukörper mit doppelt gekurvter Haube die Höfe. Die Kurve ist ihr Element! Auch ihr Raum pulsiert in aus- und einschwingender Bewegung. Die Querovale von Vorhalle und Chor nehmen das gestreckte, in der Mitte eingezogene Achteck zwischen sich. Durch Pilaster und Arkaden entsteht ein kurvierter Acht-Arkaden-Raum mit originellen Architekturdetails, wie etwa den Kerben an den Wandpfeilerköpfen oder den dreiteiligen Fenstern: überraschenderweise böhmische Elemente. Es liegt deshalb nahe, den Entwurf einem Mitglied der in Böhmen tätigen, aus der Brannenburger Gegend stammenden Baumeisterfamilie Dientzenhofer zuzuschreiben. Die Landmeister Philipp Millauer und Hans Thaller betreuten die Ausführung der Kirche 1751–56.

Der *Stuck*, die auf die Kreuzeslegende bezogenen *Fresken* von Martin Heigl, die *Altäre* und *Figuren* des Günther-Schülers Joseph Götsch haben Teil an der Geschmeidigkeit dieses ›Rokokogewächses‹, nicht minder die von Leibl malerisch so verklärten *Bänke*. Schön, dass hier eine Kopie des in der Hamburger Kunsthalle hängenden Originals eine Ahnung von der Eindringlichkeit, Detailkostbarkeit und Wahrhaftigkeit seines Gemäldes gibt, dessen Vollendung übrigens gefährdet war, als ein neuer Pfarrer Leibl verbot, in der Kirche zu malen; der kunstsinnige Prinzregent rettete die Situation. Und übrigens – ob man im *Landgsthof Oberwirt* (Gröbener Str. 2, Berbling, Tel. 0 80 61/49 75 60, Mo geschl.) damals schon so gepflegt essen und trinken konnte wie heute?

Der Mangfall-Landstrich ist ein Winkel der Wallfahrtsheiligtümer. Nur auf zwei der bekanntesten sei hingewiesen. In der Dreifaltigkeitskirche **Weihenlinden,** wenige Kilometer nördlich von Berbling, wird eine *Madonna* des 15. Jh. verehrt. Als man 1657 für den Pilgerandrang eine Barockbasilika baute, bezog man die schon bestehende Gnadenkapelle in ihren doppelstöckigen Hochaltar ein – eine höchst eindrucksvolle Lösung!

Mariä Himmelfahrt in **Tuntenhausen,** noch ein Stückchen weiter nördlich, ein alter und heute noch viel besuchter Marienwallfahrtsort, war das Lieblingspilgerziel der Wittelsbacher, besonders Kurfürsts Maximilians I. Auf dessen Veranlassung schufen Münchner Hofkünstler den heutigen, an den gotischen Beständen orientierten weiträumigen Frühbarockbau und einen glanzvollen *Hochaltar* für das edle Frührenaissance-Gnadenbild der ›Mächtigen Jungfrau von Tuntenhausen‹ (1548).

Rosenheim und andere eigenwillige Inn-Schönheiten

Als wichtige **Verkehrsverbindung** zwischen Tirol und Bayern, Oberitalien und dem Donaugebiet bestimmte der Inn jahrhundertelang das Wohl und Wehe der von ihm berührten Orte. Weine und Erze, Salz und Seide glitten stromabwärts, Korn fürs getreidearme Tirol wurde stromaufwärts gezogen, in den Türkenkriegen schiffte sich Kurfürst Max Emanuel mit Tausenden bayerischer Soldaten in Wasserburg, der »Innlände Münchens«, nach Wien und Ofen ein, türkische Gefangene und Haremsdamen kamen retour. So war der Inn Handelsvermittler und Heerführer, Cicerone für Reisende und Arbeitgeber für ein Dutzend Gewerbe, dazu auch noch Baumeister ›seiner‹ Städte, deren kubische **›italienische‹ Schönheit** einer – Feuerschutzmaßnahme entsprang.

Gemächlich fließt er zwischen der Grenze und **Rosenheim** durch eine wechselvolle ›Urlaubslandschaft‹, breiter bis **Wasserburg** durch heiteres Bauernland, um dann so viele Mäander einzulegen, als wolle er möglichst lang in den stillen Gebreiten rollender Hügel und flaschengrüner Auen verweilen. Vor Mühldorf erreichen ihn die bewaldeten Ausläufer der Schotterebene am Zusammenfluss mit der Salzach. Die ihm im Schicksal so Gleichende begrüßt die Vereinigung mit einem Trommelwirbel: **Burghausen**.

41 Rosenheim und südlicher Inn

Salz und Holz, Bierbrauer und Schiffmeister: die Stadt, lebendiges Zentrum ihres veilseitigen Umlandes.

Der Name der Rose fiel Rosenheim aus dem Wappen eines im 13. Jh. hier residierenden Geschlechts zu – ein poetischer Zufall, denn seine Keimzelle ist weit älter. Es war die etwas nördlich gelegene römische Innbrücke Pons Aeni. Als diese an die Einmündung der Mangfall in den Inn verlegt wurde, entstand am linken Ufer der Markt. Entwicklungsimpulse gaben im 15. Jh. das Anschüttrecht, das gebot, alle passierenden Waren hier feilzubieten, im 16. Jh. das Salzniederlagerecht, 1810 die Verlängerung der Soleleitung bis hierher, Mitte des 19. Jh. die Einbindung ins Eisenbahnnetz Rom–München, Paris–Wien, heute ans Autobahnnetz. So ist die Stadt ein umtriebiger Mittelpunkt von Produktion, Handel und Ausbildung geworden, spezialisiert auf Holzwirtschaft und die dazugehörigen Einrichtungen wie Holzbörse und Holzfachschule.

Dem **Max-Josefs-Platz**, einst ›gute Stube‹ der Schiffmeister, Bierbrauer, Handelsherren, sieht man die charakteristische Inn-Salzach-Bauweise an, mag er auch baulich stark überformt sein, weil die Stadt einst arg unter Bränden zu leiden hatte. Vom spätgotischen Portal bis zur Rokoko-Fassade, vom tiefen Flötz bis zum Renaissancehof gibt es genug Altes zu entdecken. Das barockbehäbige, ursprünglich gotische **Mittertor**, einzig erhaltenes Stadttor, beherbergt das **Städtische Museum** (Ludwigsplatz 26, Tel. 0 80 31/79 89 94, Di–Sa 10–17, 1., 3. und 5. So im Monat 13–17 Uhr) mit Exponaten zur Geschichte der Region von der Römerzeit bis ins 20. Jh. Dokumentiert werden Kunst und Volksfrömmigkeit, Handwerk und Wohnkultur. Die **Stadtpfarrkirche St. Nikolaus** gleicht außen einer neogotischen Zuckertorte, aber im hohen Hallenraum wurde die ›alte‹ Gotik wieder hergestellt, sind schöne Grabplatten und eine feine Schutzmantelmadonna von 1514 zu bewundern.

Reiche Bierbrauer ließen sich Kapellen ans Haus bauen, so Hans Stier 1449 die **Heilig-Geist-Kirche** ans mächtige Anwe-

Rosenheims Zentrum: Max-Josefs-Platz mit Bergmeisterhaus und St. Nepomukbrunnen

sen am Platz. Im oberen Raum der Doppelkapelle, der durch ein Fresko gotische Kirchenarchitektur vortäuscht, ist ein interessantes ›Volto Santo‹-Bild das Zentrum: Christus am Kreuz in Tunika und mit Krone lässt einem gläubigen Spielmann seinen goldenen Pantoffel zugleiten. Hinterm Geiger kniet der Stifter.

Ein anderer Brauer stellte die barocke **Rossackerkapelle** (Am Rossacker 5) neben seinen Bierkeller und holte sich keinen geringeren Freskanten als Johann Zick, der ihm 1737 derbfarbige Magdalenenszenen unter die Decke malte.

Noch reicher lebten hier aber die Herren der Innflotten, deren berühmtester Johann Rieder war, Schiffmeister des Kurfürsten Max Emanuel, dessen Hochzeitsflotte nach Wien er 1685 zu einem wahren Triumphzug des Luxus ausstaffierte. Überhaupt ist die *Innschifffahrt* vom Schiffsbau bis zur derben, fantasievollen Sprache ein verwegenes Stück Kulturgeschichte, ungemein sehenswert im **Inn-Museum** (Innstr. 74, Tel. 0 80 31/3 15 11, April–Okt. Fr 9–12, Sa/So 10–16 Uhr) im alten Flussmeisterstadel ausgebreitet.

Ausstellungen sind insgesamt nicht zu knapp: In Rathausnähe gibt es den viel besuchten **Lokschuppen** (Rathausstr. 24, Tel. 0 80 31/3 65 90 36, Mo–Fr 9–18, Sa/So 10–18 Uhr) mit großen kulturhistorischen Wechselausstellungen. Die **Städtische Galerie** (Max-Bram-Platz 2, Tel. 0 80 31/36 14 47, Di–So 10–17 Uhr) wiederum präsentiert sechs Wechselausstellungen im Jahr zur Kunst des 19.–21. Jh. Die Geschichte der Holztechnik zeigt das **Holztechnische Museum** (Max-Josefs-Platz 4, Tel. 0 80 31/1 69 00, Di–Sa 10–17, jeden 2. und 4. So im Monat 13–17 Uhr) anhand heimischer Nutzhölzer.

Kirchen am Stadtrand

Die **Wallfahrtskirche Heilig Blut am Wasen** an der südlichen Peripherie wird man sich wegen des zärtlich-würdevollen *Gnadenstuhls* aus dem Umkreis des Meisters von Rabenden nicht entgehen lassen, und die knapp über dem Boden schwebende ›orientalische‹ Halbzwiebel von *Heilig Kreuz* in **Westerndorf** etwas südwestlich scheucht die Neugier ohnedies auf. Die Zwiebel ist keine Haube,

Typische Innstadtzeile in Neuötting

Wie Inn und Salzach Städte bauten

Palazzoartige Häuser mit horizontal abschließenden **Vorschussmauern** und rundbogig geöffnete **Laubengänge** im Erdgeschoss kennzeichnen Städte an Inn und Salzach. Meist von lang gezogenem Grundriss, den das Flusstal vorgab, weitete sich die Hauptstraße zwischen den Toren zum langen, breiten Platz. Die Bürgerhäuser gaben Giebel und Vordach auf und fügten sich zu **geschlossenen Platzfronten** mit durchlaufender Feuermauer, die bis zur Firsthöhe hochgezogen wurde, um die Feuerleitern leichter anlegen zu können. Dahinter verbargen sich die ›**Grabendächer**‹: je zwei zur Dachrinne in der Mitte der Fassade (!) abfallende Pultdächer. Und da der Schutz des Vordachs wegfiel, wurde (am Inn, nicht an der Salzach) das Erdgeschoss zum Bogengang ausgebaut, in dem die Waren-Auslagen und der Fuß bei Regen trocken blieben. Flache Erker und stattliche Portale bildeten den einzigen Schmuck der tiefen, schmalen Häuser mit ihren geräumigen Hausfluren (›Flötze‹) und Werkstätten (›Gewölbe‹) im Erdgeschoss.

sondern der Baukörper selbst, originär bayerisch, eine der Exzentrizitäten des Münchners Konstantin Pader. Im Kreisgrundriss steckt ein griechisches Kreuz: Vier dreiviertelkreisförmige Apsiden umgeben einen quadratischen Mittelraum. Georg Zwerger, von dem wir wiederholt hörten, hat Paders Entwurf 1668 realisiert und den brillanten *Schlierseer Stuck* geschaffen, dessen Motive ebenfalls auf das Heilige Kreuz anspielen. Das Figurenwerk der Altäre schuf Blasius Maß 1680.

Samerberg

Auch die Leute am Samerberg südöstlich von Rosenheim waren auf den Inn bezogen. Da der Boden sauer war, züchteten sie Rosse und beluden sie mit Salzfracht. ›Saum‹ hieß das Gewicht einer Traglast, ›Säumer‹ oder ›Samer‹ der Beruf – und der taufte den Berg. Als sich die Samer im 18. Jh. als Schiffreiter am Inn anheuern ließen – stromaufwärts mussten die Schiffszüge durch berittene Pferde gezogen werden –, wurde ihr karges Leben heroben erträglicher. Die Berginsel, einziger Vorposten der Chiemgauer Alpen im Westen, ist eine sanft geformte, fast elegische Landschaft mit Weilern und Einöden und kantigen Hügelkirchen. Das schöne **Törwang** mit seinen lüftlbemalten Häusern ist der Sitz der Gemeinde, von **Grainbach** aus führen eine Kabinenbahn und ein Sessellift zur Hochries (1569 m) mit schönem Ausblick in die Bilderbuchlandschaft, in **Rossholzen** lernt man in der Bartholomäuskirche kraftvoll realistische Inntal-Skulptur kennen.

Innaufwärts bis Kiefersfelden

Das schmucke **Neubeuern** blickt von einem weit ins Tal vorgeschobenen Felsrücken nah beim Fuß des Samerbergs auf den Inn, dem es einstiges Wohlergehen verdankt. Seinem altbayerischen *Straßenplatz* mit einigen Innstadt-Elementen hat nach Brandzerstörungen Gabriel von Seidl Ende des 19. Jh. mit seiner ›Heimatbauweise‹ wieder ein Barockgesicht verschafft, heute ein Besuchermagnet. In diesem Sinne hat er auch das *Schloss* erneuert, ursprünglich eine Burg, nach der der Felsen förmlich verlangte. Aus der für den Ort wohltätigen Herrschaft der Grafen von Preysing vom 17. bis 19. Jh. blieb die kostbare Rokokokapelle der Brüder Gunetzrhainer mit Werken Joh. Baptist Zimmermanns und Joseph Götschs erhalten, allerdings ist sie schwer zugänglich, da das Schloss heute ein Landschul-

Steinkirchen am Samerberg – sanft geformte Bilderbuchlandschaft südlich Rosenheims

heim beherbergt. Nach der Wende zum 20. Jh., damals im Besitz des Barons Jan von Wendelstadt, war es ein Treffpunkt europäischer Geistigkeit mit Gästen wie Hugo von Hofmannsthal, Rudolf Borchardt, Rudolf Kassner, Walter Rathenau, Max Reinhardt u. a.

An der landschaftlich reizvollen Straße innaufwärts reiht sich ein Luftkurort an den anderen. In **Brannenburg** startet die Wendelsteinbahn [s. S. 108], und vom Ortsteil *Degerndorf* führt eine Mautstraße zur Tatzelwurm-Klamm [s. S. 107]. Dorthin geht auch die Tatzelwurm-Straße von

Heiteres Neubeuern zu Füßen des Schlosses, das heute ein Landschulheim beherbergt

Oberaudorf, das u. a. Ausgangspunkt für Wanderungen aufs Hocheck (823 m) und weiter auf den Brünnstein (1620 m) ist. Architekturfreunde und Böhmen-Kenner wird westlich des Kirchleins *St. Margarethen* über dem genannten Degerndorf der gut erhaltene Bauernhof ›Zum Gugg‹ von 1542 (!) interessieren, in dem die fünf Brüder Dientzenhofer aufwuchsen – Christoph, Leonhard, Johann, Georg und Wolfgang – allesamt im 17. und 18. Jh. berühmte Architekten in Franken und Böhmen; der wohl genialste, Kilian Ignaz, Sohn des Christoph, prägte Prags Barock.

Nach einstündigem Aufstieg zum **Petersberg** (847 m) oder Kleinen Madron, einem Vorberg des Riesenkopfs im Süden von Flintsbach, kann man sich den allerschönsten Überblick über das Inntal bis nach Tirol hinein verschaffen. Zwischen Hochwald und Wiesen leuchtet hier der Kubus eines romanischen *Kirchleins* (1139), das außen durch sein mit Widder und Bär geschmücktes Rundbogenportal und ein vierschrötiges Petrusrelief aus der Erbauungszeit urtümliche Kultplatz-Stimmung beschwört, mögen auch innen Renaissance und Barock mit Kassettendecke und Knorpelwerkstil herrschen. Ehrwürdige Ausnahme: ein Kruzifix des 13. Jh. Die ehem. Freisinger Propsteikirche zog mit ihrer Petrusreliquie lange Zeit Wallfahrer an: Gnadenbild ist eine spätgotische Petrus-Skulptur. Das frühere Propsteigebäude dient heute als Gasthof. Zum Hohen Asten (1108 m) dauert es von hier aus 1 Std.

Unmittelbar am Inn gelegen und erst eine Gründung des Barock von 1731 ist hingegen das **Kloster Reisach** bei Niederaudorf. Dem herben Außenbau nach

Entwürfen von Johann Baptist Gunetzrhainer entspricht das Kircheninnere, ein nach Art des Ordens ohne Stuck und Deckengemälde gehaltener Saalraum. Sein Glanz freilich sind die vier noblen, säulen- und retabellosen Rokoko-Seitenaltäre des großen Joh. Baptist Straub von 1757. Das Klostergebäude wird seit Anbeginn von Karmelitern bewohnt.

Kiefersfelden und **Flintsbach** schließlich machen Bauerntheater! Die *Ritterspiele Kiefersfelden* gibt es seit 1618. Sie zeigen heute mit ihren Ritterstücken des 19. Jh. altbayerisch-tirolerisches Volksschauspiel in historischer Spielweise auf einer Barockdrehbühne und erfreuen sich außergewöhnlicher Beliebtheit. Weniger touristisch orientiert ist das ebenfalls schon 1675 entstandene, auf Karfreitagsspiele zurückgehende *Volkstheater Flintsbach*, das Ritterspiele und Schwänke aufführt.

i Praktische Hinweise

Information: Touristinfo, Kufsteiner Str. 4, Rosenheim, Tel. 0 80 31/3 65 90 61, Fax 0 80 31/3 65 90 60, www.touristinfo-ro.de. – Kur- und Tourismusverband Wendelstein, Bahnhofstr. 5, Bad Feilnbach, Tel. 0 80 66/8 87 56, Fax 0 80 66/8 87 57

Kultur

Herbstfest, www.herbstfest-rosenheim.de. Ende Aug.–Mitte Sept. findet ein großes Volksfest nach Art des Münchener Oktoberfestes statt.

Ritterspiele Kiefersfelden, Tel. 0 80 33/97 65 45, www.kiefersfelden.de. Juli–Aug. in der Regel Fr/Sa 19 und So 13.30 Uhr

Volkstheater Flintsbach, Tel. 0 80 34/83 33, www.volkstheater-flintsbach.de, Spielzeit Juni–Aug.

Hotels

****Panorama Cityhotel**, Brixstr. 3, Rosenheim, Tel. 0 80 31/30 60, Fax 0 80 31/30 64 15, www.panoramacityhotel.de. Modernes Hotel mit freundlich gestalteten Zimmern.

***Goldener Hirsch**, Münchener Str. 40, Rosenheim, Tel. 0 80 31/30 43 60, Fax 0 80 31/3 04 36 29, www.goldenerhirsch.de. Komfortables Hotel mit guter Küche.

***Hotel Zur Post**, Dorfplatz 14, Rohrdorf, südl. von Rosenheim, Tel. 0 80 32/18 30, Fax 0 80 32/58 44, www.post-rohrdorf.de. Günstig gelegene Herberge. Umfangreiche Tageskarte. Angenehme Zirbelstube.

Panoramahotel Grafenburg, Mühlauer Str. 11, Kiefersfelden/Oberaudorf, Tel. 0 80 33/9 23 30, Fax 0 80 33/92 33 66, www.panoramahotel-grafenburg.de. Komfortable Zimmer, gute internationale Küche, Blick aufs Kaisergebirge.

Restaurants

Fischküche Bierbichler, Gillitzerstr. 10, Rosenheim, Tel. 0 80 31/3 27 61. Gedrängt und gemütlich bei Weißbier, Fisch und anderer kräftiger Kost.

Haschlalm, Marktplatz 21, Neubeuern, Tel. 0 80 35/87 62 00. Restaurant und Café mit schönem Blick aufs Inntal (Di geschl.).

Weinhaus Zum Santa, Max-Josefs-Platz 20, Rosenheim, Tel. 0 80 31/400 00 79. Gehobene Bayerische Küche in gehobenem historischen Ambiente.

Im Rosenheimer Inn-Museum wird die Mühsal bergwärts geschleppter Schiffzüge gezeigt

42 Rott am Inn

Rokoko in abgeklärter Vollendung: ein Spitzenwerk des 18. Jh.

Nein, auch die **Pfarrkirche St. Marinus und Anianus** verrät, wie es oft bayerische Bauart ist, von außen nichts. Wenig repräsentabel ihre Lage, schlicht ihre Fassade. Innen aber gleicht sie einem kunstvoll geformten Porzellangefäß von gestochener, kühler Grazie.

Ein Traumteam hatte sich 1759–63 hier zusammengefunden, um an die Stelle der romanischen Kirche der damals renommierten, der Theologie, Philosophie und Astronomie obliegenden *Benediktinerabtei* einen Neubau zu setzen (mit Konzessionen an den alten). Joh. Michael Fischer, 68-jährig, variierte in diesem letzten seiner großen Werke nochmals sein Lieblingsthema der *Kombination von Längs- und Zentralraum.* Er stellte einen Achteckraum in die Mitte einer dreischiffigen Langhausanlage und legte in den Diagonalen von Emporen durchbrochene, lichtflutende Nebenräume um das Oktogon, das in der Flachkuppel zur Rotunde übergeführt ist. Nicht Raumverschleifung, sondern klare Raumgliederung von musikalischer und mathematischer Harmonie prägt dieses Werk an der Grenze zwischen Rokoko und Klassizismus.

Mit dramatischen Kompositionen in kühl-heller Farbigkeit überwölben die *Fresken* Matthäus Günthers, das Langhaus, in der Kuppel mit der Darstellung der ›Glorie des Benediktinerordens‹ (nach dem Entwurf Holzers, s. S. 68), im Osten des ›Todes des Marinus‹, im Westen des ›Todes des Anianus‹. Und *Ignaz Günther*, damals 34 Jahre alt, wirft mit seinem Figurenwerk einen sinnlichen Gestaltenreichtum in die Räume, der vom Kaiser bis zum Knecht, von feiner Psychologie bis zu verzückter Überspanntheit reicht. Man sehe nur die kokette, hoch gestimmte Damenhaftigkeit der *Kaiserin Kunigunde* (Hauptaltar), die müde Spätlingsarroganz *Kardinal Damians*, dessen Hut sich der Putto anprobiert (westlicher Hauptraum links) oder die vierschrötige Demut der *hll. Notburga und Isidor* (westlicher Hauptraum rechts). Nach Günthers Entwurf hat der Südtiroler Joseph Götsch aus Aibling trefflich, wenn auch erheblich naiver, viele Figuren ausgeführt, etwa die hll. Elisabeth, Sebastian, Ambrosius u. a. Der vornehm-elegante *Stuck* der Wessobrunner Franz Xaver Feichtmayr und Jakob Rauch macht die Virtuosität des Ganzen komplett, an dem freilich noch einige Lokalmeister teilhatten.

Die Pfarrkriche St. Marinus und Anianus von Rott am Inn bevölkern köstlich charakterisierte Figuren von Ignaz Günther, hier Kardinal Damian mit Putto

Einen Katzensprung weiter nördlich liegt stimmungsvoll in den Auen auf der anderen Innseite das alte Dominikanerinnenkloster **Altenhohenau**, für das Ignaz Günther 1767 drei Altäre und Matthäus Günther Chorfresken und Altargemälde schuf.

43 Wasserburg

TOP TIPP *Mittelalterliches Stadtwunder, vom Inn umarmt und beschützt.*

Mit hellen, zerklüfteten Steilwänden auf der rechten, Sandbänken auf der linken Seite umschlingt der Inn die Stadt derart, dass er sie schier zur Insel macht. Wen wundert's, dass er ihr Schicksal war. Denn solange er eine wichtige Wirtschaftsverbindung darstellte, daher auch die Salzstraße herbeizog, überdies hier als Münchens Handels- und Kriegshafen diente, zeugte die Umarmung Reichtum. Doch als andere Transportmöglichkeiten wichtiger wurden, Rosenheim gar noch die Saline wegschnappte, zerrann das Glück. Nicht aber die spätgotische Schönheit.

Die waagrechte Monumentalität und zugleich Dichte der Innstadt-Bauweise mit ihren saalartigen Straßenzügen, das Malerische von Türmen, Zinnen, Lauben, Erkern, pastellenen Farbfronten ist fast unangetastet geblieben. Eindrucksvolle Gesamtansichten hat man von der so genannten **Schönen Aussicht** am Kellerberg auf der rechten Seite, oder vom höchsten Punkt, der **Burg am Wasser** (innen nicht zu besichtigen), die auf der schmalsten Stelle der Landverbindung liegt. Im 12. Jh. von Hallgraf Engelbert über einem runden Fischerdörfchen errichtet, fiel sie mit dem Besitz der Siedlung 1248 an die Wittelsbacher, die beides ausbauten.

Beim Stadtbummel wird stehen gebliebene Zeit allenthalben sichtbar, vor allem in Schmidzeile, Ledererzeile, Nagelschmiedgasse, auf Hochglanz poliert natürlich am **Marienplatz**. Aus seinen geschlossenen Fronten schert das **Rathaus** (Marienplatz, Tel. 08071/1050, Führungen Sept.–Juli Di–Fr 10, 11, 14, 15, 16 Uhr, Sa/So 10 und 11 Uhr) mit seinen beiden Treppengiebeln aus, das in seiner unterschiedlichen ›Doppelarchitektur‹ einst Ratsstube, Tanzhaus, Brothaus und Kornschranne vereinigte (Baumeister Jörg Tünzl, 15. Jh., Wandmalereien innen von 1564 und 1905), ebenso die **Frauenkirche** aus dem 14. Jh., innen barockisiert, in der am Hochaltar eine der berückendsten Madonnen des ›Weichen Stils‹ (um 1430) zu finden ist. Das **Kernhaus**, wiewohl eingebunden, platzt dennoch schier heraus durch seine Ausmaße und seinen brillan-

Vom Inn gerahmt: Wasserburgs schönes spätgotisches Stadtbild hat sich erhalten

ten Frührokokostuck (1740) von Joh. Baptist Zimmermann, ›drunter‹ taten's die darin wohnenden Patrizier nicht. Das zinnenbekrönte Ensemble von **Bruckgasse und Brucktor** vor der (einzigen) Innbrücke schuf Stadtbaumeister Wolfgang Wiser 1470.

Beherrschend wie die Burg ragt die **Stadtpfarrkirche St. Jakob** auf, ein Hallenbau mit steilem Satteldach und kantigem Turm. Das Langhaus bauten der geniale Hans von Burghausen, Meister der Landshuter Kirche, sowie sein Neffe Hans Stethaimer 1410–45; Stefan Krumenauer und Wolfgang Wiser vollendeten Chor und Turm 1445–78. Das Hauptwerk in der Kirche ist die bravouröse spätmanieristische *Kanzel* der Brüder Martin und Michael Zürn, die 1636 ihrem Bruder David aus Waldsee im Württembergischen hierher folgten. Gemeinsam vollendeten die drei den Auftrag schon 1638, trotz Anfeindungen heimischer Kollegen. Dem feingliedrigen Aufbau entspricht die preziöse Behandlung der Figuren, so sensibel instrumentiert in Physiognomie und Gestik wie in Faltenwurf und Drehlocken. An der Brüstung befinden sich Christus, die Vier Evangelisten, Franz von Assisi, auf dem Schalldeckel Kirchenlehrer, Engel, Muttergottes und Jakobus. Innen wie an den Außenwänden der Kirche sind qualitätvolle *Grabplatten* der Patrizier zu studieren.

Patrizier, Künstler, Handwerker werden im schönen spätgotischen Bürgerhaus des **Städtischen Museums im Heimathaus** (Herrengasse 15, Tel. 0 80 71/92 52 90, www.heimatmuseum-wasserburg.de, Mai –Sept. Di–Fr 10–12 und 13–17, Sa/So 11–17 Uhr, Okt.–April Di–Fr 13–16, Sa/So 13–15 Uhr, Jan. geschl.) durch Porträts und Dokumente wieder lebendig, zumal Wohn- und Handwerkskultur von Bürgern und Bauern Hintergrund schafft. Hervorhebenswert ist die Sammlung sakraler Skulptur. Südlich direkt an der Innbrücke präsentiert das **Erste Imaginäre Museum** (Bruckergasse 2, Tel. 0 80 71/43 58, Di–So 13–16 Uhr) interessante Nachschöpfungen europäischer Kunstwerke vom Mittelalter bis in die Gegenwart.

Brillanteste Rokokostuckfassade Oberbayerns – das Kernhaus in Wasserburg

Mit 1500 Exponaten eine Fundgrube zur Stadtgeschichte ist das **Wegmacher-Museum** (Herderstr. 1, Tel. 0 80 71/9 18 50, Mo–Do 8–11.30 und 13–15.30, Fr 8–11.30 Uhr) in der Straßenmeisterei am südlichen Stadtrand.

i Praktische Hinweise

Information: Verkehrsbüro Rathaus, Marienplatz 2, Wasserburg, Tel. 0 80 71/1 05 22, Fax 0 80 71/1 05 70, www.wasserburg.de

Wassersport

Badria, Alkorstr. 14, Wasserburg, Tel. 0 80 71/81 33, www.badria.de, tgl. 9–21 Uhr. Freizeitzentrum mit Frei- und Hallenbad.

Hotel

Hotel Fletzinger, Fletzingergasse 1, Wasserburg, Tel. 0 80 71/9 08 90, Fax 0 80 71/9 08 91 77, www.hotel-fletzinger.de. Komfortables Hotel mit Restaurant, Biergarten und Bar.

Restaurant

Herrenhaus, Herrengasse 17, Wasserburg, Tel. 0 80 71/28 00. Restaurant im spätgotischen Bürgerhaus mit dem neu eröffneten Gewölbekeller. Geboten wird regionale Küche mit Wild- und Fischspezialitäten (Mo geschl.).

44 Gars, Au, Altmühldorf und Mühldorf

Zwei Inntal-Klöster, ein Goldgrundgemälde und ein Musterbuch der Architektur.

Dem *Stampflberg* über Au – auf dem ein malerisches Burggemäuer aufragt, einst Sitz der Klostervögte Grafen von Mögling – liegt die Landschaft der tanzenden Inn-Windungen zwischen sandigen Steilwänden bezaubernd zu Füßen. Um das Klostergebäude mit der barock behelmten, gelben und rot bebänderten Doppelturmkirche in der Talsenke zieht sich die Flussschleife fast zu. Auch das westlich benachbarte Kloster Gars setzt mit seiner weißen Doppelspitzturmkirche einen Akzent ins stille Bauernland.

Beide Klöster wurden im 8. Jh. als Priesterzellen gegründet, fielen dann der Abtei St. Peter in Salzburg zu, sind im 12. Jh. zu Augustinerchorherrenstiften umgewandelt und nach Zerstörungen im Dreißigjährigen Krieg neu erbaut worden. Die großartigen Rotmarmor-Grabplatten für Stifter und Pröpste, vielfach Salzburger Arbeiten, blieben beiden als Kostbarkeiten erhalten. In Gars sind seit 1858 Redemptoristen untergebracht, die Lehrerfortbildung und Internat betreuen, in Au wiederum sind seit 1854 Dillin-

Akzent in grüner Talsenke – die doppeltürmige Klosterkirche Au

ger Franziskanerinnen beheimatet, die eine Sonderschule unterhalten.

Die **Klosterkirche Gars** (1661/62) zeigt sich hinter der schmalen Fassade als gedrungene, sparsam dekorierte Wandpfeileranlage mit Emporen. Baumeister waren die Graubündner Christoph und Caspar Zuccalli, die etwas trockene Deckenmalerei schuf der Münchner Benedikt Albrecht, das Maria-Himmelfahrt-Bild im wandfüllenden Hochaltar Hofmaler Karl Pfleger. Hervorragend sind die *Kreuzigungsgruppe* (1762) von Christian Jorhan links im Langhaus und eine *Pietà* (um 1430) des ›Weichen Stils‹ in einem rechten Seitenaltar. Die schönsten *Epitaphien* befinden sich beim südlichen Eingang: feine Psychologie und großflächige Gewandbehandlung bei Propst Hinterkircher (1420), brillant gearbeitete Ritterrüstung bei Georg von Fraunberg (1436).

Ist die **Klosterkirche Au** (1722) von einheimischen Maurermeistern auch nach demselben Raumschema gebaut worden, womöglich noch gedrungener in den Proportionen, so wirkt sie doch fröhlich-festlich durch den reichen farbigen *Spätbarock-* und *Rokokostuck* und die attraktive, von einer Laterne überkuppelte und befensterte *Rotunde* des Chors mit ihrem wirkungsvollen Lichteinfall. Das *Hochaltarbild* ›Mariä Himmelfahrt‹ mit den Medaillons der hl. Felicitas und ihrer sieben Söhne, Patrone der Kirche, malte 1796 der Burghausener Joh. Nepomuk della Croce. Von den *Grabdenkmälern* seien wiederum nur zwei genannt: vorne rechts jenes für Propst Häckhl mit rarer Darstellung von Pietà, Gottvater und Taube (1530), vorne links der elegante Rokoaufbau von Joh. Baptist Straub für die Gräfin Toerring (1756).

Pietà des ›Weichen Stils‹ in Gars, um 1430

Wer das schönste Gemälde dieses Landstrichs entdecken will, findet es in der spätgotischen *Pfarrkirche* von **Altmühldorf** an der Stelle des Hauptaltars: eine ›Kreuzigung‹ (um 1410), die Farb- und Linienschmelz des italienischen wie böhmischen ›Weichen Stils‹ vereint, die linke Gruppe der Trauernden in italienischer Umarmungsgebärde, rechts der Hauptmann von Kopf bis Fuß böhmisch. Beide Vorbilder hat der Salzburger Maler verarbeitet und der altbayerischen Malerei weitergegeben. Auch der Flügelaltar der ›Passion Christi‹ (1511) im rechten Seitenschiff vom Meister von Mühldorf ist aufregend in seiner zupackend expressiven Donauschul-Malerei.

Mühldorf, Innübergang schon zur Römerzeit, Salzniederlage im Mittelalter, lange Zeit Salzburger Enklave in Bayern, bietet das schiere Musterbuch des Innstadtstils mit seinem langen, leicht gebogenen Straßenmarkt zwischen zwei Toren und seinen Bürgerhäusern des 15. bis 17. Jh., die sich an der Nordseite mit dem Rathaus in Erdgeschosslauben öffnen.

Die Heilige Kapelle von Altötting mit dem verehrten Gnadenbild, flankiert von der Silberfigur des Kurprinzen Max Josef (rechts) und des Kapuzinerbruders Konrad von Parzham

45 Altötting

Eine Stadt im Dienste der Schutzpatronin Bayerns.

Was seit 400 Jahren Abermillionen Menschen nach Altötting zieht, ist eine kleine, herbe, rußgeschwärzte Muttergottesstatue, umhüllt von barockem Ornat, dichter noch vom Wunderglauben Heilsuchender, am dichtesten aber vom Nimbus eines bayerischen Nationalheiligtums. Der Platz, wo ihre Kapelle steht, ist die Keimzelle des Orts: Hier lag ein germanischer Thing-Platz (daher der Ortsname!), im 8. Jh. ein Gutshof der Agilolfinger, im 9. Jh. der Hof des Karolinger-Königs Karlmann mit Chorherrenstift und Kirche, im 10. Jh. das Witwengut Kaiserin Kunigundes, vom 11. Jh. an der Amtssitz der Wittelsbacher. Die Gnadenkapelle selbst stammt schon aus dem 8. Jh., war wohl die Haus- oder Taufkapelle des Hofs. Von 1490 an wurde dem um 1300 entstandenen Gnadenbild Wunderwirkung nachgesagt, die Wallfahrt setzte unmittelbar ein und nahm in der Gegenreformation politisch-nationale Dimensionen an, als Kurfürst Maximilian I. die ›**Schwarze Madonna**‹ von Altötting zur *Schutzpatronin Bayerns* erklärte und sein Feldherr, Graf Tilly, ihr Bild auf seine Fahne heftete. Die Wittelsbacher Fürsten, die Habsburger Kaiser, der Adel Böhmens pilgerten ebenso hierher wie die Nachbarbauern, jene beladen mit Kleinodien oder Silber im Körpergewicht des Devotanten, diese mit Vieh oder Wachs (dafür lieh Altötting dem Hof auch mal Geld zum Kriegführen). Die **Gnadenkapelle** (tgl. 5.30–20.30 Uhr) inmitten des Kapellplatzes wirkt denkbar bescheiden; ihr achteckiger Bau, einer der ältesten Deutschlands, ist durch ein spätgotisches Langhaus mit Umgang ergänzt. Natürlich dominiert im Inneren die Fülle der Votivgaben. Den Gold- und Silberaltar des *Gnadenbilds* flankieren rechts die lebensgroße hochelegante *Silberfigur* (Wilhelm de Groff, 1737) des Kurprinzen Max Josef, der von schwerer Krankheit genas, links die des heilig gesprochenen Kapuzinerbruders Konrad von Parzham (Georg Busch, 1931). In den Nischenvitrinen befinden sich die *Urnen* mit Herzen der Wittelsbacher, darunter die Kaiser Karls VII. und seiner Gemahlin (Denkmalsgruppe von Joh. Baptist Straub, 1748) sowie die Ludwigs II.

Der weite *Kapellplatz* ist hauptsächlich von sakralen Gebäuden umgeben. Im Süden dominiert mit ihren zwei Spitztürmen die schon erwähnte Stiftskirche, jetzt **Pfarrkirche**, eine spätgotische Halle mit romanischem Portal, Kreuzgang des 15. Jh. und weitgehend klassizistischer Ausstattung. Die beiden berühmtesten Gegenstände sind hier in der Emporenecke die hohe Standuhr (1634) mit dem Sense schwingenden mechanischen *Tod von Eding* (= Ötting) aus der Pestzeit sowie die *Tillykapelle* in der Südostecke des Kreuzgangs mit dem Sarkophag des 1652 hier beigesetzten Feldherrn.

Die **Schatzkammer** (Tel. 0 86 71/51 66, April–Okt. Di–So 10–12 und 14–16 Uhr) in der früheren Sakristei (Eingang von außen) birgt die erlesensten der Opfergaben aus Elfenbein, Gold und Silber. Die graziöseste ist ohne Zweifel das *Goldene Rössl*, eine Goldemailarbeit von 1392, die den vor Maria im Rosenhag knienden König Karl VI. von Frankreich mit einem Pagen, der sein Ross hält, darstellt und auf Umwegen über dessen bayerische Verwandten hierherkam. Wunderbar auch das *Füllkreuz* aus Ebenholz und Elfenbein, mit Diamanten, Perlen, Rubinen, Lapislazuli, das 1580 wahrscheinlich in den Niederlanden entstanden ist.

Die barocke **Jesuitenkirche St. Magdalena** im Osten zeichnet sich durch opulenten italienischen Stuck und ein klassizistisches Hochaltargemälde des Eichstätters Christian Wink aus, die ›Kreuzesanbetung der hl. Magdalena‹ (1794). Im Nordwesten ragt über der barocken **Bruder-Konrad-Kirche** die repräsentative neobarocke **Basilika St. Anna** empor, die 7000 Pilgern Platz bietet.

Im nahen *Altöttinger Marienwerk* direkt am Kapellplatz veranschaulicht **Die Schau** (April–Okt. Mo–Do 8–12 und 13–15, Fr 8–12 und 13.30–15, Sa/So/Fei 9.30–15 Uhr, sonst auf Voranmeldung Tel. 0 86 71/68 27) mit 22 Dioramen, beleuchteten Großraumbildern, die Wallfahrtsgeschichte. Anhand von Votivgaben, Gemälden und einem Stadtmodell dokumentiert

Der Umgang der Gnadenkapelle: Büßerkreuze und Votivbilder aus vielen Jahrhunderten

das **Wallfahrts- und Heimatmuseum** (Kapellplatz 4 b, Tel. 0 86 71/50620, April–Okt. Sa/So/Fei 10–15 Uhr) auf der Westseite des Platzes die Geschichte des Gnadenortes.

Ungemein eindrucksvoll ist das **Panorama** (Gebhard-Fugel-Weg 10, Tel. 0 86 71/69 34, März–Okt. tgl. 9–18, Nov.–Febr. Sa/So 11–14 Uhr) im mächtigen Rundbau hinter St. Magdalena. Das Rundumgemälde von 1200 m² Fläche illusioniert durch naturalistische Darstellung und wechselnde Lichtwirkungen den Passionsweg und die Kreuzigung Christi auf Schauplätzen in und um Jerusalem von der Tempelstadt des Herodes über den Palast des Kaiphas bis zur Richtstätte auf Golgatha. Das 1903 entstandene Gesamtkunstwerk aus Bühnenbild und Malerei (dazu Audiokommentar) stammt von dem Maler und Freskanten Gebhard Fugel (1863–1939) und ist das einzige noch original erhaltene Kreuzigungspanorama in Europa. Die im 19. Jh. beliebte Kunstform bot sich im Allgemeinen eher für Schlachtendarstellungen an. Kontrastprogramm zu unserer rotierenden Fernsehwelt: Magie der schweigend gebannten Dauer.

Das im Norden auf einer Hangterrasse zum Inn liegende **Neuötting**, durch dessen Gründung im 13. Jh. das ursprüngliche Ötting ›alt‹ wurde, wartet im Zentrum mit einem geschlossenen Straßenbild [Abb. S. 114] und einer *Hallenkirche* in altbayerischer Backsteingotik auf, die Hans von Burghausen [s. S. 128] als die wohl reifste seiner Bauleistungen konzipierte und begann (1410–29). Vollendet wurde sie erst 1623 und erhielt somit neogotische Ergänzungen und Ausstattung.

Natürlich lebt der Landkreis Altötting beileibe nicht nur von der Wallfahrt und dem Fremdenverkehr, sondern ist überdies Standort chemischer und petrochemischer Werke.

i Praktische Hinweise

Information: Wallfahrts- und Verkehrsbüro, Kapellplatz 2 a, Altötting, Tel. 0 86 71/80 68, Fax 0 86 71/8 58 58, www.altoetting.de

Hotel

******Hotel Zur Post**, Kapellplatz 2, Altötting, Tel. 0 86 71/50 40, Fax 0 86 71/62 14, www.zurpostaltoetting.de. Großes gediegenes Haus mit Restaurant, Schwimmbad, Sauna und Freizeitprogramm. Häufig Sonderarrangements.

Restaurant

Andechser im Schex, Kapuzinerstr. 11, Altötting, Tel. 0 86 71/59 65. Gemütliches Haus mit Restaurant, Biergarten, Kellerlokal und guter Küche.

46 Burghausen

Zwei Städte in zwei Stockwerken: oben durchgrüntes Mittelalter, unten kunterbuntes Fassadenspalier.

Die **Burg** ist mit 1034 m die längste Deutschlands. Dennoch war sie wohl die friedlichste. Und fröhlich wirkt sie allemal. Zwar setzt sich der Hauptbau wie ein mächtiger Schiffsbug in Szene, aber die übrigen etwa 30 Häuser und Türme sind auf dem lang gezogenen Nagelfluhrücken locker und in viel Grün aneinander gereiht und schauen alles andere als martialisch drein.

Mit der Burg fängt alles an, denn unter ihren Fittichen entstand die Siedlung. Die ersten Befestigungen des 8. Jh. wuchsen im 11. Jh. zu einem Herzogshof; die neu angelegte Zweitresidenz der Herzöge von Niederbayern nach der ersten Teilung Bayerns 1255 wurde 1480–90 von Herzog Georg dem Reichen zu heutiger Ausdehnung erweitert, aber schon nach der Wiedervereinigung Bayerns 1505 war die Teilresidenz überflüssig.

Schutz der Salzachschifffahrt, Drohgebärde gegen Salzburg und Österreich, Angst vor Türken oder Schweden – schwerwiegendere Gründe gab es nicht für den noch lange weitergehenden fortifikatorischen Aufwand, dem Napoleon 1809 durch Abtragung ein Ende machte. Blutige Gemetzel muss man sich also hier kaum je vorstellen. Verbannte hingegen schon eher, wie etwa die schöne Polin der ›Landshuter Hochzeit‹, Jadwiga, die Georg dem Reichen drei nicht lebensfähige Erben gebar und dafür mit lebenslänglichem Burgdasein gestraft wurde. Das heutige Wohnen in der sanierten Anlage nimmt sich wie das schiere Gegenteil einer Strafe aus.

Der Burgberg – im Osten durch die Salzach, im Westen durch den *Wöhrsee*, einst Urbett der Salzach, geschützt – war eine aus sechs Höfen bestehende autarke Stadt. Am äußeren **6. Hof** (im Norden,

Wie ein Schiff scheint Burghausens Burganlage zwischen zwei Flussarmen gen Süden zu dampfen ▷

Oben: *Reihungen kostbarer Fassaden aus Renaissance, Barock, Klassizismus – der Stadtplatz von Burghausen. Das prominente blaue Gebäude ist das ehem. Regierungsgebäude, heute Stadtsaal mit Stadtbibliothek*

Unten: *Innerer Schlosshof mit Kemenatentrakt, der heute das Stadtmuseum beherbergt*

hinter dem Parkplatz Cura-Platz) lagen die Rentmeisterei als Regierungsbehörde, heute *Haus der Fotografie Dr.-Robert-Gerlich* (Tel. 0 86 77/47 34, Mitte März–Anfang Nov. Mi–So 10–18 Uhr) und die Häuser der Gerichtsschreiber und Handwerker. Im **5. Hof** erhob das Kastenamt die Naturaliensteuer, entzückt heute noch die filigrane, zartfarbige spätgotische *St. Hedwigskapelle* (1480–89) von Burgbaumeister Ulrich Pesnitzer, in der auf einem Votivrelief das hier so viel verewigte Landshuter Paar Georg und Jadwiga zu sehen ist. Grausig muss es im **4. Hof** des Zuchthauses, des *Hexen- und des Folterturms* zugegangen sein (Tel. 0 86 77/6 41 90, März–Okt. tgl. 9–18 Uhr, Nov.–Febr. Tel. 0 86 77/6 15 34, Sa/So 10–16.30 Uhr). Im **3. Hof** mit den riesigen Schwalbenschwanz-Zinnen in der Mauer, ›Schwurfinger‹ genannt, lagerten im Zeughaus Waffen und Getreide. Hinter dem **2. Hof**, wo Fuhrknechte und Pferde untergebracht waren, öffnet sich der imposante **Innere Schlosshof**. Er wird gerahmt vom Bergfried und vom Herzogstrakt mit der gotischen Halle, dem *Dürnitzstock*, heute ein Besucherzentrum inklusive Museums-Shop sowie mit Wohngemächern und Tanzsaal, die heute als *Staatliche Sammlungen* (Tel. 0 86 77/46 59, April–Sept. tgl. 9–18 Uhr, Okt.–März tgl. 10–16 Uhr) Mobiliar und Gemälde des Mittelalters aus den Beständen der Bayerischen Staatsgemäldesammlungen beherbergen. Ferner erhebt sich hier der Kemenatenbau der ›Frauenzimmer‹, in dem heute das *Stadtmuseum* (Tel. 0 86 77/6 51 98, Mai–Sept. tgl. 9–18, Mitte März–April und Okt.–Anfang Nov. tgl. 10–16 Uhr) Kunst, Volkskunst und Handwerk vom Mittelater bis zur Gegenwart präsentiert. Ein Juwel ist die kleine spätromanische und spätgotische *Burgkapelle St. Elisabeth*, die einen feinen Flügelaltar von 1520 birgt.

Mit dem vor den östlichen Burgmauern förmlich schwebenden Barockhelm heischt aber auch ›die Stadt im Erdgeschoss‹ Aufmerksamkeit. Ihr geschwungener Hauptstraßenzug, der Salzach und dem Burgweg parallel, verbreitert sich am **Stadtplatz**, der seine Fassadenschönheit von Inn-Salzach-Gnaden voller heiterer Anmut präsentiert. Denn die sonst streng geraden Blendmauern sind hier vielfach durch allerlei getreppte und geschweifte Giebel überwölbt und von Rokoko- oder Biedermeierstuck übersponnen. Da die Häuser meist aus dem Spätmittelalter oder der Renaissance stammen, sind innen oft noch Arkadenhöfe oder Kreuzrippengewölbe zu finden. Das blaue *Stadtsaal-Gebäude* (Nr. 108) mit dem verspielten ›Serail‹-Getürm aus der Renaissance (1551) war Sitz der kurfürstlichen Regierungs-Repräsentanz. Zum *Rathaus* mit klassizistischer Fassade (Nr. 112–114) gehört das spätgotische *Wachszieherhaus* (Nr. 111). Mit Spätbarockfassade und Schutzengelgruppe von Joh. Georg Lindt fällt auch die – innen rokokoschöne – *Schutzengelkirche* (Nr. 100/101) der Englischen Fräulein auf. Im *Palais Tauffkirchen* (Nr. 97) von 1736, Wohnsitz des höchsten Regierungsbeamten, später Amtsgericht, stieg Napoleon 1809 ab, bevor er über eine Pontonbrücke in Österreich einfiel. Die frühbarocke *Studienkirche St. Joseph*, ehem. Jesuitenkirche, begrenzt den Platz im Norden, die dreischiffige gotische Basilika der *Pfarrkirche St. Jakob* mit dem erwähnten hoch ragenden Turmhelm im Süden. Sie ist ein Werk von Konrad und Oswald Pürkhel (1430–50), innen weitgehend neogotisch ausgestattet. Und die Biergärten unter Linden und Kastanien vor den Hotels machen den ›Saal‹ wohnlich.

In den Grüben und in der **Spitalgasse** geht das Fassadenspalier mit einstigen Handwerkshäusern schluchten-eng weiter. Hier standen auch Künstlerhäuser, wie das *Malerhaus* (Nr. 142) und in der parallelen Messerzeile das *Bildhauerhaus* (Nr. 2). Burghausen war eine Künstlerstadt: Die großen Baumeister Hans von Burghausen (1370–1432) und sein Neffe Hans Stethaimer (1400–1460) – bislang irrtümlich miteinander identifiziert – sind hier geboren, der berühmte Baumeister in Prag, Benedikt Ried, war um 1480 hier tätig, der Maler Joh. Nepomuk della Croce (1736–1819) und der Bildhauer Joh. Georg Lindt (nachweisbar um 1758–1795) wurden hier ansässig – um nur einige Namen herauszugreifen.

Die durch Salzhandel emporgekommene und durch Handel blühende Regierungsstadt fürs Innviertel sank zur Bedeutungslosigkeit ab, als das (östliche) Innviertel 1779 an Österreich fiel. Erst die Ansiedlung von Chemie-Industrie ab 1914 brachte dem Grenzort neuen Aufschwung. Die Entstehung der *Neustadt* kam der Erhaltung der einzigartigen Altstadt zugute. Aber dass Mittelalter und Jugend sich hier mühelos verbinden, zeigt die alljährlich stattfindende **Internationale Jazzwoche** – und wann immer man am Jazzkeller in den Grüben vorbeigeht, tönt's hot und cool heraus.

i Praktische Hinweise

Information: Tourist-Information, Stadtplatz 112, Burghausen, Tel. 0 86 77/88 71 40, Fax 0 86 77/88 71 44, www.burghausen.de

Veranstaltungen

Internationale Jazzwoche, Burghausen, Tel. 0 86 77/14 11, www.b-jazz.com. Kartenvorverkauf bei der Tourist-Information.

Plättenfahrten auf der Salzach, Juni–Mitte Sept. jeden So, Abfahrt Tittmoning [Nr. 74] 14 Uhr, Ankunft Burghausen nach 90 Min. Auskunft und Anmeldung bei der Tourist-Information.

Hotels

********Hotel Glöcklhofer**, Ludwigsberg 4, Burghausen, Tel. 0 86 77/9 61 70, Fax 0 86 77/6 55 00, www.hotel-gloecklhofer.de. Größeres Hotel direkt am Burgeingang mit komfortabel ausgestatteten Zimmern. Dazu gehören Restaurant mit bayerischer und internationaler Küche, Biergarten und hauseigene Metzgerei.

*****Bayerischer Hof**, Stadtplatz 45/46, Burghausen, Tel. 0 86 77/9 78 40, Fax 0 86 77/97 84 40, www.bayerischer-hof-burghausen.de. Angenehme Zimmer, freundliche Atmosphäre und gutbürgerliche Küche.

*****Reisingers Bayerische Alm**, Robert-Koch-Str. 211, Burghausen, Tel. 0 86 77/98 20, Fax 0 86 77/98 22 00, www.bayerischealm.de. Auf dem Höhenrücken über der Salzach gelegenes Haus mit modernem Komfort und regionaler wie internationaler Küche.

47 Raitenhaslach und Marienberg

Strahlende Raumschöpfungen in einer Schleife und auf der Uferhöhe der Salzach.

Vom Mittelalter in blühendes Rokoko führt von Burghausen eine Vier-Kilometer-Wanderung oder Radtour am Salzach-Treidelweg entlang zur **Pfarrkirche Raitenhaslach** im Flussbogen. Die ehem. Zisterzienserklosterkirche von 1186, im 15. Jh. Grablege der mit Burghausen verbundenen Wittelsbacher wie Ludwig des Gebarteten oder Jadwigas, wurde 1698 aus einer dreischiffigen Basilika unter Beibehaltung des romanischen ›Rahmens‹ in eine Wandpfeileranlage verwandelt, 1736–52 innen ausgestattet und von Franz Alois Mayr, dem Baumeister Baumburgs [Nr. 56], mit zurückhaltender Fassade versehen.

Weit, strahlend und opulent öffnet sich der Raum, rasant reißen die pompösen Architekturen im *Deckenfresko* den Blick in den Himmel, am Ende der ›Pfeilerstraße‹ gibt eine theatralische Vorhangdraperie den Altarraum frei. Hauptmeister der Ausstattung waren Joh. Baptist Zimmermann als Regisseur des im Langhaus fein gesponnenen ockerfarbenen, im Chor goldprunkenden *Stucks* und der Ottobeurer Freskant Johann Zick mit seinen auftrumpfend virtuosen Szenen aus dem Leben Bernhards von Clairvaux. Auch das Hauptaltarbild ›Mariä Himmelfahrt‹ (1738) stammt von ihm. Schmelzender die *Gemälde* von Joh. Michael Rottmayr in den vorderen und mittleren Seitenaltarpaaren für die hll. Ausanius und Concordia, Sebastian und Bartholomäus. Interessant das volkstümliche *Heilige Grab* des 18. Jh. in der Vorhalle und die Grabsteine im Kreuzgang.

Das Raitenhaslacher Deckenfresko, ein Meisterwerk von Johann Zick, schildert das Leben des Bernhard von Clairvaux in opulenten Architekturmalereien

Prall und kurztürmig über einer Freitreppe liegt die Wallfahrtskirche **Marienberg** auf der Anhöhe 1 km nördlich – ein lockender Blickpunkt von Burghausen aus. Franz Alois Mayr hat sie 1760–64 als Zentralanlage in abgerundeter Kreuzform fein in die Landschaft komponiert, wobei die drei Anfangsstufen der Treppe und die fünf Absätze zu je zehn Stufen den Rosenkranz symbolisieren. Die starkfarbigen Kuppelfresken von Martin Heigel thematisieren ebenso anspielungsreich den Ruhm der Kirche (Schiff) und Mariensymbole (Garten, Turm etc.). Im üppigen Hochaltar mit schönen Figuren von Joh. Georg Lindt steht das frühbarocke Madonnen-Gnadenbild.

i Praktische Hinweise

Restaurant

Klostergasthof Raitenhaslach, Raitenhaslach 9, Tel. 0 86 77/97 31 23. Angenehmes Lokal mit Biergarten und guter Küche (im Winter ggf. zeitweilig geschl.).

Chiemgau – heitere Festszenerie

Ein schier uferloser See, im Süden von elegant konturierten Alpenarchitekturen überhöht, im Halbkreis von West nach Ost von anmutigen Moränenwellen umarmt: die Chiemseelandschaft ist **Oberbayerns Festszenerie**! Auch rundum sind Hügel, Gewässer und Moore zu heiterer oder verschwiegener Naturschönheit verwoben. Die alte Kulturlandschaft zwischen dem Inn und den Flussläufen von Traun und Alz, zwischen Wasserburg und **Reit im Winkel**, durch die sich die Römerstraße zog und in der früh Klostergemeinschaften nisteten, stand jahrhundertelang unter dem Einfluss des Erzbistums Salzburg. Das wird an der Kirchenkunst ablesbar, die sich später freilich das leichthändigere Münchner Rokoko nicht entgehen ließ. Ausgebreitete Bauernkultur, Salzhandel, Innschifferei und Inselfischerei waren der Lebensnerv, Gebirgssommerfrischler und Künstlerkolonien schon im 19. Jh die charmanten Propagandisten dieses Landstrichs.

Dass die Herzkammern einer Kulturlandschaft aber mitten im Wasser liegen, **Fraueninsel** und **Herreninsel**, ist ein Unikum besonderer Art. Sie beleben den Westteil des **Chiemsees**, der ›Inselsee‹ genannt wird, im Unterschied zum kaum überblickbaren ›Weitsee‹ des Ostteils. Ein lückenloser Rundwanderweg (60 km) erschließt seine Ufer.

48 Frauenchiemsee

Die Rarität einer bewohnten Seeinsel, ein Eiland der Nonnen, Fischer, Blumen, ältester Kulturboden Bayerns.

Als der größte See Bayerns trägt der **Chiemsee** (84 km² groß, 72 m tief) den stolzen Beinamen *Bayerisches Meer*. Seine Ufer sind bereits seit keltischer Zeit besiedelt. Heute locken See und Umland Erholungssuchende mit Badestränden, Surf- und Segelschulen sowie einer Vielzahl an Wander-, Rad- und Mountainbike-Routen. Das Freizeitangebot umfasst außerdem Golf, Nordic Walking, Segelfliegen und Ballonfahrten.

Klosterinselfriede

Spannend ist aber auch der Blick zurück in die Geschichte. Er fällt z. B. auf das Wahrzeichen des Chiemgaus, einen gedrungenen, behaglich behelmten, weiß leuchtenden *Campanile*. Dieser gehört mit Münster, Torhalle und barocken Konventsgebäuden zum Benediktinerinnenkloster **Abtei Frauenwörth** (www.frauenwoerth.de, Tel. 0 80 54/90 70) auf der Insel Frauenchiemsee. Eine andere kleine Welt bilden die Häuser, Gärten, Gasthöfe, Boote und Blumen des **Fischerdorfs**, in dem 300 Einwohner, darunter noch sechs Fischerfamilien mit langer und stolzer Berufstradition, leben.

Auch die 13,5 ha Inselboden sind uraltbesiedelt, wahrscheinlich schon um 620 von irischen Mönchen, seit 765 von Klosterfrauen, deren erste Äbtissin um 860 die selig gesprochene Irmengard, Tochter König Ludwigs des Deutschen, war. Das **Münster** bewahrt ihr Zinnsärglein. Von ihrer karolingischen Klosteranlage

Die seit uralten Zeiten bewohnte Fraueninsel ist ein Flecken von unvergleichlicher Aura

hat sich die karg-monumentale **Torhalle** (Mitte 9. Jh.) unversehrt als eines der ältesten Bauwerke Bayerns erhalten und darin zartlinige, höfisch-elegante Engelsgestalten im Putz: etwas Kostbares. Das Münster, eine dreischiffige Basilika, ist seit jener Zeit vielfach umgebaut worden, vereint viele Stile und Feierliches mit Bäuerlichem. Zum Ehrwürdigsten zählen das karolingische *Tympanonrelief* des Portals, Fragmente romanischer *Wandmalereien* (um 1150) im Vorchor und jener den Besuchern nicht sichtbare spektakuläre Zyklus von *Prophetenköpfen* voller ikonenhaftem Pathos im Hochgaden, der um 1130 entstand und erst 1961 entdeckt, freigelegt und restauriert wurde. Da das darunter eingezogene gotische Gewölbe ihn verdeckt, sind gute Kopien davon für das **Museum in der Torhalle** (Tel. 0 80 54/72 56, Mai–Sept. tgl. 11–17 Uhr) angefertigt worden. Denn das gotische Gewölbe zu beseitigen, wäre aufwendig und wenig nützlich, da die Malereien ohnehin sehr hoch oben schweben.

Als das Eiland 1828 von vier Münchner Landschaftsmalern aufgestöbert wurde, die Natur vor der Natur und nicht mehr im Atelier gestalten wollten, geriet es rund 100 Jahre lang unter das Regiment eines turbulenten Künstlervölkchens. Die *Malerkolonie Frauenwörth* wurde zum Synonym für eine neue Malerei der Licht- und Luftperspektive, später des Impressionismus. Max Haushofer, Christian Ruben, Eduard Schleich, Joseph Wopfner, Wilhelm Trübner und hundert andere standen hier an der Staffelei, aber auch Ludwig Thoma, Ludwig Ganghofer, Karl Stieler oder Victor von Scheffel mieteten sich sommers ein. Und da einige der Weltkinder für immer hier blieben, ist der **Friedhof** mit seinen beredten Grabsteinen – in der Mitte die Fischer, Handwerker, Wirtsleute, an den Mauern die ›Zuagroasten‹ – eine bienenumsummte Chronik dieser sanftmütigen Insel geworden, die jenseits der Touristenzeiten durch ihre elegische Anmut verzaubert.

i Praktische Hinweise

Information: Chiemsee Tourismus, Chiemsee Infocenter, Felden 10, Bernau Tel. 0 80 51/96 55 50, Fax 0 80 51/9 65 55 30, www.chiemsee.de. – Kur- und Tourismusbüro, Prien [s. S. 135], www.chiemsee-inseln.de

Schiff

Chiemsee Schifffahrt [s. S. 135]

Fischerinselalltag

Einkaufen

Inseltöpferei Klampfleuthner, Frauenchiemsee, Tel. 0 80 54 /12 33, www.inseltoepferei.de. In der 1609 gegründeten Töpferei gibt es schöne handgearbeitete Stücke zu kaufen, von Tassen und Tellern über Vasen und Reliefs bis zum Kachelofen.

Hotel

Zur Linde, Frauenchiemsee, Tel. 0 80 54/9 03 66, Fax 0 80 54/72 99, www.inselhotel-zurlinde.de. Kultivierte Zimmer sowie Restaurant mit französisch orientierter Küche und Gartenterrasse (Jan.–März geschl.).

Restaurant

TOP TIPP **Inselwirt**, Frauenchiemsee, Tel. 0 80 54/6 30. Rundum gemütlicher Gasthof mit Biergarten. Spezialitäten sind Renke, Brachse, Zander und Forelle, meist frisch aus dem See gefischt (Okt.–April geschl.).

49 Herrenchiemsee

Mondkönigs Verbeugung vor dem Sonnenkönig: Versailles in den Bergen.

Als Ludwig II. die 240 ha große Insel 1873 kaufte, begann seine ehrgeizigste und kostspieligste Unternehmung: Hier sollte jenes ›Neue Versailles‹ entstehen, das in Linderhof gescheitert war: das TOP TIPP **Schloss Herrenchiemsee**, eine Verherrlichung des »ideal-poetischen« Königtums in Stein. Die ehrwürdige Inselvergangenheit war dem Bauherren dabei so gleichgültig wie die Chiemseelandschaft »unangenehm«. Er besuchte die Baustelle nur nachts, ließ Pappfiguren an die Fenster des Rohbaus, Heckenkulissen in den Park stellen. Die Welt als Schauspiel. Aber als 16 Mio. Goldmark futsch waren, fiel der Vorhang nach siebenjähriger Bauzeit (1878–85). Das Schloss blieb unvollendet. Der König hatte ganze neun Tage darin gewohnt.

Prunkvoll genug – keineswegs unvollendet wirkend – erhebt sich die lange, zweigeschossige Dreiflügelanlage des **Neuen Schlosses** (Tel. 0 80 51/6 88 70, www.herren-chiemsee.de, Führungen 19. März–23. Okt. tgl. 9–18 Uhr, 24. Okt.–18. März tgl. 9.40–16.15 Uhr, letzte Führung jeweils ca. 60 Min. vor Schließung), die in eine breite Park-Avenue hineinkomponiert ist, hinter den drei verschwenderischen Brunnen des Gartenparterres. Die Architekten Georg Dollmann und Julius Hofmann sowie der Gartenarchitekt Karl von Effner verwoben nach dem Willen des Königs das eigens für ihn entwickelte ›Zweite Rokoko‹ mit den Stilen Ludwigs XIV. und Ludwigs XV. oder mit schwüler Makart-Üppigkeit zu gold-, spiegel- und stuckstrotzender Ziersucht – ob bei der *Prunktreppe*, die sich überraschender-

Nur neun Tage bewohnt – das Inselschloss des Märchenkönigs

Herrenchiemsees Große Spiegelgalerie übertrifft in ihren Maßen das Versailler Vorbild

weise ein damals hochmodernes Glas- und Eisendach leistete, ob im buchstäblichen ›Allerheiligsten‹ des *Paradeschlafzimmers*, in dem Bett und Balustrade wie Altar und Kommunionsschranke wirken, ob in der blendenden Flucht der fabelhaften *Spiegelgalerie*, die mit 98 m Länge ihr Vorbild in Versailles noch übertrifft, ob im *Speisezimmer* mit dem berühmten ›Tischlein-deck-dich‹ unterm ›Millionending‹ des Meißner Lüsters. Nur nicht im *Badezimmer*, besser gesagt: der raumgroßen, freskierten Badewanne, die eher in einer spleenigen Hollywood-Villa zu vermuten wäre.

Das **König-Ludwig-II.-Museum** (19. März–23. Okt. tgl. 9–18 Uhr, 24. Okt.–18. März tgl. 10–16.45 Uhr) im Erdgeschoss schließt sich nahtlos mit einer imponierenden Präsentation zur Biografie und zu den vielfältigen Kunstinitiativen des Traumreich-Regenten an.

Schon im 7. Jh. ist auf der Herreninsel eine Holzkirche nachgewiesen, um die sich, parallel zum Frauenstift drüben, das im Jahr 765 gegründete Männerkloster entwickelte, zuerst von Benediktinern, dann von Augustinerchorherren bewohnt, 1215 von Gnaden Salzburgs zum bedeutenden Suffraganbistum Chiemsee erhoben, dessen Bauten nach der Säkularisation teils abgebrochen wurden. In den erhaltenen Gebäudeteilen, **Altes Schloss** genannt, haben die Verfassungsexperten 1948 die ersten Grundlagen für unsere Verfassung gelegt, damals ein aufregendes Geschehnis. Das **Museum im Augustiner Chorherrenstift** (19. März –23. Okt. tgl. 9–18 Uhr, 24. Okt.–18. März tgl. 10–16.45 Uhr) zeigt hier seine Sammlungen zur Klostergeschichte und zum Verfassungskonvent der Bundesrepublik Deutschland. Seit 2001 ist auch die **Gemäldegalerie Julius Exter** (wie Museum, doch Nov.–März evtl. geschl.) angegliedert, die 80 Gemälde des Malers Julius Exter (1863–1939) aus Feldwies zeigt.

Die Herreninsel ist Staatseigentum und hat keine ›Einwohner‹, sondern nur 60 hier beschäftigte ›Bewohner‹. Dank des herrlichen *Rundwanderweges* ist sie ein Paradies für Spaziergänger. Großer Beliebtheit erfreuen sich die regelmäßig stattfindenden *Schlosskonzerte*.

Praktische Hinweise

Information: Besucherzentrum Herrenchiemsee, an der Anlegestelle. Eintrittskarten zu allen Sehenswürdigkeiten der Insel. Für die Schlossführungen gibt es zeitgebundene Tickets. Museums-Shop. Weitere Infostellen [s. S. 131]

Schiff

Chiemsee Schifffahrt [s. S. 135]

Hotel

Schlosshotel Herrenchiemsee, Tel. 0 80 51/15 09, Fax 0 80 51/6 21 01, www.schlosshotel.herrenchiemsee.com. Freundliche Unterkunft in schöner Lage.

50 Prien

Ein uralter Einbaum, außergewöhnliche Fresken und der Blick auf eine klassische Landschaft.

Am Westufer des Chiemsees ist Prien als Luft- und Kneippkurort, Hafen und Wassersportplatz ein besonders im Sommer umtriebiger Mittelpunkt. Im **Heimatmuseum** (Valdagnoplatz 2, Tel. 0 80 51/9 27 10, Mitte März–Okt. Mi–Sa 10–12 und 14–17 Uhr) in der Fußgängerzone wird Chiemgaugeschichte greifbar: durch Exponate wie einen rund 400-jährigen Einbaum – solche Boote wurden hier tatsächlich 4000 Jahre lang benutzt – den berühmten ›Priener Hut‹, ein schwarzer Frauenzylinder zur Tracht, durch Hafnerzeug und Fanggeräte von der Insel oder eine Priener Künstlerchronik – denn am See waren Künstlerkolonien nachgerade ›chronisch‹.

Die spitz- und zwiebeltürmige **Pfarrkirche Mariä Himmelfahrt** am verkehrsreichen *Marktplatz* ist ein Barockbau (1738) aus älteren Bauteilen. Ihr Spitzhelm wurde damals auf Walzen hoch über der Erde vom alten auf den neuen Turm befördert. Einen Großteil der Innenausstattung (Stuck, Kanzel etc.) schuf Joh. Baptist Zimmermann. Eines seiner virtuosesten Werke ist das *Deckengemälde*, das die ›Seeschlacht von Lepanto‹ darstellt, jenen Triumph der Katholischen Mittelmeerflotte über die türkische Seemacht 1571, der ein beliebtes Barockthema wurde. Der Meister der Eleganz hat es nicht mit effektvollem Schlachtenlärm, sondern mit berückendem Himmelsglanz erfüllt. Seiner Münchner Rokokograzie steht in den *Altären* von Georg Doppler das weit strengere Salzburger Spätbarock gegenüber, eine Überschneidung der Einflussbereiche, die uns im Chiemgau allenthalben begegnen wird.

Seit 2000 gibt es unweit von Prien mit der **E.ON Bayern Seebühne Chiemsee** (Tel. 0 80 51/6 90 50, www.seebuehne.de) eine unterhaltsame Attraktion. Neben der kul-

Stillleben mit Booten und Bergen – Die charmante Chiemsee-Szenerie bei Gstadt schließt auch den Blick auf die idyllische Insel Frauenchiemsee mit ihrem hübschen Campanile (links) ein

›Die Seeschlacht von Lepanto‹, Ausschnitt aus dem virtuosen Deckengemälde von Johann Baptist Zimmermann in der Priener Pfarrkirche Mariä Himmelfahrt

tigen Alpenshow ›Der Watzmann ruft‹ mit Wolfgang Ambros stehen Konzerte und Musicals auf dem Programm.

An einem der im Mittelalter viel begangenen Pilgerwege zum hl. Jakobus nach Santiago de Compostela dürfte das romanische Kirchlein von **Urschalling** gelegen haben: Auf einem Höhenrücken 3 km südlich von Prien steht TOP TIPP **St. Jakob** noch heute, sein außergewöhnlicher *Freskenreichtum* ist wohl durch seine Bedeutung als Pilgerstation erklärbar. Kein Zentimeter Wand ist ohne Farbe! Die früheste Schicht, nur fragmentarisch freigelegt, ist eine großartig stilisierte Sündenfalldarstellung an der Chornordwand von ca. 1200, der Erbauungszeit der Kirche. Sämtliche anderen – gotischen – Darstellungen stammen von ca. 1380, den Kopftypen nach wohl von einem böhmischen (Wander-) Maler. Sie breiten das Alte wie das Neue Testament in Einzelgestalten oder ganzen Szenenfolgen aus, voller Geschick und Inbrunst gemalt, wenn auch nicht eben von einem großen Meister. Der Gehenkte am Eingang spielt übrigens auf das Jakobuswunder in Santo Domingo de la Calzada an, eine Station auf dem Pilgerweg im Norden Spaniens.

Eine kostbare Rarität: der teils romanische, teils gotische Freskenteppich in der Urschallinger Hügelkirche St. Jakob südlich von Prien

Hochbetagt und heiß geliebt: das ›Priener Bockerl‹ vom Bahnhof zum Hafen Stock

Will man unübertreffliche Fernblicke genießen, muss man auf Fuß- oder Fahrwegen die nördlich Prien gelegene **Ratzinger Höhe** erklimmen. Reizvoll ist die Lagunenszenerie der westlichen Chiemseebuchten, imponierend die nah gerückte Reihung der Alpenmassive, die nur im Chiemgau ohne vorgelagerte Hügel mit ›klassischer Klarheit‹ unmittelbar aus den Matten steigen. Von West nach Ost sind dies: Heuberg, Hochries, Scheibenwand, Kampenwand, Hochplatte, Hochries, Hochfelln. Von der anderen Seite der Höhe sieht man den melancholischen *Simssee* wie ausgestochen in der Ebene liegen; die Bergkette im Westen beherrscht das Haupt des Wendelstein.

i Praktische Hinweise

Information: Kur- und Tourismusbüro, Alte Rathausstr. 11, Prien, Tel. 0 80 51/6 90 50, Fax 0 80 51/69 05 40, www.prien.de

Schiff und Bahn

Chiemseeschifffahrt Ludwig Feßler, Seestr. 108, Prien, Tel. 0 80 51/60 90, www.chiemsee-schifffahrt.de. Anlegestelle Hafen Stock. Eine hundertjährige *Schmalspurbahn* verbindet sommers den Hafen mit Prien.

Chiemgaubahn, Prien–Aschau zur Talstation der Kampenwand [s. S. 146]

Wassersport

Prienavera Erlebnisbad, Seestr. 120, Prien, Tel. 0 80 51/60 95 70, www.prienavera.de. Modernes Schwimm- und Strandbad mit Strömungsbecken und umfangreichem Wellness- und Fitness-Angebot.

Hotels

******Hotel Reinhart**, Seestr. 117, Prien, Tel. 0 80 51/69 40, Fax 0 80 51/69 41 00, www.reinhart-hotels.de. Am See gelegen, rustikal-gemütlich. Das Restaurant bietet Fischspezialitäten.

******Yachthotel Chiemsee**, Harrasserstr. 49, Prien, Tel. 0 80 51/69 60, Fax 0 80 51/ 51 71, www.yachthotel.de. Anspruchsvolles Haus in herrlicher Seelage.

*****Bayerischer Hof**, Bernauer Str. 3, Prien, Tel. 0 80 51/60 30, Fax 0 80 51/6 29 17, www.bayerischerhof-prien.de. Gutes Ferienhotel mit bayerischer Küche.

Restaurants

Gasthof Weingarten, Ratzinger Höhe 1, Prien, Tel. 0 80 51/17 75. Herrliche Fernblicke über Chiemsee und Alpen, hier bei Kaffee oder Wein zu genießen (Fr geschl.).

Mesnerstub'n, Urschalling 4, Prien, Tel. 0 80 51/39 71. Urige Brotzeitstube und Biergarten (Di geschl.).

51 Eggstätter Seenplatte

Reizvolles Naturschutzgebiet zum Wandern, Baden und Rasten.

Wo der Chiemsee aus dem Blickfeld schwindet, breitet sich stilles Bauernland aus. Aber schon ›an der nächsten Ecke‹ heben die Gewässer von neuem an. Allein die Eggstätter Seenplatte nördlich des Chiemsees hat 17 Seen: den buchtenreichen *Langbürgner See*, den zeigefingrigen *Schlosssee*, den waldverschatteten *Hartsee*, den vielfarbigen *Pelhamer See* und viele kleinere Bottiche dazwischen. Das Gewässerland entstammt den Verschmelzungszonen des größeren Inngletschers mit dem kleineren Chiemseegletscher, die ein reizvolles Eiszerfallsgebiet mit Buckeln, Mooren, Wasserkesseln hinterließen: ›Kabinettstück der Natur‹.

Zwischen dem Erholungsort *Eggstätt*, dem schönen *Hemhof* und dem barocken *Schloss Hartmannsberg* fädelte sich die Römerstraße durch, später schuf Bauern-Wohlhabenheit prächtige Bundwerkstadel und ›böhmische‹ Stallgewölbe. Auf einem der Hänge steht die liebreizende Dorfkirche von **Höslwang** mit ihrem feinen Wessobrunner Stuck (1734) von Engelmund Landes und ihren so graziösen wie innigen Heiligenfiguren (1766) des Burghauseners Joh. Georg Lindt.

Die Eggstätter Seenplatte mit 17 Gewässern, Mooren und Moränenbuckeln gilt als ›Kabinettstück der Natur‹

Bad Endorf zwischen Eggstätter Seenplatte und Simssee ist ein Thermal- und Moorbad, das bei Erkrankungen der Augen, Gelenke und Wirbelsäule, des Herz- und Kreislaufsystems, bei Rheumatismus sowie zur Weiterbehandlung nach operativen Eingriffen viel gefragt ist. Sein Wasser, eine der stärksten Jod-Thermalsolequellen Europas, das 115 C° heiß aus 4848 m Tiefe kommt, wurde 1963 durch Zufall entdeckt, als man hier nach Erdöl suchte. Das weitläufige, gemütliche Kurzentrum liegt auf einem Hügel oberhalb des Simssees.

i Praktische Hinweise

Information: Kurverwaltung, Bahnhofstr. 6, Bad Endorf, Tel. 0 80 53/94 22, Fax 0 80 53/30 08 30, www.bad-endorf.de

Restaurant

TOP TIPP **Gasthaus Angstl**, Sonnering 3, Höslwang, Tel. 0 80 55/87 31. Beliebtes uriges Hax'n-Lokal (Hax'n unbedingt vorbestellen; Mi geschl.).

52 Amerang

Renaissancehofkonzerte und Bauernhofprachtexemplare.

Zwischen Halfing und Amerang erstreckt sich das *Ameranger Freimoos*, das alle Stadien von Flach- bis Hochmoor vereint: eine empfindsame Farbtupfenlandschaft. Aus der bewaldeten Anhöhe darüber lugt das putzige **Schloss Amerang** (Tel. 0 80 75/9 19 20, www.schlossamerang.de, Führungen Pfingsten–Anfang Sept. Di–So 11, 12, 14, 15, 16 Uhr). Es war einst durch seine Besitzer mit europäischer Geschichte von Italien bis Böhmen verbunden, unter anderen mit den berühmten Veroneser Scaligern. Einer von ihnen ließ es im 16. Jh. von Gotik in Renaissance umbauen, wobei der stimmungsvolle *Arka-*

Italien in Oberbayern: Der Renaissancehof von Schloss Amerang ist sommers ein beliebter Konzertsaal

Viele Bauernhöfe in Chiemgau und Rupertiwinkel prunken mit den kunstvollen Holzzierformen des ›Bundwerks‹: Stadel in Armutsham bei Trostberg

denhof entstand, der heute im Sommer ein beliebtes Konzertambiente abgibt.

Am gegenüber liegenden Ende des gepflegten Orts liegt das **Bauernhausmuseum Amerang** (Im Hopfengarten 2, Tel. 0 80 75/91 50 90, www.bauernhaus museum-amerang.de, Mitte März–Anfang Nov. Di–So 9–18 Uhr, So Handwerksvorführungen), spezialisiert auf die Hauslandschaften der Region, mit original eingerichteten Bauernhäusern, Werkstätten und technischen Anlagen aus fünf Jahrhunderten, dazu ein Sägewerk, ein Seilerwerkstatt, Gärten, Bienen- und Taubenhäusern, Maibaum und Schenke.

Das **EFA Museum für deutsche Automobilgeschichte** (Wasserburger Str. 38, Tel. 0 80 75/81 41, www.efa-automuseum.de, Di–So 10–18 Uhr) zeigt über 220 Fahrzeuge von 1886 bis heute, dazu eine Modelleisenbahnanlage der Spur II auf einem 500 m^2 großen Areal und 1200 Eisenbahnmodelle aus aller Welt.

53 Seebruck

Wo Götter und Räucheranlagen unter der Erde liegen.

In Seebruck, Hauptort im Nordwestteil des Chiemsees, ist Römerzeit eingebuddelt. Als sie mitsamt der heute unter der Seestraße entlanglaufenden Römerstraße von Salzburg nach Augsburg noch ›zuoberst‹ lag, hieß der Ort Bedaium – wohl nach dem keltischen Lokalgott Bedaius, den die Römer adaptierten –, und war seit Mitte des 1. Jh. n. Chr. von römischen Kaufleuten, Handwerkern, Legionären und Bauern besiedelt. Seit Ende des 3. Jh. bewachte ein Kastell den Alzübergang, denn langsam rückten die Germanen vor. Bald nach 400 aber verließ das römische Militär Bedaium.

Die Ausgrabungen, darunter die in den letzten Jahren freigelegten Hafenanlagen, gaben allerlei her, z. B. Jupiter- und Junofiguren, Fußbodenheizungen mit Fischräucheranlagen oder Werkzeug. In ursprünglicher Lage sieht man heute nur noch ein Mauerstück des Kastells vor dem Kirchenaufgang. Das **Römermuseum Bedaium** (Römerstr. 3, Tel. 0 86 67/75 03, www.roemermuseum-seebruck.de, Okt.–April Di–Sa 10–12 und 15–17, So 15–17 Uhr, Mai–Sept. Di–Sa 10–17, So 13–17 Uhr) der Prähistorischen Staatssammlung München präsentiert keltische und römische Funde dieser Gegend in Fülle: Grabsteine, Terra sigillata und Schmuck sowie Münzen, Kinderspielzeug, und was die Archäologen sonst noch in den 250 Gräbern des Römerfriedhofs im Ortsteil Graben fanden und finden.

Seebruck ist schon seit dem 19. Jh. eine beliebte ›Sommerfrische‹. Neben vielen anderen Gasthöfen sorgt hier der größte *Jachthafen* (Tel. 0 86 67/71 34) des Chiemsees mit 500 Liegeplätzen für Rummel.

Im schönen **Ising** nahebei zieht ein Reitsportzentrum die Pferdeliebhaber und eine außen schlichte, aber innen ganz bezaubernd rokoko-versponnene Wallfahrtskirche die Kunstfreunde und Hochzeiter an.

In **Chieming** am Ostufer wiederum locken ein großes Freibadegelände und eine Fülle von Bauernhofpensionen. Nach dem Erstbesiedler *Chiemmi* – 744 bezeugt – genannt, wurde Chieming zur Taufpatin des ganzen Sees.

i Praktische Hinweise

Information: Tourist-Information, Am Anger 1, Seebruck, Tel. 0 86 67/71 39, Fax 0 86 67/74 15, www.seebruck.de

Hotels

****__Gut Ising__, Kirchberg 3, Seebruck, Tel. 0 86 67/7 90, Fax 0 86 67/7 94 32, www.gut-ising.com. Gasthof für Golfer und Reiter mit Restaurant, Schönheitsfarm etc.

***__Malerwinkel__, Lambach 23, Seebruck, Tel. 0 86 67/8 88 00, Fax 0 86 67/88 80 44, www.seebruck.de/malerwinkel. Angenehmer Hotel-Gasthof mit Terrasse am See und schönstem Chiemseepanorama.

***__Seehotel Wassermann__, Ludwig-Thoma-Str. 1, Seebruck, Tel. 0 86 67/87 10, Fax 0 86 67/87 14 98, www.hotel-wassermann.de. Direkt am Jachthafen, Sportkomfort, vielseitige Küche.

Einst benediktinisches Inselkloster, dann Fürstenschloss, nun Kulturzentrum: Kloster Seeon

54 Kloster Seeon

Miniaturen, Madonnen, Mozart – und ein Petersburger Abgesang.

Chiemsee-Variation: nördlich Seebruck wieder eine kleine Seenplatte, wieder ein benediktinisches Inselkloster. Mit behäbigem Charme und gedrungener Doppelturmfassade hockt Seeon auf einer Halbinsel im **Klostersee**, wurde 994 von Pfalzgraf Aribo I. mit St. Emmeramer Mönchen aus Regensburg gegründet, unterhielt im 11. Jh. eine Miniatorenwerkstatt, die Kostbarkeiten der romanischen Buchmalerei schuf, und war im 18. Jh. wegen seiner Musikpflege bekannt, die Salzburger Kompositeure zuhauf als Gäste anzog, darunter Michael Haydn oder Mozart Vater und Sohn. Noch im 20. Jh. spielte das inzwischen zum *Schloss* umgewandelte Kloster eine zuerst glanzvolle, dann melancholische Rolle als Exilresidenz der Fürsten Romanow-Leuchtenberg (aus der Verbindung eines Wittelsbachers mit einer Zarentochter), wovon die kyrillischen Grabsteine auf dem kleinen *Friedhof* vor dem Dammweg zeugen.

Hinter der Barockfassade der einstigen Abteikirche **St. Lambert** (tgl. 8–17 Uhr, Führungen nach Voranmeldung, Tel. 0 86 24/8 98 50) weisen ein romanisches *Portal* (11. Jh.) und in der Barbarakapelle links des Vorraums die großartige gotische *Tumba Aribos I.* (1395) von Hans Haider auf die Frühzeit. Die dreischiffige Säulenbasilika ohne Querschiff aus dem 12. Jh. hat der Burghausener Konrad Pürkhel

Oben: *Seeons Abteikirche: gotische Netzgewölbe mit Renaissancemalerei*

Unten: *Barockepitaph der Brüder Zürn für einen mächtigen Abt*

1433 mit einem komplizierten engmaschigen Netzgewölbe versehen, dem ein Salzburger Renaissancemaler ein blühendes Freskenkleid überwarf.

Die Kopie der *Seeoner Madonna* (1433) im neogotischen Hochaltar ist im Original (Bayerisches Nationalmuseum, München) ein innig-berückendes Werk des wohl hier beheimateten sog. Meisters von Seeon. Beachtenswerte weitere Bildwerke: links vor dem Chor blutvoll realistisches *Epitaph für Abt Honorat Kolb* (1637) von Martin und Michael Zürn, am Südwestpfeiler eine *Leinberger-Madonna* (um 1525), im Kreuzgang hervorragende *Grabplatten*. Die Klostergebäude dienen heute als Kulturzentrum.

Das hübsche, ferial gestimmte Dorf **Seeon** ist Hauptort der fünf Seeoner Seen und der gemütlichen Wander- und Badelandschaft rundum.

i Praktische Hinweise

Information: Kloster Seeon, Kultur- und Bildungszentrum des Bezirks Oberbayern, Klosterweg 1, Seeon, Tel. 0 86 24/89 70, Fax 0 86 24/89 74 20, www.kloster-seeon.de. Regelmäßige Veranstaltungen von klassischer und Pop-Musik.

Restaurant

Klosterwirt, Klosterweg 2, Seeon, Tel. 0 86 24/89 73 23. Kultiviert-behagliches Restaurant in den historischen Klosterräumen mit gotischem Kellergewölbe und Seeterrasse (Mo/Di geschl.).

55 Rabenden

Ein Meisterwerk spätgotischer Altarkunst.

Jakobus der Ältere mit Muschelhut und Pilgerstab, ein leidvoll in die Ferne schauender Patriarch, Simon Zelotes mit der Säge, bäurisch, doch traumverloren, Judas Thaddäus mit der Keule, jugendstürmisch, aber melancholischen Blicks auch er – die in Gewandung, Gestik und Blick unvergesslich ausdrucksstarken Heiligenfiguren bilden im bescheidenen Gotteshaus **St. Jakobus** von Rabenden das Zentrum des schönen **Wandelaltars** (1510–15), der dem *Meister von Rabenden* als sein Hauptwerk den Notnamen gab. Noch anonym, doch stilistisch unverkennbar, ist er neben Eras-

TOP TIPP

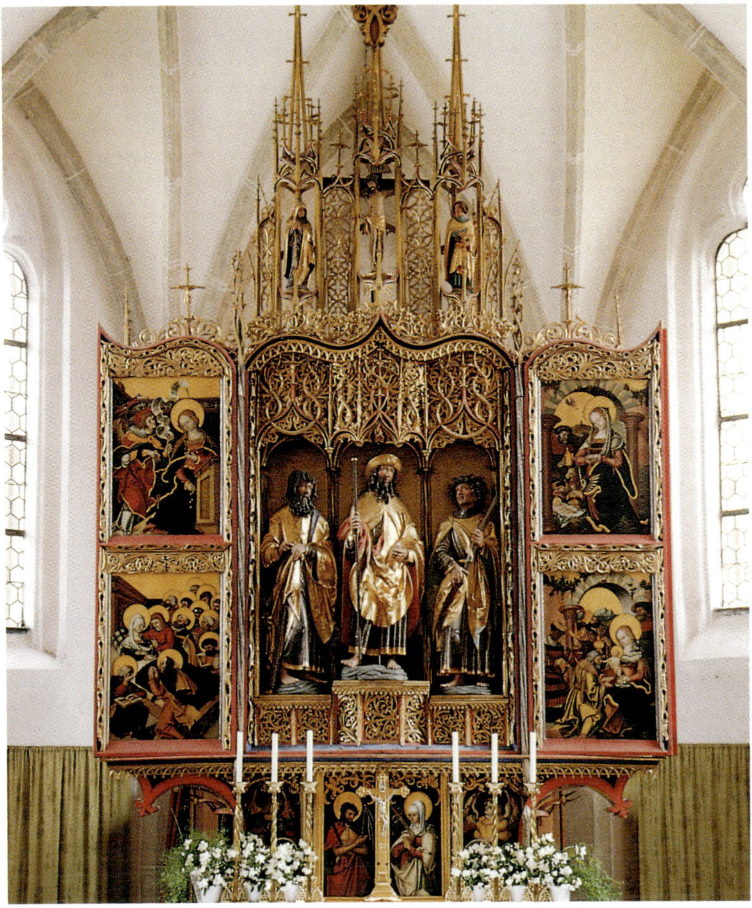

Der Altar für den hl. Jakobus gab dem Meister von Rabenden seinen (Not-)Namen

mus Grasser der bedeutendste Bildschnitzer der Spätgotik in Oberbayern, besonders viel in dessen Osten vertreten. Von unbekannter Hand sind die recht plakativen Tafeln mit Marien-Szenen auf der (offenen) Feiertagsseite, mit Kirchenvätern und Volksheiligen auf der (geschlossenen) Alltagsseite, dem Weltgericht auf der Rückseite, auf die früher der Blick der Beichtenden fiel.

Der südliche *Seitenaltar* ist eine gute Werkstattarbeit des Rabendeners. Das stimmungsvolle Kirchlein mit einem Hain filigraner Schmiedeeisenkreuze als *Friedhof* lag an einem Jakobus-Pilgerweg, zugleich an der Salz-, jetzt Bundesstraße.

Drei weitere Prachtfiguren des Rabendeners, eine Muttergottes und die hll. Jakobus und Laurentius, sind im westlich nahen **Obing** zu bewundern.

56 Baumburg

Farbe, Licht und Puttengeschwebe zwischen romantisch gelegenen Klosterresten.

Auf einem Steilhang über Altenmarkt wächst die imposante Doppelturmfassade der einstigen Klosterkirche **St. Margaretha** empor, glatt und streng, nur unter den originellen Zwiebelhauben heiter geschwungen. Das einflussreiche Augustinerchorherrenstift, 1111 gegründet, hatte 1754–57 die romanische Kirche umbauen lassen. Landbaumeister Franz Alois Mayr behielt Grundmauern und Westfront bei, schuf einen steil proportionierten Raum mit tiefen Wandpfeilern und überließ die Leichtigkeit des Rokoko absichtlich den (renommierten) Ausstattern. Der Wesso-

Baumburgs Doppelturmfassade thront auf einem Steilabhang über Altenmarkt

brunner Bernhard Rauch ließ Scharen von Putti schweben, und der Prager Hofmaler und Asam-Schüler Felix Anton Scheffler inszenierte in lebensnaher Erzählweise und luftigem Kolorit die Episoden der Augustinus-Legende im gebauschten Gewölbe des Langhauses, einem Engelskonzert mit König David über der Orgel und die ›Apotheose der hl. Margaretha‹ im Chor. Der Fürbitterin der Kinderlosen danken im *Hochaltarbild* (Josef Hartmann, 1757) Ludwig XIV. und Gemahlin für Kindersegen. Dahinter verbirgt sich die (vergebliche) Bitte Kurfürsts Max III. Joseph und seiner Gemahlin um einen Thronfolger, mit der sie wiederholt Baumburg aufsuchten. Rundum sieht man schöne Altäre und *Grabsteine*, vor allem ein Rotmarmorstein mit dem Relief (1444) der Klostergründerin Adelheid von Sulzbach neben dem Turmeingang.

Unten, in der Gabelung zwischen Alz und Traun breitet sich der alte Brücken- und Handwerkerort **Altenmarkt** aus, und nah südlich baut sich an einem bizarren Nagelfluhfelsen das Burggenist von **Stein an der Traun** auf: ein mittelalterliches *Hochschloss* oben, ein neogotisch umgebautes *Renaissanceschloss* unten (jetzt Landschulheim) und eine gut erhaltene *Höhlenburg* (Tel. 0 86 69/85 70, Führungen ab 5 Personen Ostern–15. Juni, 16. Sept.–Ende Okt. Di–So 13.30 Uhr, 16. Juni–15. Sept. Di–So 13.30 und 15 Uhr, Treffpunkt am Schlosstor hinter dem ›Gasthof zur Post‹) in der Mitte. Gruselgeschichten von einem Chiemgau-Dracula gehören zur Höhlenbesichtigung.

Im nördlich gelegenen **Trostberg** ist die reizvolle Stadtanlage am Steilufer der Alz mit Innstadt-Gradlinigkeit zur Stadtseite und Orgelpfeifen-Gestufe zur Alzseite sehenswert.

i Praktische Hinweise

Information: Rathaus, Hauptstr. 21, Altenmarkt, Tel. 0 86 21/98 45 20, Fax 0 86 21/98 45 22, www.altenmarkt.de

Restaurant

Wendekreis, im Hotel Angermühle, Angermühle 1, Altenmarkt, Tel. 0 86 21/ 9 84 70. Rustikal eingerichtetes Restaurant mit regionaler und überregionaler Küche.

57 Traunstein

Gemütliches Behörden- und Schulzentrum mit langer Laufbahn als Salzstadt.

Als Kaiser Ludwig der Bayer 1346 die ›Güldene Salzstraße‹ von der Saline Reichenhall über Traunstein nach München legen ließ, begann der Aufschwung des Ortes als Salzstapelplatz. Nachdem die erste Soleleitung das Salz flüssig zu den Sudpfannen in holzreicher Umgebung bringen konnte und 1619 die Versiedung in der Au begann, war Traunstein 300 Jahre lang Salinenstadt. 1912 wurden die Salinenanlagen abgebrochen, doch mit Brunnhaus, Härtehaus, Arbeiterwohnstöcken sowie holzüberdachter Salzmaierstiege atmet der zum Wohngebiet umgewandelte Stadtteil um den *Karl-Theodor-Platz* noch immer eine eigenartige

Frühindustrieatmosphäre. Die **Salinenkirche St. Rupert und Maximilian** (1630) ist ein interessantes Architekturexperiment von Wolfgang König, Zentralbau auf kreuzförmigem Grundriss, bei dem gotische und barocke Elemente einander nach Art der böhmischen ›Barockgotik‹ durchdringen. Qualitätvoll sind die Bilder und das Schnitzwerk.

Mehrere Brände haben die alte Bausubstanz Traunsteins dezimiert, doch erhalten geblieben ist der altbayerische Straßencharakter des Stadtplatzes mit der mächtigen frühbarocken **Pfarrkirche St. Oswald** (1675–96) von den Graubündnern Kaspar Zuccalli und Lorenzo Sciasca, dem Wahrzeichen des **Marktbrunnens** mit seiner Rolandsfigur des ›Liendl‹ (vielleicht Leonhard) von 1525 oder dem **Museum im Heimathaus** (Stadtplatz 2–3, Tel. 08 61/16 47 86, April–Okt. Mo–Sa 10–15, So 10–16 Uhr) im uralten Zieglerwirtshaus, nebst sog. Brothausturm, das reich und sehenswert die Stadtvergangenheit ausbreitet.

TOP TIPP Die Ostermontagsattraktion ist der **Georgiritt** zum Ettendorfer Kirchlein auf einem nördlichen Hügel, der mit allem Schaugepränge zelebriert wird: Edelrösser wie Ackergäule holen sich den Segen.

Von hier wie vom Hausberg *Hochberg* öffnen sich schöne Blicke aufs Gebirgspanorama.

Prunkvoller Schwertertanz beim Fest des Traunsteiner Georgiritts

Praktische Hinweise

Information: Tourismusbüro, Kulturzentrum im Stadtpark, Traunstein, Tel. 08 61/9 86 95 23, Fax 08 61/9 86 95 24, www.traunstein.de

Kultur

Traunsteiner Sommerkonzerte, Tel. 08 61/16 62 67 26, Fax 08 61/9 86 76 14, www.traunstein.de/sommerkonzerte.htm. Im Kunstraum Klosterkirche Ende Aug./Anfang Sept.

Holz über Eisenrohren – die Deicheln der Soleleitung

Dem Salz nach

Die erste Pipeline, die Höhenunterschiede durch Pumpwerke überwand, war die *Soleleitung* zwischen **Reichenhall** und **Traunstein**, die Hans und Simon Reiffenstuel 1617–19 bauten, um das Salz zum Wald, d. h. zum Holz zu bringen. Georg von Reichenbach verlängerte sie 1810 nach **Rosenheim**, 1817 nach **Berchtesgaden** und ersetzte Pumpen durch Wassersäulenmaschinen, die 350 m Höhenunterschied überwanden. Von den Soleleitungen zeugen Brunnhäuser, Pumpstationen, Solehochbehälter, Stollen sowie Reste der auf dem Erdboden liegenden Rohrleitung, die aus 9000 Deicheln (Rundhölzern) über Eisenrohren zusammengesetzt war. Interessante **Rundwege** zum Thema (ausgeschildert und mit Informationshütten versehen) sind der Inzell-Weißbacher, der Weißbacher und mehrere um Ramsau und Bischofswiesen. Andere Rundwege, z. B. in Bad Aibling, Rosenheim, Grassau, Bergen oder Traunstein, berühren Stätten von Erzeugung, Handel und Kurwesen. Empfehlenswert ist die *Wander- und Radkarte* ›Salzspuren zwischen Salzach und Inn‹, erhältlich bei: *Chiemgau Tourismus*, Traunstein, Tel. 08 61/5 82 23.

Rückblick aus der Kampenwandbahn auf Schloss Hohenaschau ▷

Wassersport

Erlebnis-Warmbad Traunstein, Siegsdorfer Str., Traunstein, Tel. 08 61/16 47 44, tgl. 9–19 Uhr, Juni–Aug. tgl. 9–20 Uhr. Freibad mit Riesenrutsche und Erlebnisbecken mit Schwimmkanal.

Hotel

***Parkhotel Traunsteiner Hof**, Bahnhofstr. 11, Traunstein, Tel. 08 61/98 88 20, Fax 08 61/85 12, www.parkhotel-traunstein.de. Komfortables Haus mit Wellnessangebot und vielseitiger regionaler Küche.

Restaurant

Brauereiausschank Schnitzlbaumer, Taubenmarkt 11–13, Traunstein, Tel. 08 61/98 66 50. Gutes bayerisches Wirtshaus mit schönem Biergarten.

58 Aschau und Priental

Luftkur- und Wintersportort im wechselvollen Priental am Fuß der Kampenwand.

Doppelturm und Doppelzwiebel auf niederer Anhöhe inmitten des Tals, der flache Prienfluss darunter, im Hintergrund auf sperrigem Höhenrücken das breitgelagerte Schloss, gerahmt von Kampenwand und Zellerhorn: eine geglückte Komposition!

Eine bayerische Grafendynastie in Barockgips – der Ahnensaal von Schloss Hohenaschau

Die andere Aschauer Residenz: Restaurant Winkler in feierlicher Erwartung der Gäste

TOP TIPP Das 1167 gegründete **Schloss Hohenaschau** (Tel. 0 80 52/90 49 37, Führungen Mai–Sept. Di–Fr 9.30, 10.30, 11.30 Uhr, April und Okt. Do 9.30, 10.30, 11.30 Uhr) gehörte im Mittelalter den Rittern von Freyberg, im Barock den Grafen von Preysing, von 1875 bis 1942 den Freiherren Cramer-Klett und ist heute im Besitz des Bundes. Die weite Ringburg umschließt den romanischen Bergfried mit Renaissance- und Barockbauten. Zu den Hauptschauräumen zählen zwei *Fürstenzimmer* und der *Ahnensaal* mit hochbarocker Stuckzier und überlebensgroßen Gipsgranden der Preysing-Dynastie sowie die nicht minder opulente *Schlosskapelle*, in der zwei seitliche Rokokoaltäre mit Gemälden Joh. Baptist Zimmermanns besonders qualitätvoll sind. Das **Prientalmuseum** (während der Schlossführungen zugänglich, April–Okt. zusätzlich So 13.30–17 Uhr) innerhalb des Schlosskomplexes erzählt von der jahrhundertelang hier blühenden Eisenindustrie.

Im Zentrum des barockstattlichen Ortes **Aschau** (früher Niederaschau) steht die **Pfarrkirche Mariä Lichtmess**, zuerst spätgotisch, dann barockisiert, schließlich 1752 von Joh. Baptist Gunetzrhainer von einer zwei- zu einer dreischiffigen, lichten Halle erweitert. Raumbeherrschend blieb der schwere italienische *Laub- und Früchtestuck* (Meister unbekannt), dem die üppige *Kanzel* (1687) von Michael Furtner assistiert und mit dem der spätere marianische *Freskenzyklus* (1754) von Balthasar Mang dennoch harmoniert. Auffallend die *Schutzmantelmadonna* (1687) von Jacob Laub mit den aufgemalten Vertretern aller Stände unter den Fittichen .

Aschaus Herrscher ist die **Kampenwand** (1669 m), gekrönt durch schroffe weiße Kalkzacken. Ihr Gebirgstock, flankiert von Scheibenwand (1598 m) und Hochplatte (1586 m), dominiert zwischen Priental und Achental und schiebt das höhere Geigelsteinmassiv (1808 m) südlich in den Schatten. Natürlich kann man sie bis unter den Kamm in 1500 m Höhe mit der Seilbahn in 14 Min. erklimmen, doch gibt es auch einen bequemen Reitweg über die Schlechtenberg- und die Steinlingalm, der in 3,5 Std. ›intensiver‹ zum Ziel führt – ein grandioser Aussichtsplatz mit Blick auf Chiemsee, Chiemgauer Berge und österreichische Hochalpen. Ein anderer reizvoller Aufstieg für Geübte geht von Schleching aus den Südhang der Kampenwand hinauf.

Das *untere Priental* nordwärts ist eine sensible Moränenlandschaft, in der man sich als Ziel zum Spazierengehen oder Bähnleinfahren (Strecke Aschau–Prien) etwa **St. Florian** nehmen kann, ein stimmungsvoll gelegenes Kirchlein mit spätgotischem Schnitzaltar (1510) von großer Qualität, oder das **Schloss Wildenwart**, zuerst Sommerresidenz der Wittelsbacher, dann Asyl des letzten Bayernkönigs Ludwig III.

Die Straße durch das *obere Priental*, einst viel begangener Saumpfad nach Italien, verläuft zwischen den Ausläufern des Zeller-Horn (1536 m) und der Überhängenden Wand (1156 m), geht eng mit dem Prienlauf einher und erreicht nach 12 km den Talschluss hinter Sachrang, der sich mit einem prächtigen Blick über einen Steilabfall gegen das Tiroler Inntal öffnet. Das Grenzdorf **Sachrang**, ideal zum Wandern und Skilaufen, dennoch fast bekannter geworden durch die ›Fernsehchronik‹ vom bescheiden gebliebenen Dorfgenie Müllner-Peter, ist denn auch ausnehmend fotogen mit seinen tirolisch-oberbayerischen Bauernhöfen um den Dorfanger, dem bunten Friedhof mit dem Schmiedeeisengerank und der ebenso ländlichen wie vornehmen *St. Michaelskirche*, geschaffen im Zusammenspiel ansässig gewordener Graubündner Baumeister und Stuckateure (der Familie Zuccalli), mit einheimischen Malern und Kistlern (Joseph Eder, Jakob Carnutsch und Michael Furtner). Mit dem geschmackvollen, einheitlichen Hochbarockbau von 1689 haben sich die Grafen von Preysing ein Denkmal gesetzt. Hart an der Grenze ist im Wald aus einer Klause eine Wallfahrtskirche entstanden, *Ölbergkirchlein* genannt, das in seinen vier Kapellenräumen ein ganzes Schatzkästlein vielfach barocker Volkskunst birgt. Die Grenzwallfahrt findet am dritten September-Sonntag statt.

i Praktische Hinweise

Information: Tourist Info, Kampenwandstr. 38, Aschau, Tel. 0 80 52/90 49 37, Fax 0 80 52/90 49 45, www.aschau.de

Bergbahn

Kampenwandbahn, An der Bergbahn 8, Aschau, Tel. 0 80 52/44 11, www.kampenwand.de, tgl. 9–17 Uhr

Trachtlerinnenratsch in Schleching

Hotels

***Burghotel**, Kampenwandstr. 94, Aschau, Tel. 0 80 52/90 80, Fax 0 80 52/ 90 82 00, www.burghotel-aschau.de. Angenehmes Hotel, das Restaurant bietet gute Küche.

Landgasthof Karner, Nussbaumstr. 6, Frasdorf, Tel. 0 80 52/40 71, Fax 0 80 52/47 11, www.landgasthof-karner.de. Denkmalgeschütztes Haus des 17. Jh., gemütlich-rustikal eingerichtet. Im Restaurant wird eine ehrgeizige Nouvelle cuisine zelebriert.

Residenz Heinz Winkler, Am Kirchplatz 1, Aschau, Tel. 0 80 52/179 90, Fax 0 80 52/17 99 66, www.residenz-heinz-winkler.de. Relais & Chateaux-Hotel mit Stilmöbeln, edlen Teppichen und Estée-Lauder-Beautyfarm. Im Restaurant Marbre (3 Michelin-Sterne) von Lachs und Kaviar auf Sauerrahm, Sorbet von grünem Tee und andere Kreationen vom ›Feinsten‹. Hervorragender Weinkeller. Kampenwandsteile Preise!

Restaurant

Gasthaus Alpenhof, Hauptstr. 31, Frasdorf, Tel. 0 80 52/22 95. Fein eingerichtetes Restaurant mit ausgezeichneter Regionalküche (Mi sowie Do Mittag geschl.).

59 Achental

Feuchte Moore, grünes Tal, firnferne Bergblicke und ein einsamer Heiligenreigen.

Der auffallende Einschnitt im Verlauf der Bergsilhouette zwischen Hochplatte und Hochgern markiert das Tal der **Tiroler Ache**, die vom Pass Thurn bis zum Klobenstein durch Österreich, vom Schlechinger Tal bis zur Einmündung in den Chiemsee durch Bayern fließt. Ihr *Mündungsdelta* liegt im großen Moorgebiet zwischen Bernau, Grassau und Bergen, das durch Torfabbau und Kultivierung zwar dezimiert ist, doch findet man bei Wanderungen auf markierten Wegen immer wieder urtümliche Stellen von zarter Schönheit, so im **Damberger Filz** im Westen oder im **Sossauer Filz** im Osten. Ein Moor- und Naturlehrpfad führt vom schönen Rottau durchs **Kendlmühlfilz**. Am Achendelta nordöstlich von Übersee erstreckt sich ein 6 km^2 großes Vogelschutzgebiet.

Im Kendlmühlfilz haben sich noch Reste der einstigen Moor-Urlandschaft erhalten

Zwischen dem sepiafarbenen Moor und blauen Bergwänden liegt der lebhafte Luftkurort **Grassau**, vom 8. Jh. an mit seiner Mutterpfarrei, der viele Kirchen unterstanden, der geistliche Mittelpunkt des Achentals. Kein Wunder, dass die *Pfarrkirche Mariä Himmelfahrt* stilgeschichtlich reich ›geschichtet‹ ist. Auf dem romanischen Turm sitzt eine barocke Haube, Spätgotik zeigt sich in der dreischiffigen Staffelhalle mit dicken Rundpfeilern und Resten von Wandmalerei des ›Weichen Stils‹ an der Nordwand, Barock im Stuckdekor wohl von Giulio Zuccalli, Rokoko in den leuchtendfarbigen Fresken des ›Burghausener Trentiners‹ Joh. Nepomuk della Croce oder jenen von Jakob Carnutsch in der Nebenkapelle. Viel Volkstümliches macht das Gotteshaus bunt und prall.

Feuchtfröhlich: Rafting auf der Tiroler Ache

Das 3 km südöstlich liegende **Marquartstein** war früher der gerichtliche Mittelpunkt des Tals. Seine auf einem Kogel über dem Ort und unter dem Hochgern thronende *Burg* des 11. Jh. gehörte vom 13. Jh. an den Wittelsbachern und war Sitz des landesfürstlichen Pfleggerichts (seit dem 19. Jh. Privatbesitz). Die klassische Sommerfrische, schon seit über 150 Jahren beliebt, prunkt in der *Alten Dorfstraße* mit besonders prächtigen Gebirgshäusern. Berühmtester unter den Dauergästen war Richard Strauss, der hier 1890–1908 in der *Villa de Ahna* (Burgstr. 6) seiner Frau lebte und u. a. ›Salome‹ und ›Elektra‹ komponierte.

Zwischen Unterwössen und **Schleching** liegen die Naturschutzgebiete Mettenhamer Filz sowie Süssener und Lanzinger Moos, die mit ihren Hochwaldpartien oder Streuwiesen voller Primeln und Enzian begeistern. Die Parklandschaft des Schlechinger Tals ist umgeben von einem wenig anstrengenden Bergwandergebiet. Die Schlechinger Frührokokokirche *St. Remigius*, eher tirolisch als oberbayerisch, wird man liebgewinnen. Sie stammt von dem Lokalbaumeister Abraham Millauer, der den Raum trefflich in Fluss und Bewegung gesetzt hat, unterstützt von zauberhaften Rokokoaltären (alles um 1740). Bemerkenswert sind eine Pietà (1735) und ein visionäres Weltgerichtsbild (1802) an der Nordwand.

Auf einem Vorberg der Rauhen Nadel gegen das Achental liegt ein wahres Kunstschatzkästlein in der Bergeinsamkeit: die **Streichenkirche St. Servatius** (in

Faszinierender Fleckerlteppich in Bergeinsamkeit: die Streichenkirche mit ihren bedeutenden Fresken; links das bemerkenswerte Kastenaltärchen

Grenznähe, vom Parkplatz an der Straße 15 Min. zu Fuß). Wahrscheinlich als Kapelle einer frühen Burg am Saumpfad entstanden, stammt ihr Langhaus von etwa 1300, ihr Chor von 1440. Ein dichter Reigen von Heiligenfiguren belebt das weltverlorene Haus. Elegant, locker, heiter-farbig bewegt er sich nach südtirolisch-oberitalienischer Art im Langhaus (Heiligenlegenden, um 1440), schwerer und plastischer im Chor (Marienleben, Passion und Jüngstes Gericht, um 1510). Und setzt sich in den Altären geschnitzt, reliefiert, gemalt fort. Der szenenreiche *Hochaltar* (1524) mit den Bischöfen Servatius, Dionysius und Wolfgang im Schrein ist eine Salzburger Arbeit mit Zügen der Donauschule, und die Predella des *Südwandaltars* zeigt ein rührendes und seltenes Motiv: Jesus im Laufställchen (1523). Das Schatzkästlein im Schatzkästlein aber ist der kleine, außergewöhnliche *Kastenaltar* an der Chorostwand, der im Schrein die Schnitzfigur des hl. Servatius, auf den beidseitig bemalten (jetzt geöffneten) Klappflügeln einzelnstehende Heilige von jener aristokratischen Schönheit, jenem Farbenschmelz des ›Weichen Stils‹ um 1400 zeigt, dem die höfische Kunst Prags Pate stand. Eine Rarität!

Rar ist auch die *Aussicht* vom Felsgrat: die Zacken des Wilden Kaisers im Süden, in Kontrast dazu die weichen Formen von Geigelstein und Breitenstein nah im Nordwesten.

i Praktische Hinweise

Information: Tourist Information, Kirchplatz 3, Grassau, Tel. 0 86 41/69 79 60, Fax 0 86 41/6 97 96 16, www.grassau.de

Wandern

Von Marquartstein führt ein schöner Weg in 3,5 Std. auf die *Hochplatte* (1586 m). Die Doppelsesselbahn von Niedernfels südlich Grassaus geht nur zur Bergstation (1050 m); zum Gipfel sind es dann noch 90 Min. Der *Hochgern* (1744 m) weiter östlich ist nur zu Fuß zu erreichen, am schönsten vom Mühlwinkl in Staudach über den Schnappenberg und die Staudacher Alm (3,5 Std.): Diese Route bietet Naturlehrpfad, Wasserfälle, Schnappenkapelle (17. Jh.) und herrliche Aussicht.

Schleching ist Ausgangspunkt für den Aufstieg zum *Geigelstein* (1808 m), den man sich durch die Sesselbahn von Ettenhausen zur Wuhrsteinalm (1100 m) erheblich verkürzen kann. Aufstiegs- und Abstiegsvariationen gibt es in Fülle. Schönstes Wanderziel ist der *Taubensee* (1100 m) auf der Südseite der Rauhen Nadel, von Schleching in 2 Std. zu erreichen. Herrlicher Blick auf die Zentralalpen!

Hotel

********Astron Sporthotel Achental**, Mietenkamer Str. 65, Grassau, Tel. 0 86 41/40 10, Fax 0 86 41/17 58, www.astron-hotels.de/achental. Attraktives Hotel mit mehreren Restaurants für regionale und internationale Küche sowie umfangreichem Sport- und Wellness-Angebot.

60 Reit im Winkl, Ruhpolding und Inzell

Schneesicherheit, Kletterberge, Nordlichterlob und eine Straße für die Madonna.

Bei Bernau zweigt von der Autobahn ein Abschnitt der Deutschen Alpenstraße (B 305) ab, der sich hinter Marquartstein südwärts zu den Gebirgsdörfern Reit im Winkl, Ruhpolding und Inzell schlängelt. Alle drei Orte warten mit modernen Kur- und Sportmöglichkeiten auf, mit Liften, Loipen, Pisten, Bergbahnen, Wander- und Radwegen. Hinzu kommen Folkloreveranstaltungen von Bauerntheater bis Fingerhakln, wobei man sich freilich schenkelklatschende Gaudi nicht als ›bayerisches Brauchtum‹ verkaufen lassen sollte.

Reit im Winkl verdankte seinen ersten Gästeboom König Max II., der es 1858 mit seinen Hofdichtern entdeckte, ›Nordlichtern‹ allesamt, die die Sommerschönheit des Dorfes lauthals priesen. Und Winterruhm verdankt der 695 m hoch gelegene Ort nicht nur seiner Schneesicherheit, sondern auch Skichampions wie Franz Haslberger oder Rosi Mittermaier, die durch ihren Medaillensegen 1976 einen wahren Touristenboom auslöste. Der neueste Star ist die Langläuferin Evi Sachenbacher, die 2002 bei der Olympiade in Salt Lake City und 2003 bei der WM in Val di Fiemme jeweils eine Gold- und eine Silbermedaille holte.

Die markantesten Berge über dem Winkler Kessel sind im Süden Wilder Kaiser mit Unterberghorn (1774 m) davor, dann das Fellhorn (1765 m) und im Osten der Grenzgipfel Dürrnbachhorn (1776 m), nördlich der Schwarzberg (1025 m).

Höchst reizvoll ist die Fahrt von Reit im Winkl nach **Ruhpolding** durch das enge Tal der Schwarzlofer und an der Seenplatte mit *Weitsee, Mittersee und Lödensee* vorbei. Links ragen die Schroffen der Kletterberge Gurnwand und Hörndlwand (1690 m) auf. Es geht zunächst zum **Holzknechtmuseum Ruhpolding** (Tel. 0 86 63/6 39, Mai–Okt. Di–So 10–17 Uhr, Nov.–26. Dez. geschl., Jan.–April Sa/So 13–17 Uhr) in Laubau, das mit und in seinen schön proportionierten, flachgiebeligen Holzhütten und dem attraktiven Hauptgebäude das harte Leben der Waldarbeiter dokumentiert.

Holzknecht und Sennerin posieren denn auch lüftlgemalt am Rathaus von

›Ruhpoldinger Madonna‹, die früheste Madonnenskulptur Bayerns, um 1230

Ruhpolding, Symbolfiguren der einstigen Haupterwerbsquellen im Tal der Weißen Traun, in dem der Ort um 1000 entstand, als Jagdsitz dann geliebt von den seit dem 13. Jh. hier schaltenden Wittelsbachern. In ihrem im Stil der Renaissance errichteten **Jagdschloss** ist heute das **Bartholomäus-Schmucker-Heimatmuseum** (Schlossstr. 2, Tel. 0 86 63/4 12 30, Di–Fr 10–12 Uhr) untergebracht, das mittels zahlreicher Exponate Volkskunst und Volkskunde des gesamten Alpenraums präsentiert und allein mit seinen Bauernmöbel- und Waffensammlungen enorm beeindruckt.

Hügelerhoben, krönt die **Pfarrkirche St. Georg** den Ort, außen eine Landkirche wie viele andere, innen ein Festsaal. Ihr berühmtestes Werk ist die herbe und hoheitsvolle *Holzmadonna* am rechten Seitenaltar, um 1230 datiert und damit die früheste Madonnenplastik Bayerns. Man nennt den Madonnentypus ›Sedes sapientiae‹ (Sitz der Weisheit), und tatsächlich ist das Unerforschliche selten so zwingend Gestalt geworden wie hier. Was sie umgibt aber ist der ganze Charme der Münchner Rokoko-Hofkunst. Joh. Baptist Gunetzrhainer rhythmisierte das Langhaus (1738–57) mit eingezogenem Altarraum durch Wandpfeiler, Nischen, Eckabschrägungen, breite und schmale Bögen, schwellende Emporen. Die Rokokoaltäre und insbesondere die *Kanzel* sind bestrickend, die Figuren ringsum elegante Höflinge, auch wenn sie Bauernheilige wie Vinzenz oder Notburga darstellen (vielleicht von Johann Dietrich aus Traunstein).

Das Alpentrio zeichnet sich durch Sommer wie Winterschönheit aus – hier Ruhpolding in Weiß

Wandern zwischen Reit im Winkl und Ruhpolding

Reit im Winkl

Schöner Panoramablick vom nahen Walmberg (Sesselbahn). Weitläufige Wege auf den Hochplateaus der **Hemmersuppenalm** (1190 m) im Süden und der berühmten **Winklmoosalm** (1160 m, www.winklmoosalm.de) im Osten. Vom **Dürrnbachhorn** über der Winklmoosalm (2,5 Std., auch Sesselbahn) ist die Nahsicht auf Loferer Steinberge, Großvenediger und Großglockner hinreißend.

Ruhpolding

Ruhpoldings Hausberg **Rauschberg** (1645 m) ist aufwärts zu Fuß nur Bergsteigern zu empfehlen (Großkabinenbahn!). Das schroffe **Sonntagshorn** ist von dieser Seite nur etwas für Kraxler. Doch führt ein herrlicher Weg von Laubau zur Alm Heutal auf österreichischer Seite (2,5 Std.), von dort in weiteren 2 Std. zum Gipfel.

Stimmungsvoll sind auch der *Bergfriedhof* mit Gruftkapelle sowie das spätgotische *Valentinskirchlein* in Zell am Ortsausgang.

Majestätisch erhebt sich im Süden von Ruhpolding das *Sonntagshorn* (1960 m), im Westen der **Hochfelln** (1671 m). Dem Berg mit der gerühmten Aussicht vom Salzkammergut bis zum Wetterstein schickt der Ort ein ganzes Netz von Aufstiegswegen empor, indes von Bergen-Maxhütte im Norden eine Kabinenbahn hinaufführt. Auf einem nordöstlichen Hochfelln-Vorberg liegt weithin sichtbar der berühmteste Wallfahrtsort des Chiemgaus: **Maria Eck**. Von Seeon aus gegründet, wird hier seit 1626 das Gnadenbild einer *Mondsichelmadonna* à la Santa Maria Maggiore in Rom verehrt, von einem unbekannten Schüler des Peter Candid gemalt und später mit Lokalanspielungen versehen. Der Traunsteiner Wolfgang König baute ihm 1635 eine Kirche in Form von Kreuz und dreiblättrigem Kleeblatt mit gotisierenden Elementen und einer originellen Korb-Zwiebel-Haube. Als das Haus nach der Säkularisation abgerissen werden sollte, weil die Wege angeblich mangelhaft waren, hatten die Chiemgaubauern in zwölf Tagen eine neue Straße von Siegsdorf hinauf fix und fertig.

Die Luftkurorte unterm Hochfelln – Bergen, Siegsdorf, Eisenärzt – waren Mittelpunkte der jahrhundertealten Chiemgauer Eisenindustrie, die ihr Erz vom nahen Kressenberg bei Neukirchen bezog. Die Bergener Maximilianshütte arbeitete bis 1931. Eine Attraktion vor allem für Kinder ist in **Siegsdorf** das **Südostbayerische Naturkunde- und Mammutmuseum** (Auenstr. 2, Siegsdorf, Tel. 0 86 62/ 133 16, www.museum-siegsdorf.de, in den

Schulferien tgl. 10–18 Uhr, winters bis 17 Uhr, sonst: April–Okt. Di–So 10–18 Uhr, Nov.–21. Dez. So 10–17 Uhr, 22. Dez.–Mitte April Mi, Sa/So 10–17 Uhr). Gezeigt werden die berühmten Siegsdorfer Eiszeitfunde, darunter Höhlenlöwe und Mammut, beide etwa 450 000 Jahre alt. Ferner gibt es eine Bärenhöhle mit Funden zu den Höhlenbären der Region.

Inzell, im Becken der Roten Traun zwischen Inzeller Kienberg, dem dreigipfeligen Staufen und Zinnkopf gelegen, vor 1000 salzburgisch gegründet und nach 1275 bayerisch verwaltet, lebte einst vom Salz und dem Abbau von Blei und Zinkerzen am Staufen und Rauschberg. Heute bilden seine Natureisbahn am Frillensee, sein **Kunsteis-Stadion** mit 400-m-Rennstrecke (der ersten Deutschlands), die 700-m-Rodelbahn am Forsthaus Adlgaß etc. ein Dorado des Eissports.

Im **Gletschergarten** 3 km südlich des Orts sind die Formen zu studieren, die das Eis vor 20 000 Jahren zurückgelassen hat. Die *Weißbachschlucht* (3,6 km) gleich dahinter, mit Tobeln und engen Felswänden, ist von Weißbach bis vor Schneizlreuth begehbar. Zum 925 m hoch gelegenen *Frillensee* führt der Weg an *St. Nikolaus im Oberland* mit feinen spätgotischen Werken und am schönen *Einsiedl-Hof* vorbei (90 Min.).

Weltrekorderprobt: Inzeller Kunsteis-Stadion

i Praktische Hinweise

Information: Tourist Information, Rathausplatz 1, Reit im Winkl, Tel. 0 86 40/8 00 21, Fax 0 86 40/8 00 29, www.reit-im-winkl.de
Tourist Info, Hauptstr. 60, Ruhpolding, Tel. 0 86 63/8 80 60, Fax 0 86 63/88 06 20, www.ruhpolding.de
Tourist Information, Rathausplatz 5, Inzell, Tel. 0 86 65/9 88 50, Fax 0 86 65/98 85 30, www.inzell.de

Bergbahnen

Dürrnbachhorn, Reit im Winkl, Sesselbahn, Tel. 0 86 40/81 48

Rauschbergbahn, Knogl 12, Ruhpolding, Tel. 0 86 63/59 45, tgl. 9.15–17 Uhr

Unternbergbahn, Ruhpolding, Tel. 0 86 63/98 78, tgl. 9–17 Uhr

Wassersport

Vita Alpina, Brander Str. 1, Ruhpolding, Tel. 0 86 63/4 19 90, tgl. 9–21 Uhr. Wellenbad mit Urmeertherme, Großwasserrutsche, Wasserspielplatz und Saunalandschaft.

Wintersport

Ski alpin, **Snowboard**, **Langlauf**, Schneetel. 0 86 40/8 00 25, www.adac.de/skiguide. Für Schneesicherheit bürgt das Gebiet Winklmoosalm-Steinplatte bei Reit im Winkl. 90 km Loipen, 50 km Pisten, 15 Lifte.

Hotels

******Chiemgauer Hof**, Lärchenstr. 5, Inzell, Tel. 0 86 65/67 00, Fax 0 86 65/ 6 70 70, www.chiemgauerhof.de. Großes komfortables Haus in schöner Lage mit attraktiven Wellness-Einrichtungen und Hallenbad. Internationale Küche.

******Sonnenhof**, Hauptstr. 70, Ruhpolding, Tel. 0 86 63/54 10, Fax 0 86 63/5 41 60, www.hotel-sonnenhof-ruhpolding.de. Hotel mit kleinen Suiten für Selbstversorger. Die Restaurants bieten qualitätvolle Küche. Fitness-Raum und Wellness-Angebot.

******Steinbach-Hotel**, Maiergschwendter Str. 10, Ruhpolding, Tel. 0 86 63/54 40, Fax 0 86 63/3 70, www.steinbach-hotel.de. Haus in ruhiger Lage mit gepflegter Regionalküche und Wellness-Angbeot.

Berggasthof Jederer, Jederer 1, Reit im Winkl, Tel. 0 86 40/85 67, Fax 0 86 40/ 53 63, www.gasthof-jederer.de. Haus im Grünen mit modernen Zimmern, mit Restaurant und herrlichem Blick, Kaiserschmarrn und Kaisergebirge.

Restaurant

Landgasthof Glapfhof, Birnbacher Str. 27, Reit im Winkl, Tel. 0 86 40/50 13. Feines Restaurant in schöner Lage (Do geschl.).

Berchtesgadener Land und Rupertiwinkel – die schönste Ecke Bayerns

Von Gebirgen umschlossen, von Gnaden seines Stifts souverän, respektiert als Puffer zwischen den Rivalen Salzburg und Bayern: das **Berchtesgadener Land** war stets etwas Abgesondert-Besonderes. Grenzlandverzwickt erging es auch dem **Rupertiwinkel** zwischen Freilassing, Tittmoning und Trostberg, der 1275 von Bayern zum Erzbistum Salzburg, nach dem Wiener Kongress 1816 wieder zurück zu Bayern geschoben wurde. Beide historischen Gebilde zusamt dem stabiler-bayerischen **Bad Reichenhall** hatten einen so spendablen wie kriegslusternen Wirtschaftsimperator: das **Salz**. Grenzüberschreitend friedvoll waltet hingegen der **Salzheilige Rupertus** auf allen Altären: Missionar Bayerns und Patron Salzburgs.

Eine ganz besondere Versammlung bilden hier sogar die Felsgiganten. Anders als die lang gezogenen, scharfkantigen Bergzüge im Westen, bauen sie sich als **Tafelgebirge** mit verkarsteten Hochflächen auf, und nur, wo diese schon seitlich abgetragen sind, zeigen sie Zähne, wie Watzmann, Hochkalter, Hoher Göll. Sanft aber schwingt das dramatische Gebirgsland in die eleganten Hügelreihen und ockerfarbenen Moore des Rupertiwinkels aus: Gebreiten von aquarellhaft subtiler Schönheit.

61 Berchtesgaden

TOP TIPP

Malerischer Hauptort des ›Landls‹ in einzigartiger Terrassenlage am Sonnenhang eines Talkessels, im Rund umstanden von Watzmann, Hochkalter, Reiteralpe, Lattengebirge, Untersberg und Hohem Göll.

Das Auf und Ab Berchtesgadens geht nicht allein in die Beine, sondern auch in die Augen: Die Giebel und Dächer der Häuser vollführen übereinander gestaffelte Zick-Zack-Sprünge, nicht anders die Schiffe und Türme der Kirchen, nicht anders hoch drüber die Spitzen des Watzmanns. Blumenbalkone, Marmorportale, Erker, Fensterstuckaturen geben den Holz- und Steinhäusern des 16.–18. Jh. an gewundenen Straßenzeilen heitere Gesichter. Am **Marktplatz** mit seinen früheren Holzwarenverleger-Häusern leuchtet hinterm Löwenbrunnen die schwere Fassadenmalerei des *Hirschenhauses* (heute Sparkasse) aus dem 19. Jh., auf der Rückseite an der Metzgergasse aber befindet sich die frühest bekannte Lüftlmalerei von ca. 1600; sie parodiert graziös die Menschen als Affen.

Durch einen Torbogen gelangt man in den **Stiftsbezirk** rund um den trapezförmigen *Schlossplatz*, wo Berchtesgadens Geschichte begann. Um 1108 gründete die Grafenfamilie Sulzbach hier ein Augustinerchorherrenstift, das von Päpsten und Kaisern mit Privilegien verwöhnt wurde – natürlich der begehrten Salzvorkommen in der Umgebung wegen. Die Pröpste wurden 1491 Fürstpröpste und 1559 Reichsfürsten, geistlich nur dem Papst und weltlich nur dem Kaiser untertan. Das Stiftsland Berchtesgaden war damit nahezu souverän. Freilich zeichneten Machtkämpfe und Salzkriege den Weg dahin. Von 1594 bis 1723 hatten Wittelsbacher die Fürstpropstei inne. Nach der Säkularisation kam Berchtesgaden zuerst an Salzburg, dann an Österreich, 1810 an Bayern. Die Propsteigebäude, zum Schloss umgewandelt, sind seither im Besitz der Familie Wittelsbach. König Max II., Prinzregent Luitpold und Kronprinz Rupprecht favorisierten dieses Haus als Sommerresidenz. Max II. ließ sich überdies im Westen des Orts 1855 von Ludwig Lange die originelle *Königliche Villa* (Kälbersteinstr. 4) bauen.

Eine perfekte Inszenierung: Berchtesgaden und der Watzmann, heiter umwölkt

In der spitztürmigen **Stiftskirche** vereinigen sich Romanik und Gotik stimmungsvoll, barocke und neoromanische Elemente kommen hinzu. Die Grundmauern der Türme, das schöne lombardische *Innenportal,* die unteren Teile der Langhauswände entstammen der ersten Basilika des mittleren 12. Jh., die im 15. Jh. zu einer schmalen spätgotischen Hallenkirche umgewandelt wurde. Ihr lichter hoher Chor (um 1300), von außen stadtbildbestimmend, ist eines der wenigen Zeugnisse der Frühgotik in Oberbayern. Bemerkenswert das *Chorgestühl* von 1443 mit noch älteren Teilen, der *Hochaltar* des Salzburgers Bartholomäus van Opstall mit dem meisterlichen Augsburger Silbertabernakel sowie die herrlichen *Rotmarmor-Epitaphien* für Propst Rainer (Hans Valkenauer, 1522) und Propst Lenberger (1541). Auffallend auch im Langhaus die Schrägtumba für Propst Pienzenau (1435) vom Meister der Straubinger Albrechtstumba.

Der romanische **Kreuzgang** (um 1200, nur Nordflügel verändert, im Rahmen der Schlossführung zu besichtigen) ist im Südflügel mit fantasievollen figurenreichen Kapitellen geschmückt.

Das **Königliche Schloss** der Wittelsbacher in der ehem. Klosteranlage ist als **Schlossmuseum** (Tel. 08652/947980, Führungen 15. Mai–15. Okt. So–Fr 10–12 und 14–16 Uhr, 16. Okt.–14. Mai So–Fr Einlass um 11 und 14 Uhr) zu besichtigen. Das *Mobiliar* aus vielen Jahrhunderten und die von Kronprinz Rupprecht hier zusammengetragene *Kunstsammlung* spiegeln eine angenehm unverschnörkelte ›Landsitz‹-Kultiviertheit. Im frühgotischen Kapitelsaal sind Werke aus dem Umkreis von Veit Stoß, Erasmus Grasser, Gregor Erhart sowie Altarflügel von Tilman Riemenschneider und Chorgestühl-Büsten von Heinrich Yselin zu bewundern, die Renaissancesäle mit opulenten Portalen präsentieren französische Gobelins und italienische Möbel, im Speisesaal entzückt der Nymphenburger Tafelaufsatz, die Biedermeierräume sind mit Gemälden der Münchner Schule reich bestückt.

Die Bauform der **Frauenkirche** des ehem. Franziskanerklosters in der Nähe des Kurhauses ist aus österreichischen Bergwerksgebieten übernommen: eine zweischiffige spätgotische Halle mit zwei Chören (1519) und angebauter Marienkapelle (1673). Die Sterngewölbe, die zarten Steinreliefs (1560) an der Empore, die großartigen Renaissancegrabmäler akzentuieren die noble Schönheit dieses Gotteshauses. Am eindrucksvollen **Alten Friedhof** daneben liegen der 117 Jahre alt gewordene Kraxenträger von ›Berchtes-

Schmuckes Bild: Berchtesgadens Marktplatz mit Löwenbrunnen und Holzverlegerhäusern

gadener War‹, Anton Adner (Grab rechts neben dem Eingang) oder Mauritia Mayer, die berühmte Obersalzberger Künstlergastwirtin (in Chornähe der Frauenkirche).

›Berchtesgadener War‹ sind jene Holzwaren, die seit dem 15. Jh. neben dem Salz die wichtigste Einnahmequelle des Ortes waren: Spanschachteln, Spielzeug, Holzfiligran, Krippenfiguren, Strohintarsien. Das **Heimatmuseum** (Schroffenbergallee 6, Tel. 0 86 52/44 10, Dez.–Okt. Di–So 10–16 Uhr) im von der Renaissance geprägten **Schloss Adelsheim** (über Nonntal und Salzburger Str. zu erreichen) breitet diese leuchtend bunten Dinge ebenso reich aus wie Trachten, Schießscheiben, Marionetten oder Geräte für das hier so lebendig gebliebene Brauchtum vom Palmtragen im Frühling und Bergknappenjahrtag zu Pfingsten bis zum Buttnmandellauf mit wilden Masken im Advent und zum Weihnachtsschießen. Im Heimatmuseum gibt es auch Holzwaren zu kaufen.

Affen als Menschen: älteste Lüftlmalerei überhaupt (um 1600) in der Metzgergasse

In Bergmannstracht mit der Schmalspurbahn ins Stollenlabyrinth des **Salzbergwerks** (Bergwerkstraße, Tel. 0 86 52/ 6 00 20, www.salzwelt.de, Ostern und Mai –Mitte Okt. tgl. 9–17 Uhr, Mitte Okt.–April tgl. 11.30–15.30 Uhr, Führungsdauer 2 Std.; warme Kleidung und feste Schuhe empfohlen) rattern, auf hölzernen Rutschen juchzend immer tiefer sausen und auf einem unterirdischen Salzsee Floß fahren – das ist eine Gaudi für Jung wie Alt. »Schneeweiße Grotten«, wie sie ein Fünfkäsehoch brüllend suchte, gibt es hier freilich nicht: Salz lagert in himbeerroten, blauen oder orangefarbenen Kristallen in anderem Gestein und wird durch Auslaugen in Sinkwerken als Sole von maximal 26 % Salzgehalt herausgeholt, in diesem Bergwerk seit 1517. Neben dem Rundgang führen ein Film und ein Museum die Salzgewinnung vor. Hauptattraktion ist das Wunderwerk der *Solehebemaschine* von Georg von Reichenbach, die 1817–1927 acht Millionen Kubikmeter Sole gepumpt hat.

Eine Sehenswürdigkeit besonderer Art ist die **Enzianbrennerei Grassl** (Salzburger Str. 105, Tel. 0 86 52/9 53 60, www.grassl.com, Mai–Okt. Mo–Fr 8–18, Sa 8–14 Uhr, Nov.–April Mo–Fr 8–17, Sa 8.30–12 Uhr),

Deutschlands älteste Einrichtung dieser Art. Neben der Besichtigung der Brennerei gibt es eine Schau historischer Geräte sowie natürlich Kostproben.

Vergnügen für die ganze Familie: Salzbergwerksrutschpartiehauptspaß

i Praktische Hinweise

Information: Touristinfo, Kur-und Kongresshaus, Maximilianstr. 9, Berchtesgaden, Tel. 0 86 52/9 44 53 00, Fax 0 86 52/96 73 81, www.tourismus-berchtesgaden.de

Nationalpark-Haus, Franziskanerplatz 7, Berchtesgaden, Tel. 0 86 52/6 43 43, tgl. 9–17 Uhr. Hervorragende Informationsstelle für den Nationalpark Berchtesgaden [s. S. 157]. Dauerausstellung und Infomaterial.

Bergbahn

Obersalzbergbahn, Bergwerkstraße, Berchtesgaden, Tel. 0 86 52/25 61, halbstündlich Mai–Okt. tgl. 9–17.30, Dez.–Mai tgl. 10–16 Uhr, Nov. geschl.

Kur und Wassersport

Salzheilstollen Berchtesgaden, Bergwerkstraße 85, Berchtesgaden, Tel. 0 86 52/97 95 35, www.salzheilstollen.com. Der Besuch im Heilstollen des Salzbergwerks lindert Atemwegserkrankungen und Allergien (Kombiticket mit Watzmann Therme mögl.).

Watzmann Therme, Bergwerkstraße 54, Berchtesgaden, Tel. 0 86 52/9 46 40, www.watzmanntherme.de, tgl. 10–22 Uhr. Erlebnisbecken mit Strömungskanal und 80-m-Rutsche. Solebecken, Sauna und Fitnessbereich.

Kultur

Berchtesgadener Bauerntheater, im Hotel Watzmann, Franziskanerplatz 2, Berchtesgaden, Tel. 0 86 52/28 58, www.berchtesgadener-bauerntheater.de. Vorstellungen in der Regel Di, Do–Sa 20 Uhr.

Hotels

******Hotel Rosenbichl**, Rosenhofweg 24, Berchtesgaden, Tel. 0 86 52/9 44 00, Fax 0 86 52/94 40 40, www.hotel-rosenbichl.de. Ruhiges und gepflegtes Hotel am Ortsrand mit Wellness- und Sportangeboten. Küche mit regionalen Spezialitäten.

*****Hotel Bavaria**, Sunklergässchen 11, Berchtesgaden, Tel. 0 86 52/9 66 10, Fax 0 86 52/6 48 09, www.hotelbavaria.net. Modernisiertes Traditionshotel in Kurgartennähe mit Themensuiten, Restaurant und Wellnessbereich.

›Berchtesgadener War‹, eine Handwerkskunst voller Charme

Immer wieder fotografiert und immer wieder unwiderstehlich: Ramsauer Kircherl mit Ramsauer Ache, im Hintergrund Reiteralpe mit Mühlsturzhörnern

62 Ramsau

Bergentwachsene Kirchlein, Protestantenvertreibung im Fresko und Filmkulissen zuhauf.

Kein Wunder, dass die Kirche von Ramsau über der sprudelnden Ramsauer Ache und unter der Reiteralpe ein Starmodell der Fotografen ist: Das Einssein von Landschaft und Kunst in diesem Gebiet ist einfacher nicht zu fassen. Und mag auch die lange Dorfstraße heute ein Touristenpfad geworden sein, sieht man dem Luftkurort seine frühere Abgeschiedenheit im Grünen, von Reiteralpe, Lattengebirge, Hochkalter und Watzmannschroffen versperrten Tal durchaus noch an.

Die Schopfwalmdachgebäude von Pfarrhof und Mesnerhaus, der Karner auf dem Alten Friedhof und Gräber der berühmten Alpinisten Johann Grill Vater und Sohn, die nach ihrem nahen Hoflehen ›Kederbacher‹ hießen – das alles gehört zum stimmungsvollen Beieinander um die schindelgedeckte, spätgotisch-barocke **Pfarrkirche St. Fabian und Sebastian**, in deren dörfliche Einfachheit die geschnitzten Apostel (um 1430) an der Brüstung der Orgelempore den zärtlichen Ton des ›Weichen Stils‹ hineintragen. Will man nicht nur im **Bergkurgarten** mit seinem Solegradierwerk spazieren gehen, steigt (oder fährt) man zur **Wallfahrtskirche Maria Kunterweg** am Hang des Kunterwegkogel, wieder ein anmutig an den Berg geschmiegtes Kircherl: ein Rechteckbau mit rundturmartigen Apsiden an den Schmalseiten, darüber Kuppeln mit Laternen, allesamt schindelbedacht. Ängstliche Sennerinnen, die am Kunterweg ihr Kleinvieh zur Weide trieben (Kunter = Kleintiere) hatten eine Muttergottesstatue hierher gestellt, für das der Salzburger Sebastian Stumpfegger 1733 diesen Bau mit lichtem Innenraum und zartem Bandelwerkstuck schuf. Der prächtige dreistufige *Hochaltar* (Christoph Datz, 1755) birgt unten das Gnadenbild der Muttergottes auf der

Mondsichel (Wolfgang Hueber, 1690), oben ein barockes Dreifaltigkeitsbild. Die *Seitenaltarbilder* lieferte Johann Zick 1741. In dem eher ungeschickt gemalten *Langhausfresko* ist die Verherrlichung der Immaculata im Berchtesgadener Land dargestellt, wobei ein Engel Blitze auf die 1732 hier verjagten Ketzer schleudert, wie die Inschrift erklärt.

Es handelt sich um einen unrühmlichen historischen Vorgang: Hatten an einigen Stellen des Salzburger Landes schon 1684–86 Ausweisungen von Protestanten stattgefunden, so kulminierte die von erzbischöflicher, nicht von kaiserlicher Seite angezettelte Verfolgung 1731–33 in der Vertreibung von 19 000 Salzburger und 800 Berchtesgadener Protestanten. Die Salzburger zogen zum guten Teil nach Ostpreußen, zum anderen in alle Welt, die Berchtesgadener teils nach Norddeutschland, teils nach Berlin.

Westlich von Ramsau erstreckt sich der **Zauberwald**, eine von der Ache durchrauschte, mit überwachsenen Felsblöcken übersäte Waldregion, durch einen Bergsturz des Hochkalter so verwunschen. Der auf gleiche Weise entstandene **Hintersee** macht sich's zwischen Moosen, Lärchen, Wiesen und Felsbrocken bequem, ein türkiser und smaragdener Spiegel vor den Silhouetten von Hohem Göll, Hohem Brett, Jenner und Schneibstein, einst Naturidylle für die Münchner und Wiener Maler Carl Rottmann, Ernst Kaiser, Hanns Schleich oder Hubert von Herkomer, die hier eine ›Malerherberge‹ gründeten, heute mit schmucken Gasthöfen am Westrand eine beliebte Bergfilmkulisse. Auf den Spuren der Maler oder auf Entdeckungstour durch den Zauberwald führen interessante Themenwanderwege (www.ramsau.de/wandertipps).

i Praktische Hinweise

Information: Kurverwaltung, Im Tal 2, Ramsau, Tel. 0 86 57/98 89 20, Fax 0 86 57/7 72, www.ramsau.de

Wandern

Klausbachtal: Die abwechslungsreiche Waldwanderung (Bus bis Engert-Alm) vom Hintersee zur Bind-Alm, die kurz vor der Passhöhe des Hirschbichl (1250 m) liegt, führt an einem *Wildfütterungsplatz* (Dez.–Ende März, beste Zeit um 14 Uhr) vorbei und am Klausbach entlang in die Bergwelt zwischen Hochkalter und den

Auch Steinböcke fühlen sich im Nationalpark wohl

Nationalpark Berchtesgaden

Durch eine Verordnung der Bayerischen Staatsregierung trat 1978 der Nationalpark Berchtesgaden die Nachfolge des seit 1921 bestehenden Naturschutzgebiets Königssee an. Das nahezu die ganze **Südhälfte des Berchtesgadener Landes** umfassende Gebiet von 210 km² liegt im Dreieck zwischen Reiteralpe, Hohem Göll und Steinernem Meer. Es zeichnet sich durch eine große **Vielfalt von Pflanzen- und Tierarten** aus. So gibt es allein 1700 Pilz- oder 500 Moos-Arten, und unter den 55 Säugetier- und 100 Vogelarten seltene wie Steinbock, Adler, Schneehase, Schwarzspecht.

Das seit Ende des 19. Jh. bestehende Konzept, eine Naturlandschaft von besonderer Eigenart als Nationalpark unter Naturschutz zu stellen und wieder sich selbst zu überlassen, kann nur mit Kompromissen verwirklicht werden, wozu etwa die Notwendigkeit von Wildregulierung, Schädlingsbekämpfung und Waldverjüngung gehören. Zu den Projekten im Nationalpark Berchtesgaden, dem einzigen Hochgebirgs-Nationalpark in Deutschand, zählen die Rückführung der Fichtenmonokulturen in **Mischwälder** und die Wiederansiedlung ehemals heimischer Wildtiere, wobei die des **Bartgeiers** ein besonderer Erfolg war. Für Erholungssuchende stehen 230 km Wege und mehrere Unterkunftshäuser zur Verfügung. Von Mai bis Oktober finden **geführte Wanderungen** vielfältiger Thematik statt. **Informationen** bieten die Nationalpark-Häuser von Berchtesgaden, Königssee und Hintersee (www.nationalpark-berchtesgaden.de).

Wimbachklammromantik

Felsabstürzen von Grundübel- und Mühlsturzhörnern. Auf der Bind-Alm gibt es bewirtschaftete Almhütten und einen 200-jährigen Kaser (hin und zurück 12 km, ca. 3,5 Std.).

Von Ramsau führen beliebig ausdehnbare Wanderwege zum verschilften *Taubensee*, zur Aussichtswarte des *Zipfhäusl* und am Soleleitungsweg entlang nach *Illsank*.

Bergbahn

Hirscheck-Sesselbahn, Schwarzecker Str., Ramsau, Tel. 0 86 57/3 68, tgl. 9–16, sommers bis 17 Uhr

Hotels

******Berghotel Rehlegg**, Holzengasse 16, Ramsau, Tel. 0 86 57/9 88 40, Fax 0 86 57/ 9 88 44 44, www.rehlegg.de. Komfortables Ferien- und Sporthotel in ruhiger Lage. Schöner Blick, vielseitige Küche.

Gasthof Auzinger, Hirschbichlstr. 8, Hintersee, Tel. 0 86 57/2 30, www.auzinger.de. Ältestes Gasthaus am Hintersee, früher ›Malerherberge‹, ruhige Lage. Hübsche bäuerliche Zimmer und bayersiche Küche sowie hausgemachte Kuchen (Restaurant Do geschl.).

63 Wimbachklamm und Wimbachtal

Wasserstürze und Mondlandschaft: Anschauung in Erdgeschichte.

Bizarr nicht nur in der Höhe, sondern auch in der Tiefe wird es im Wimbachtal zwischen Hochkalter und Watzmann. Beide Bergmassive bildeten einst ein gigantisches Gewölbe, dessen Scheitel bei einem Grabenbruch über dem heutigen Tal einstürzte. Gletscher formten das Tal. Als sie abschmolzen, schnitt sich vor 10 000 Jahren die **Wimbachklamm** ein. (Hinter dem Parkplatz an der Straße Ramsau–Berchtesgaden Aufstieg zur Klamm, 15. Mai–31. Aug. ganztägig geöffnet). Allenthalben rauscht hier Wasser von steilen Felswänden und über schräg aufragende Gesteinsplatten. Auf Holzstegen durchwandert der Besucher in 30 Min. dieses eindrucksvolle Naturschauspiel.

Hinter der Klamm wandelt sich das **Wimbachtal** zu einer atemraubenden Mondlandschaft. Der Bach versickert im Geröll, auf dem flachen Geröllbett ›bewegt‹ sich ein 10 km langer Schuttstrom, der von den Bergen herabkommt, insbesondere vom katastrophenträchtigen Hochkalter, der durch Regen und Schneeschmelze ständigen Veränderungen unterworfen ist. Die Gebirgsstöcke ragen grandios steil und schroff empor. In der Mitte der Strecke bis zum Talschluss liegt das *Wimbachschloss* (936 m, Mitte Mai–Okt. bewirtschaftet, 1,5 Std., Tel. 0 86 57/3 43, www.wimbachschloss.de), im Jahr 1784 vom Fürstpropst Joseph Conrad von Schroffenberg erbaut. Im 14.–19. Jh. wurden in den Waldungen Jagd und in der Klamm Holzdrift für die Saline getrieben. Die Wanderung führt dann auf dem Schuttstrom zur Wimbachgrieshütte (1327 m, im Sommer bewirtschaftet, 3 Std.), bei der sich das Tal mit einem Felsrondell schließt.

Echotest am Königssee vor der Brentenwand ▷

Nur mit dem Schiff erreichbar: St. Bartholomä vor der Watzmann-Ostwand

64 Königssee und Watzmann

Der umschwärmteste See und der Respekt gebietende zweithöchste Berg Deutschlands.

Früh muss man kommen, wenn die Nebel allmählich zu weichen beginnen und die Schiffe noch schütter besetzt sind: Da erlebt man ihn geheimnisvoll und unwiderstehlich in seiner kalten tiefgrünen Schönheit zwischen den Fels- und Waldwänden des Watzmann, Hagengebirges, Steinernen Meeres. Der 8 km lange, 1,2 km breite, bis zu 190 m tiefe **Königssee** und der von ihm abgeschnürte kleine Obersee entstanden nicht durch Gletschervorgänge wie die meisten oberbayerischen Seen, sondern durch Gebirgseinbruch. Ihre hervorragende Wasserqualität verdanken sie der Umgebung mit den weitgehend unerschlossenen Hochgebirgen.

Die zweistündige Seerundfahrt (Uferwege gibt es kaum) beginnt und endet am umrummelten Nordufer, im südlichen Teil des touristisch geprägten Orts **Schönau** nahe dem traditionsreichen *Hotel Schiffmeister* (Seestr. 34, Tel. 0 86 52/ 9 63 50), in dem Ludwig Ganghofer viele seiner im Berchtesgadener Land spielenden Romane schrieb. Den Blick vom **Malerwinkel** in der ersten nordöstlichen Bucht auf Falkensteinwand und Schönfeldspitze haben schon Generationen von Landschaftern festgehalten, und Carl Friedrich von Schinkel zeichnete 1818, wie ein Hornist seinen Mitfahrern vor der Brentenwand das Echo vorführt – nicht viel anders geschieht's heute. Dann rückt die Halbinsel **St. Bartholomä** mit dem lustigen Rundgetürm seiner *Wallfahrtskirche* unter der gewaltigen und farblich so nuancierten Watzmann-Ostwand in den Blick. Die alte Gebirgs(kletter)wallfahrt Ende August aus dem Pinzgau hierher hat sich hartnäckig bis heute gehalten.

Reizvoller als die eher trockene Innenausstattung der Kapelle ist ihre Bauform: Ein kleeblattförmiger Chor (1698) und ein Rundbau (1733) nehmen das ebenfalls barock umgebaute, aber ursprünglich romanische Langhaus (1134) in die Mitte. Das angeschlossene Gasthaus war früher *Jagdschlösschen* der Wittelsbacher, deren höchste Herren sich im 19. Jh. bevorzugt dem Ruder der koketten ›Schiffer-Cathy vom Königssee‹ anvertrauten. Ein 90-Minuten-Weg führt von hier durch urwaldartige Bergmischwälder zur **Eiskapelle**, dem Rest eines einstigen Gletschertors. Die südliche Landestelle **Salet-Alm** ist Ende September Schauplatz des in althergebrachter Buntheit begangenen Almabtriebs, bei dem das Vieh hier gesammelt und auf Plätten ans Nordufer geschafft wird. Nach kurzem Fußweg steht man am felsumschlossenen **Obersee** mit seiner Fischunkelalm im Süden: die schiere Märchenidylle.

Der Allesbeherrscher **Watzmann** ist eine so hinreißende Bergskulptur, formvollendet von allen Seiten, dass kein Landschaftsmaler ihm widerstand; Caspar David Friedrich malte ihn 1825 als mystisches Urwesen. Schauder vor seiner Majestät ließ die grausame Sage entstehen, ein tyrannischer König habe seine Hundemeute auf eine unschuldige Hirtenfamilie gehetzt, nach getanem bösen Werk aber habe sich die Meute urplötzlich auf ihn selbst und seine Familie gestürzt; was sie übrig ließ, sei zu Fels erstarrt. Der aus Südspitze (2712 m), Mittelspitze (2713 m) und Hocheck (2657 m) bestehende Hauptkamm ist mit dem Kleinen Watzmann oder ›Watzmannweibl‹ (2307 m) gegenüber durch fünf Felsklippen verbunden, die ›Watzmannkinder‹ heißen; sie sind von St. Bartholomä aus besonders gut zu sehen. Als erster bezwang der Salzburger Geistliche Valentin Stanig 1799 die Mittelspitze. Die Erstbesteigung der als unbezwingbar geltenden *Ostwand* – die höchste Wandflucht der Ostalpen, die bereits 90 Todesopfer gefordert hat – gelang dem berühmten, schon erwähnten Bergführer ›Kederbacher‹ und dem Wiener Otto Schück 1881.

Dem Himmel ein Stück näher: Unbeschreibliche Gipfelgefühle erlebt, wer die schwierige Tour durch die Watzmann-Ostwand erfolgreich absolviert hat

Praktische Hinweise

Information: Tourist-Information, Rathausplatz 1, Schönau, Tel. 0 86 52/17 60, Fax 0 86 52/140 50, www.koenigssee.com

Schiff und Bahn

Bayerische Seenschifffahrt Königssee, Seestr. 55, Schönau, Tel. 0 86 52/96 36 18, www.bayerische-seenschifffahrt.de

Jennerbahn, Jennerbahnstr. 18, Schönau, Tel. 0 86 52/9 58 10, www.jennerbahn.de, tgl. 9–16.30 Uhr

Wandern

Watzmann-Nordseite: Von der Wimbachbrücke geht es über die Stubenalm zur Mitterkaseralm (1420 m) in 2,5 Std., weiter zur Falzalm (1625 m) und/oder zum Watzmann-Haus (1928 m, Übernachtungsmöglichkeit) in 90 Min. Auf der Falzalm steht ein für die Berchtesgadener Almwirtschaft typischer Kaser, in dem früher Vieh, Senner und Käserei untergebracht waren.

Vom Jenner zum Königssee: Mit der Jennerbahn gelangt man von Schönau/Dorf Königssee zur Bergstation (1802 m) und über das Schneibsteinhaus, die Königsbachalm und die Gotzentalalm hinunter zur Anlegestelle Kessel am Königssee in 3,5 Std. oder noch weiter zur Gotzenalm (1685 m) und zum Aussichtspunkt Feuerpalfen (1744 m), der einen grandiosen Blick auf Watzmann und St. Bartholomä ermöglicht. Mehrere Enzianarten!

Wintersport

Ski alpin, **Snowboard**, **Langlauf**, Schneetel. 0 86 52/96 72 97, www.adac.de/skiguide. Der *Jenner* (Bergstation 1802 m) ist für Könner! Lange und steile Pisten mit 1170 m Höhenunterschied (11 km, 5 Lifte, 1 Kabinenbahn). Für Familien mit Kindern ist das *Hochschwarzeck* geeignet (5 Lifte, 5 km Pisten).

Hotels

******Stolls Hotel Alpina**, Ulmenweg 14, Schönau, Tel. 0 86 52/6 50 90, Fax 0 86 52/6 16 08, www.stolls-hotel-alpina.de. Komfortables Hotel mit Schwimmbad und Beauty Center. Restaurant mit bayerischer und internationaler Küche.

*****Bergheimat**, Brandnerstr. 16, Schönau, Tel. 0 86 52/60 80, Fax 0 86 52/60 83 00, www.koenigssee.com/bergheimat. Gemütliches Hotel im Gasthofstil mit Sauna und Solarium. Zum Restaurant gehört auch ein Garten.

65 Kehlstein und Obersalzberg

Panoramaaussicht mit Sodbrennen.

Einen der eindrucksvollsten Rundblicke auf die Alpen bietet der Gipfel des **Kehlstein** (1885 m), ein Vorberg des Hohen Göll (2523 m). Von dem mit Auto und Seilbahn leicht erreichbaren Obersalzberg (s. u.) aus führt die für Autoverkehr gesperrte, nur von einem Bus (Tel. 0 86 52/20 29, Mai–Okt. ab 7.40, letzte Rückfahrt 16.25 Uhr) befahrene Kehlsteinstraße empor. Sie überwindet auf 6 km 700 m Höhenunterschied, wobei sie fünf Tunnels durchzieht. Ein weiterer Tunnel und ein Lift befördern die Besucher dann direkt ins bewirtschaftete **Kehlsteinhaus** (1834 m, Tel. 0 86 52/29 69). Es war Hitlers ›D-Haus‹ (Diplomaten-Haus), irrtümlich ›Hitlers Teehaus‹ genannt. Verständlich, wem die Aussicht dadurch vergällt wird.

Seine Lieblingsfestung 800 m darunter, am **Obersalzberg** (1020 m), ›Heiliger Berg der Deutschen‹, war ein maschendrahtumzingeltes Lemurennest mit Häusern, Kasernen, gigantischen Bunkeranlagen rund um den Berghof auf einem Riesenterrain, das den Besitzern brutal abgepresst worden war. Es ging 1945 durch amerikanische Bomben in die Luft. Heute ist der ganze Albtraum im Ausstellungsgebäude der **Dokumentation Obersalzberg** (Salzbergstr. 41, Tel. 0 86 52/94 79 60, www.obersalzberg.de, April–Okt. tgl. 9–17 Uhr, Nov.–März Di–So 10–15 Uhr) sachlich und eindrucksvoll dargestellt. Es steht auf einem bis 1996 von den Amerikanern genutzten Areal, das nun zu einem Erholungsgelände großen Stils ausgebaut wird. Das 2005 eröffnete Hotel *InterContinental Resort Berchtesgaden* am Obersalzberg ist in Komfort und Kulinarik so international fünfbesternt, dass ihm die Teufelsaustreibung wohl allzu schnell gelingen wird, etwa nach dem Motto einer sportiven Lady unter den Gästen: »Von Hitler lass ich mir doch nicht das Snowboarden kaputtmachen«.

Verschwunden ist im Zuge der Nazi-Umgestaltungen auch jene berühmte ›Pension Moritz‹ (auch ›Platterhof‹ genannt), die einst der schon erwähnten Wirtin Mauritia Mayer (1833–1897) gehörte, zu der Prominente zuhauf emporpilgerten. Franz von Lenbach malte sie, Ludwig Ganghofer und Richard Voß verewigten sie literarisch, und die anderen von Brahms bis zum Kühlschrank-Erfinder Carl Linde verbreiteten mündlich ihr Lob und das des famosen Wanderbergs.

Praktische Hinweise

Wandern

Große Südschleife: Über die Salzwand zur Scharitzkehlalm und zurück über Graflhöhe (2,5 Std.). *Große Ostschleife:* Über die Kehlalm zur Ofner Alm und über die Rossfeldstraße zurück (3,5 Std.). *Kleine Nordschleife:* Zum Klingereck und dann zurück über die Kehlsteinstraße (2 Std.).

Hotel

*******InterContinental Resort Berchtesgaden**, Hintereck 1, Berchtesgaden, Tel. 0 86 52/97 55 0, Fax 0 86 52/97 55 99 99, www.ichotelsgroup.com. Luxushotel am Obersalzberg mit komfortablen Zimmern und Suiten. Hinzu kommen Panoramarestaurant, Vinothek, Bar sowie Wellness- und Fitness-Einrichtungen.

66 Rossfeld-Höhenring

Höchste öffentliche Bergstraße Deutschlands (bis 1600 m).

Von Berchtesgaden über den Obersalzberg, im Gegensinn von Unterau über Oberau unmittelbar ins Hochgebirge führt die mautpflichtige, 16 km lange Rossfeld-Höhenring-Straße mit einer Steigung von 13 %. Auch im Winter befahrbar, ist sie mit vielen Parkplätzen versehen und bietet attraktive Aussichtsmöglichkeiten. In großen Schleifen umrundet sie die Flachkuppe des beliebten Skigebiets Rossfeld (1600 m, 8 km Pisten, 4 Lifte). Am Scheitelpunkt verläuft sie auf österreichischem Gebiet: Hoher Göll zum Greifen nah, Dachstein in östlicher Ferne, Salzburg und Hallein zu Füßen. Von der Ahornalm aus bietet sich eine einstündige Wanderung zum Purtscheller-Haus (1692 m) an. In starken Windungen geht's dann über die Enzianhütte zum Obersalzberg.

67 Maria Gern

Wallfahrtskirche im paradiesischen Gerner Tal.

Die Palme unter jenen Kirchlein des ›Landls‹, die sich so zärtlich in die Kurven der Natur legen, gebührt Maria Gern. Mit dem Schwung der weißen Mauern, des grauen Schindeldachs und des rosa Bandelwerks um Portal und Fenster steht keine lieblicher auf ihrem Hügel. Den Blick zum Watzmann gerichtet, im Hintergrund väterlich vom Untersberg beschützt, markiert sie den Beginn des Gerner Hochtals, das spitz zuläuft und darum ›gern‹ (mhdt. gêr) heißt. Soviel Zustrom löste die Marienfrömmigkeit hier

Watzmann (links), Hochkalter (Mitte) und Reiteralpe (rechts) vom Rossfeld-Höhenring

Gekurvt und gespitzt wie die Berge: Maria Gern mit Untersberg im Hintergrund

aus, dass dieser 1710 errichtete Bau in kurzer Zeit schon der dritte war, von einem Unbekannten, aber Begabten auf elliptischen Grundriss gestellt und gestaltet durch zwei Anräume in der Längs- und zwei Nischen in der Querachse, flaches Muldengewölbe, Zeltdach, fantasievolle Zwiebel. Die feinen *Medaillons* des Marienlebens im Holzgewölbe (Christoph Lehrl) sind in dichte Akanthusranken eingebettet, ein Stuck-Meisterstück des Salzburgers Joseph Schmidt. Mittelpunkt des von trefflichen Heiligenfiguren (Andreas Stangastinger) umgebenen *Hochaltars* ist das im Jahreslauf mit wechselnden Gewändern angetane Gnadenbild der Muttergottes (1666) des gebürtigen Gerners Wolfgang Hueber.

Gleich hinter der Kirche steigt ein Weg (ca. 1 Std.) zur **Kneifelspitze** (1189 m) an, die, weil frei stehend, einen rühmenswerten Rundblick auf die Berchtesgadener Alpen mitsamt Berggasthof bietet.

68 Almbachklamm

Wildromantische Klamm zwischen Gerner Hochtal und Ettenberger Hochterrasse.

Die Bäche des Untersberg, zum Almbach vereint, inszenieren in ihrem Lauf von der Theresienklause bis zur Mündung in die Berchtesgadener Ache das Naturspektakel der Almbachklamm (Mai–Okt. ganztägig geöffnet), das freilich durch Wegeausbau vom Menschen in Regie genommen wurde. Nicht so gewaltig wie die Wimbachklamm [Nr. 63], ist sie mit ihren 3 km auf 218 m Höhenunterschied jedoch länger, abwechslungsreicher und farbiger. Sie ist eine kristallklare Schlucht fallender und rinnender Wasser, die die verwegen getürmten Felswände und Gesteinsbrocken lichtgrün, lichtgelb, lichtrosa erglänzen lassen.

Der zweistündige Weg führt vom unteren Ende der Klamm über 320 Stufen und 19 Brücken zum oberen Ende bei der Theresienklause, wo 1836 eine riesige Staumauer mit Schleusentor gebaut wurde, die 15 000 m³ Wasser zur Beschleunigung

Schusser in alle Welt: Marmorkugelmühle am Eingang der Almbachklamm

der bis 1963 betriebenen Holzdrift aufstauen konnte.

Am einstigen Auffangsteg am Eingang der Klamm beim traditionsreichen *Gasthaus Kugelmühle* (Tel. 0 86 52/461, Fax 0 86 52/4 16, www.gasthaus-kugelmuehle.de) ist die 1683 gegründete und heute letzte **Marmorkugelmühle** Deutschlands zu sehen, die auf einfache Weise Marmorbrocken mit Wasserkraft zu Kugeln mahlt. 40 Mühlen gab es noch im 19. Jh. allein in Almbach; die hier hergestellten Schusser oder Murmeln gingen als Spielzeug in alle Welt.

69 Untersberg

Maria Ettenberg, Marktschellenberg und die Schellenberger Eishöhle.

Überraschend, fassbar gegenwärtig und unfassbar ewig sieht man den **Untersberg** über dem Bergplateau von Ettenberg stehen, wenn man die von Marktschellenberg emporführende Waldstraße verlässt. Hierher, nach Südosten gerichtet ist ja die Schauseite des machtvollen Tafelbergs mit den tiefen, senkrecht verlaufenden rot- und violett schimmernden Faltenwürfen, der auf österreichischer Seite zum Salzburger Hochthron (1852 m), bei uns zum Berchtesgadener Hochthron (1972 m) ansteigt. Verständlich, dass in den Höhlen, Klüften und Felskaminen dieses Kalkmassivs Sagen zuhauf nisten: Zwergengenarre, Feenzaubereien und der deutsche Traum vom Erwachen des in den Marmorhallen des Bergs schlafenden Kaisers Karl des Großen.

Natürlich kuschelt sich ein Wallfahrtskirchlein vor den Hochthron, **Maria Ettenberg**, 1724 barock gebaut, das sich um das Gnadenbild einer Muttergottes mit Kind im aufwendigen Hochaltar schließt, überdies eine kolossale Christophorus-Figur (1670) zum Wegschutz in dieser Verlorenheit aufbietet, im Deckenfresko des Tirolers Innozenz Worathi die Verbindung der Fürbitterin Esther zu Maria apostrophiert und im linken Gemälde der schönen Stuckmarmoraltäre in den Seitennischen den Salzpatron Rupertus mit Schellenberger Bergleuten zeigt. Diese pflegten ja heroben ihren Bergknappentag abzuhalten. Denn der schmucke Wintersport- und Luftkurort **Marktschellenberg** im Tal war vom 12. bis zum beginnenden 19. Jh. mit einer Saline gesegnet, die ihn florieren und gar zum Sitz der obersten Salzbehörde aufsteigen ließ.

Vom Alten Wehrturm der Grenzstadt Marktschellenberg führt den Trittsicheren ein teils steiler Drei-Stunden-Weg zur bewirtschafteten Toni-Lenz-Hütte und zur **Schellenberger Eishöhle** (1570 m, www.eishoehle.net, Pfingsten–Anfang Okt. tgl. 10–16 Uhr, Führungen jede Std.) am Südabfall des Untersbergs. Die Hälfte der 1000 m langen Höhle kann besichtigt werden. Sie ist die größte und einzig erschlossene Eisschauhöhle Deutschlands. Zum *Stöhrhaus* (1894 m) am Bayerischen Hochthron sind es von hier aus weitere zwei Stunden.

i Praktische Hinweise

Information: Verkehrsamt, Salzburger Str. 2, Marktschellenberg, Tel. 0 86 50/98 88 30, Fax 0 86 50/98 88 31, www.marktschellenberg.de

Hotel

Gasthof Zum Untersberg, Salzburger Str. 12–18, Marktschellenberg, Tel. 0 86 50/2 44, Fax 0 86 50/2 27, www.gasthofuntersberg.de. Gemütlicher, typisch bayerischer Familienbetrieb.

Restaurant

Gasthaus Mesnerwirt, neben Maria Ettenberg, Tel. 0 86 50/2 45. Herrliche Lage, bayerische Küche (Mo geschl.).

Das Rathaus mit seine Fassadenmalereien, der Gipfel des Hohenstaufen und der Wittelsbacher Brunnen prägen den schönen Rathausplatz der alten Salinenstadt Bad Reichenhall

70 Bad Reichenhall

Salzort (seit 3000 Jahren) und Kurbad (seit über 150 Jahren) im weiten Talkessel zwischen Hochstaufen, Untersberg, Predigtstuhl und Reiteralpe.

Mehr noch als wegen Berchtesgaden feindeten Salzburg und Bayern einander wegen Reichenhall an. Denn mit seinen hochgesättigten **Solequellen** aus dem Lattengebirge, mindestens seit Keltenzeiten genutzt, stand das ›reiche Hall‹ (hal = keltisch ›Salz‹) an der Spitze der Salzorte im Alpenraum. Die Vormachtrangelei begann, als Bayernherzog Theodo dem Salzburger Bistumsgründer Rupert 696 die Nutzung von 20 Salzpfannen und einem Drittel der Solequellen in Reichenhall schenkte, und endete 1504, als die Wittelsbacher die längst schon von ihnen befestigte Stadt endgültig an sich brachten. Im Jahr 1587 wurde der Salzhandel dann sogar bayerisches Monopol. Vom Bau der Soleleitungen nach Traunstein, Rosenheim, Berchtesgaden war schon die Rede [s. S. 143]. Mit der Sole, die ja auch Heilmittel ist, hängt Reichenhalls 1846 begonnene Entwicklung zum inzwischen berühmten **Kurbad** zusammen, wirksam bei Erkrankungen der Atmungsorgane, Haut-, Frauen- und rheumatischen Leiden. Gemeinsam mit Bayerisch Gmain trägt es den Namen ›Bayerisches Staatsbad‹.

Industriedenkmal: Maschinenhalle mit den beiden oberschlächtigen Schöpfrädern des 19. Jh. in der Alten Saline Bad Reichenhalls

Früher war die Saline das allerdings viel zu oft lodernde Herz der Stadt: Beim schlimmsten Brand, 1834, wurden drei Viertel der Häuser zerstört. Später ist das Kurviertel als zweites Zentrum hinzugekommen. Nah dem repräsentativen **Rathausplatz** mit Wittelsbacher Brunnen und einigen erhalten gebliebenen Inn-Salzach-Häusern liegt die **Alte Saline** (1836–51), ein Industriearchitektur-Ensemble im ludovizianischen Rundbogenstil von Friedrich von Gärtner und Daniel Ohlmüller, dem die neobyzantinische *Salinenkapelle* sakrale Romantik verleiht. Bei der Führung durch den unterirdischen Quellenbau mit dem **Salzmuseum** (Tel.

Historische Industrieanlage mit sakralem Akzent: die Alte Saline in Bad Reichenhall

0 86 51/7 00 21 46, www.salzwelt.de, Mai–Okt. tgl. 10–11.30 und 14–16 Uhr, Nov.–April Di, Do, 1. So im Monat 14–16 Uhr oder nach Vereinbarung) sieht man die riesigen oberschlächtigen Wasserräder der Pumpwerke, die verzweigten Stollen und Grotten mit dem von Bildhauer Erasmus Grasser 1507–12 angelegten Hauptschacht, die Quellfassungen in Marmorstuben. Quellen mit 23 % Salzgehalt werden von hier der Saline, weniger salzhaltige dem Gradierwerk oder dem Kurhaustrinkbrunnen zugeleitet. Im hinteren Innenhof bietet die **Bad Reichenhaller Glashütte** (Tel. 0 86 51/6 97 38, www.riedl-glaskunst.de, Mo–Fr 9–13 und 14–18, Sa 9–13 Uhr) Glaswaren aus eigener Produktion sowie die Möglichkeit, den Glasbläsern bei ihrer Arbeit zuzusehen.

Jenseits der Innsbrucker Straße werden in der **Neuen Saline** jährlich rund 200 000 t Grob- und Speisesalz versiedet.

Südlich des Rathausplatzes liegen das **Florianiviertel**, ein altes Salzsiederquartier mit erhalten gebliebenem Baubestand, und **St. Nikolaus** (1181), eine dreischiffige, querschifflose romanische Basilika, außen neoromanisch verändert, innen von der wundervoll klaren Raumwirkung der weitgehend wieder herausgeholten originalen Bausubstanz. Das große *Gnadenstuhl-Gemälde* in der Apsis stammt von Moritz von Schwind.

Sehr viel Zeit kann man bei den Zeugnissen der Siedlungs-, Handwerks-, Kultur- und Kunstgeschichte des Saalachtales im **Städtischen Heimatmuseum** (Getreidegasse 4, Tel. 0 86 51/6 68 21, Mai–Okt. Di–Fr, So 14–18 Uhr) verbringen. Besonderheiten sind ein in Gänze aufgestellter Rundumkaser von 1733 und ein Hortfund von 750 Halsösenringen aus der Bronzezeit, die vermutlich als Zahlungsmittel dienten.

Im **Kurviertel** dominiert das pharaonengrabmäßig monumentale *Kurgastzentrum* (Walter und Bea Betz, 1988) aus goldfarbenem Travertin, das die meist neobarocken Gründerzeitbauten im und außerhalb des heiteren Kurgartens erst recht ins Licht unwiderstehlicher Behaglichkeit rückt; ob *Altes Kurhaus, Kurmittelhaus, Wandelhalle*, das zum Freiluftinhalatorium umgebaute *Gradierwerk*, sogar das große Luxushotel Axelmannstein (1846, Erweiterung 1911), heute *Stei-*

Von Löwen bewacht – das spätromanische Stufenportal des Münsters St. Zeno

genberger Axelmannstein, ein Hotel wie aus einem Roman, mit dem das Kurleben der Stadt einst begann.

Am Ende der Hauptachse Salinen-, Ludwig-, Salzburger Straße erhebt sich der Viereckturm von **St. Zeno**, Münster unter dem Patronat des für eine Salzstadt so wichtigen Schutzheiligen gegen Überschwemmungen. Der Gründung einer Klosterzelle durch Erzbischof Arno von Salzburg um 810 folgte 1136 die des Augustinerchorherrenstifts. Die 1208 vollendete romanische Basilika – damals die mächtigste Altbayerns – ging 1520 in eine gotische Pfeilerbasilika mit Stichkappengewölbe über, die immer von Neuem verändert und restauriert wurde. Eine spätromanische Rarität aber blieb: das löwengestützte *Stufenportal* in der Vorhalle, ein lombardisch beeinflusstes Wunderwerk an reich gegliedertem und ornamentiertem rötlichen, weißen und gelblichem Untersberger Marmor mit Madonna, St. Zeno und St. Rupert im Tympanon. Und im lichten *Inneren* gibt es qualitätvolle spätgotische Einzelwerke: Taufstein, Rotmarmorkanzel, Chorgestühl, vor allem aber das pacherisch inspirierte Schnitzwerk der *Marienkrönung* (1520) im Hochaltar und die beiden (nicht dazugehörigen) Flügelbilder des in München tätig gewesenen Niclas Horverk (›Heimgang‹ und ›Himmelfahrt Mariens‹, um 1514). Im romanischen, frühgotisch gewölbten *Kreuzgang* (selten zugänglich) fesseln zwei Reliefs des Klosterwohltäters Kaiser Barbarossa und der Darstellung der Äsop-Fabel von Fuchs, Wolf und Kranich als Anspielungen auf Versuchungen des religiösen Lebens.

Der Kurbezirk von Bad Reichenhall umfasst außer Bayerisch Gmain die Ortsteile Kirchberg, Karlstein, Nonn, Marzoll – ein Platz wie der andere von der Lage verwöhnt und auf bequemen Wegen zu Fuß zu erreichen. Sitzend, in der Kabinenbahn, kann man den **Predigtstuhl** (1614 m, Bergstation 1585 m) erklimmen, um den allerschönsten Blick aufs Saalachtal und die Umgebung zu gewinnen und Touren ins Lattengebirge zu Karkopf oder Dreisessel anzuschließen (bis zu 2 Std.). Auf dem Weg zum **Thumsee**, wo die interessanteste Strecke des Soleleitungswegs beginnt, sieht man auf einem Felssporn in Schwindel erregender Position die barocke Wallfahrtskirche **St. Pankraz** (260 Stufen!), und, durch eine Schlucht getrennt, auf demselben Felsen

Schweben zwischen Himmel und Erde: Mit der Kabinenbahn auf den Predigtstuhl

die Ruine **Karlstein**, einst Burg der Hallgrafen, dann der Wittelsbacher. Der Grenzort **Marzoll** im Nordosten unterm Untersberg steuert der Burgromantik einen viertürmigen Zinnenbau in der Neogotik des 19. Jh. bei, der aber schon auf eine frühe Salzherrendynastie zurückgeht. Jenseits der Saalach thront vor dem Staufen-Kalkhaupt der gotische Klotz von **Schloss Staufeneck**, jahrhundertelang Wächter der Salzstraße und 1305–1810 Sitz des Salzburger Pfleggerichts.

Auch **Nonn**, nördlich nah bei Bad Reichenhall gelegen, steht unter dem Schutz dieses Berges. Einige Hotelpensionen und die Kirche *St. Georg* liegen ihm an einem Wiesenhang stimmungsvoll zu Füßen. Im einfachen gotischen Bau überrascht Meister Gordian Guckhs zierlicher Flügelaltar (1513), der Skulptur, Malerei, Ornament harmonisch eint. Die Schnitzfiguren im Gesprenge und im Schrein (hll. Georg mit Ulrich und Martin) sind von edlem Anstand, die Malereien auf Außenflügeln und Rückseite (›Passion Christi‹ und Evangelisten), insbesondere der hl. Georg mit Hochstaufen im Hintergrund, lassen trotz schlechter Restaurierung das an der Donauschule orientierte ›neue‹ Landschafts- und Farbempfinden Guckhs erkennen [s. auch S. 170]. Auffallend ist die Außenkanzel!

Ein beliebter Ausflug führt zur *Padinger Alm* per Auto oder zu Fuß.

i Praktische Hinweise

Information: Kur- und Verkehrsverein, Kurgastzentrum, Bad Reichenhall, Tel. 0 86 51/60 63 55, Fax 0 86 51/60 63 11, www.bad-reichenhall.de

Bergbahn

Predigtstuhlbahn, Südtirolerplatz 1, Bad Reichenhall, Tel. 0 86 51/21 27, www.predigtstuhlbahn.de

Hotels

*****Steigenberger Axelmannstein**, Salzburger Str. 2–6, Bad Reichenhall, Tel. 0 86 51/77 70, Fax 0 86 51/59 32, www.bad-reichenhall.steigenberger.de. Traditionsreiches Kur- und Feriendomizil mit herrlichem Park und See, Beauty- und Fitnesseinrichtungen.

****Neu-Meran**, Nonn 94, Bad Reichenhall, Tel. 0 86 51/40 78, Fax 0 86 51/7 85 20, www.hotel-neu-meran.de. Hotel und Restaurant mit herrlicher Aussicht und ausgezeichneter Küche.

TOP TIPP ***Bürgerbräu**, Waaggasse 1–2, Bad Reichenhall, Tel. 0 86 51/60 89, Fax 0 86 51/60 85 04, www.brauerei gasthof-buergerbraeu.de. Von Lage und Einrichtung bis Küche und Service angenehmes, gediegenes Haus.

***Hofwirt**, Salzburgerstr. 21, Bad Reichenhall, Tel. 0 86 51/9 83 80, Fax 0 86 51/98 38 36, www.hofwirt.de. Historischer Landgasthof nahe der Kuranlagen. Das Restaurant bietet alpenländische Spezialitäten. Biergarten.

Restaurants

Seewirt, Thumsee 1, Thumsee, Tel. 0 86 51/6 12 92. Restaurant direkt am Wasser, Spezialitäten sind Fisch und Spargel.

71 Höglwörth und Högl

Eine versteckte Klosterinsel und ein idyllischer Alpenvorposten.

Hockt wasserschlossartig in einer Senke auf einer Halbinsel in verschilftem See, schart alte Bäume und Bauernhäuser um sich und blickt verträumt zu den Berghäuptern empor: **Stift Höglwörth**. Barock und verwinkelt sind Kloster, Torturm, Hof und Nepomukbrunnen, von 1125 bis 1817 im Besitz der Augustinerchorherren unter Salzburgs Domäne, heute in Privathand. Die Kirche **St. Peter und Paul**, im 17./18. Jh. neu erbaut und gediegen ausgestattet mit Salzburger Altären und Fresken des Trostbergers Franz Nikolaus Streicher, überrascht durch das Hochaltarbild *›Verklärung Christi‹* (um 1600) des bedeutenden Sienesen Francesco Vanni. Den Charme des Inneren aber macht vor allem der schwungvolle malachitgrüne *Rocaillestuck* des Wessobrunners Benedikt Zöpf von 1765 aus. Überhaupt ist ja der ganze Ort ein Charme-Fleckerl, der nicht ahnen lässt, dass am Rand seines Topfs die Salzburger Autobahn donnert, über der die schlanke Nagelfluhkirche des schmucken Dorfes **Anger** einen markanten Blickpunkt bildet.

Charme-Fleckerl zwischen Autobahn und Alpenhäuptern: Stift Höglwörth

Unberührt, umgrünt, ländlich und stimmungsvoll: der Waginger See

Zwischen Anger und Ainring liegt der Berg **Högl** (827 m), ein Vorposten der Alpen wie der Teisenberg westlich davon. Von hier über Waging und Laufen bis Asten nördlich Tittmoning erstreckt sich der *Rupertiwinkel*, der 1816 entstand, als das Fürstentum Salzburg zwischen Bayern und Österreich aufgeteilt wurde. Mag er seit 1972 auch auf die drei oberbayerischen Landkreise Altötting, Traunstein und Berchtesgadener Land aufgeteilt sein – dass er eine historisch geprägte einheitliche Kulturlandschaft ist, offenbart sich auf Schritt und Tritt.

Der allseitig wundervolle *Aussichten* bietende Högl, einst nah der Römerstraße, ist uraltes Siedlungsgebiet. Zwischen Wäldern und Buckelwiesen kuscheln sich Weiler und Einöden mit Bauerngärten und Obstbäumen, und die Kirchen weisen mit ihren Namen St. Georg, St. Johannes, St. Ulrich auf früheste christliche Heiligtümer hin. Besonders spürbar wird die historische Frühe in jener von **Johanneshögl**, wo sich an spätromanischen Mauern außen wie innen *Freskenzyklen* vom 13.–15. Jh. erhalten haben.

In **Weildorf** nördlich des Högl, auf dem Weg zum Waginger See, hat die Kunst des Seeoner Meisters eine seiner liebreizendsten Schöpfungen hinterlassen: ein Hauptwerk aus der Reihe der ›*Schönen Madonnen*‹ des ›Weichen Stils‹ um 1430. Die damenhafte Muttergottes mit Kind, von Kaskaden von Röhrenfalten umschmeichelt, hat in der Kirchenvorhalle ihren Platz, indes im Netzhimmel des Innenraums ein Mariengarten voller fremdartiger Blüten und Knospen wuchert und Spruchbänder sich um Engel und Propheten schlingen, auch um Fürsterzbischof Leonhard von Keutschach und Meister Konrad, Stifter und Maler der *Fresken* (um 1500) in der schönen spätgotischen Wallfahrtskirche.

i Praktische Hinweise

Restaurant

Gasthof Alpenhof, Dorfplatz 15, Anger, Tel. 0 86 56/98 48 70, www.alpenhof-anger.de. Familienbetrieb mit kulinarischen Ambitionen. Eine besondere Empfehlung für Genießer!

72 Waginger See

Kinderfreundlich warmer See im Bauernland, von Meister Guckhs Heiligen beschirmt.

Ainringer Moos, Schönramer Filz und Waginger See sind reizvolle Hinterlassenschaften des Salzachgletschers. Die **Schönramer Filz** ist als Reservat seltener Tiere und Pflanzen ein Naturschutzgebiet, dennoch durch Wanderwege behutsam erschlossen, und der lange und recht flache, darum sehr warme Waginger See ein ideales Badegewässer (27 m tief). Ein 1867 angelegter Straßendamm teilt ihn in zwei Becken, den Waginger und den Tachinger See, doch eine Rinne ermöglicht den Bootsverkehr. Spät erst vom Tourismus entdeckt, nie von der Eisenbahn tangiert, bis heute nur spärlich bebaut, wirkt der See wohltuend unberührt, stimmungsvoll eingebettet in Baumreihen, grüne Matten, Waldungen.

Der größte der wenigen Badeorte ist der Marktflecken **Waging am See**, einst

Gordian Guckhs Kreuztragung (1511/13) vor dem Weichbild Reichenhalls in St. Leonhard am Wonneberg

an der Römer-, dann Salzstraße, heute an der Kreuzung der Straßen von Traunstein, Wasserburg, Tittmoning, Salzburg gelegen. Bürger-, Handwerks- und Gasthäuser des 18./19. Jh. mit Flachsatteldach oder Innstadt-Gradheit prägen das gemütliche Ortsbild. Salzburger Baumeister schufen die stattliche Barockkirche. Der großzügige Bade- und Promenadestrand ist mit allen modernen Einrichtungen bestückt, einschließlich einem ›Kurhausstüberl‹ zur Gaumenkur.

Dörfer und Weiler rings auf den Hügelkuppen sind Idyllen geblieben. Südwestlich schraubt sich der vierzwiebelige Kirchturm von **St. Leonhard am Wonneberg** in den Himmel. Feingliedrig sind Bau, Empore, Netzrippen (mit frühbarocken Fresken) und neogotische Altäre der spätgotischen Kirche. Eindringlich aber leuchtet die blutvolle Malerei der *Hochaltartafeln* (1511/13), Hauptwerk des dem Kreis der Donauschule zuzurechnenden Gordian Guckh. Die vier Passionstafeln (bei geschlossenem Zustand) zeigen das Geschehen vor dem Hintergrund dieser Gegend: Gethsemane vor Salzburg, Kreuztragung vor Reichenhall, Kreuzigung vor Hallein mit Hohem Göll, Auferstehung vor Teisendorf. Dass Salzburg in einem lichtvollen, Reichenhall in einem düsteren Zusammenhang erscheint, ist als gemalte politische Agitation zu verstehen, denn der Maler, wohlhabender Bürger und zeitweilig Bürgermeister von Laufen, war natürlich prosalzburgisch und antibayerisch. Bei geöffnetem Zustand flankieren die Guckh-Tafeln der hll. Laurentius, Johannes d. T., Sebastian und Stephanus die neogotischen Schnitzfiguren der hll. Agnes, Leonhard und Aloisius.

An der Nordspitze des Tachinger Sees birgt das einsam auf einer Anhöhe bei Tengling stehende Kirchlein **St. Koloman** (Schlüssel im Haus neben der Kirche) den einzigen vollständig erhaltenen *Schnitzaltar* (1515) aus Guckhs Werkstatt, in der auch Bildschnitzer, Kistler, Fassmaler tätig waren. Die Muttergottes und die hll. Koloman und Maximilian im Schrein sind von einem Reigen reliefierter und gemalter Heiliger auf der Predella und den Außen- wie Innenseiten der Schwenk- und Standflügel umgeben, vieles davon ist von großer malerischer Delikatesse, wie die Rundbilder der Evangelisten oder der Engel mit dem Schweißtuch Christi auf der Rückseite. Außerhalb der Kirche schweift der Blick über die in weicher Bewegung für und für emporgleitende Landschaft.

i Praktische Hinweise

Information: Tourist-Information, Salzburger Str. 32, Waging am See, Tel. 0 86 81/3 13, Fax 0 86 81/96 76, www.waging.de

Hotels

****__Hotel Eichenhof__, Angerpoint 1, Waging am See, Tel. 0 86 81/40 30, Fax 0 86 81/4 03 25, www.hotel-eichenhof.de. Reizvolles Hotel am See mit eigenem Strand, Golfrange und Ruderbooten. Tenniscamp nebenan.

**__Gasthof Seehaus__, Seehaus 3, Petting, Tel. 0 86 86/9 88 10, 08 00/9 88 10 10, Fax 0 86 86/98 81 17, www.gasthof-seehaus.de. Landgasthof im Süden, so recht für Familienferien. Geführte Radtouren und Wanderungen.

73 Laufen

Wo Vergangenheit und Schifferherrlichkeit nisten.

Laufen, hübsch in eine Salzachschleife geschmiegt, verdankt seinen Namen und einstigen Reichtum den Stromschnellen (ahd. *louffo*). Sie zwangen die Salzschiffer zum Umladen der Fracht, so entwickelte sich der Ort mit dem Vorort Oberndorf (heute österreichisch) schon bis zum 11. Jh. zu Schiffersiedlung, Salzbörse und Handelsplatz. Der die Einwohner prägende Schifferberuf war vom Schiffsherren-Patriziat bis zu den Plättenschleppern hierarchisch gegliedert und bildete eine ganz eigene Kultur aus, die vom Wirtshaus bis zum hier besonders blühenden Theater reichte. Nach Grenzziehung 1816, Eisenbahnbau 1860 und Aufhebung des Landratsamts 1972 verlor die Stadt zunehmend an Bedeutung.

Unversehrt blieb dadurch aber ihre Baugestalt erhalten. Die Patrizier- und Bürgerhäuser der kantigen Inn-Salzach-Bauweise sind hier wahre Kastelle, oft durch Schwibbögen über rinnsalengen und verwinkelten Gässchen aneinander gebunden und hoch überragt vom Zelt der Pfarrkirche. Sie stehen am Oberen **Stadt- oder Marienplatz**, der sich im Osten zur bogenreichen, grünpatinierten *Jugendstilbrücke* – eine Rarität! – nach Österreich öffnet. Und sie reihen sich, meist im Kern spätgotisch, dann barock überbaut, in der vom Marienplatz zur Pfarrkirche führenden Hauptachse, der malerischen **Rottmayrstraße**.

An deren Ende erhebt sich **Mariä Himmelfahrt** über einem niedrigen, dämmrigen spätgotischen Laubengang mit Hunderten von Grabmalen. Es ist die erste gotische Hallenkirche Altbayerns, 1330–38 von einem Unbekannten gebaut. Ihre imponierend steile Westfassade zeigt deutlich noch den Turm der romanischen Vorgängerkirche. Harmonisch sind die Maßverhältnisse des lichten Raums mit drei gleich breiten Schiffen, edel gestaltet die Pfeiler, Gewölbe, Fenster. Innerhalb der qualitätvollen, meist gotischen Ausstattung fallen die *Tafelbilder* (1467) des früheren Hochaltars, ›Geburt‹ und ›Passion Christi‹, an den Seitenwänden auf. Meisterwerke der Spätgotik sind die prangenden *Rotmarmorgrabmale* für Laufener Schiffsherren an der Westwand. Unter den Barockwerken ist nicht der etwas trockene Hochaltar, sondern das rechte Gemälde des Salzheiligen Rupert vor dem Hintergrund des Hohen Göll von 1691 bemerkenswert. Es stammt von dem in Laufen geborenen großen Barockfreskanten und Maler *Joh. Michael Rottmayr* (1654–1730), ›Salzburgs Rubens‹ genannt, der in Salzburg, Wien, Passau, Breslau, Melk Hauptwerke hinterließ. Sein Gemälde der hll. Cäcilie und Lukas links vom Südportal spielt als Epitaph für die Eltern – in Umkehrung – auf deren Berufe an: Die Mutter war Malerin, der Vater Organist. Auch in der nahen, schon in Österreich liegenden **Wallfahrtskirche Maria Bühel** hängen Rottmayr-Bilder von venezianischem Schmelz.

Die originelle Jugendstilbrücke über die Salzach verbindet Laufen mit Österreich

Und hat man Kinder an der Hand, wird man sie in **Oberndorf** zu jener Gedächtniskapelle führen, wo am Heiligen Abend 1818 ›Stille Nacht, heilige Nacht‹ zum ersten Mal erklang, von Vikar Josef Mohr gedichtet und von Volksschullehrer Franz Gruber komponiert. Als die St. Nikolauskirche, wo das geschah, um die Wende zum 20. Jh. im Hochwasser unterging, war das Lied schon so berühmt, dass ihm eigens an derselben Stelle diese *Stille-Nacht-Kapelle* gebaut wurde.

i Praktische Hinweise

Information: Touristikverband Abtsdorfer See, Schlossrondell 2, Laufen, Tel. 0 86 82/18 10, Fax 0 86 82/80 99 14, www.abtsdorfersee.de

Hotel

Hotel Kapuzinerhof, Schlossplatz 4, Laufen, Tel. 0 86 82/95 40, Fax 0 86 82/

Tittmonings Stadtplatz ist der weiträumigste aller Inn-Salzach-Plätze. Für einen Spaziergang an seinen Bilderbuchfassaden entlang sollte man sich Zeit nehmen. Hinterm Salzburger Tor grüßt Meister Adebar ▷

95 42 99, www.kapuzinerhof-laufen.de. Geschmackvoll modernisiertes Hotel in der alten Klosteranlage mit modernem Anbau. Zimmer mit individueller Note, z. T. mit Wintergarten. Das Restaurant bietet qualitätvolle Küche. Schön sitzt man auch im Biergarten des Klosterhofs.

74 Tittmoning

Wo die Stadtplatzherrlichkeit die Palme verdient.

Der Titan Atlas auf einer der berühmten hiesigen Schützenscheiben stemmt einen Globus empor, auf dem im Mittelpunkt ein einziger Ort prangt: Tittmoning. Zu solch humorigem Selbstbewusstsein hatten die Tittmoninger allen Grund, stand doch ihre bis in die Römerzeit zurückgehende, von den Salzburger Herren seit dem 13. Jh. mit einer Burg gegen Bayern befestigte Stadt als Handels- und Handwerksort, Verwaltungszentrum und Jagdresidenz der Erzbischöfe mächtig in Blüte. Das bezeugt noch heute der **Stadtplatz**, der wohl schönste und weiträumigste der Inn-Salzach-Bauweise, mit seinen farbigen Fronten aus Barock-, Rokoko-, Biedermeierfassaden, mit Stuck, Erkern, Medaillons geziert, am *Rathaus* gar mit ganzen Scharen lorbeerumkränzter Cäsarenbüsten. Durch Bebauung in der Mitte früher nicht ganz so weitläufig, war er in den nördlichen ›Herrenmarkt‹ und den südlichen ›Saumarkt‹ der Handwerker geschieden und quer vom Mühlbach durchflossen, der in domestizierter Form heute noch da ist, zusamt Katzenkopfpflaster, Brunnen und Denkmälern, um nur die *Mariensäule* (1758) von Stadtbildhauer Joh. Georg Itzlfeldner oder die *Nepomuk-Statue* (1717) von Joseph Anton Pfaffinger zu nennen.

Auch hier ist die Stadtgestalt innerhalb Toren und Ummauerung weitgehend erhalten. Von der tiefer liegenden Flusslände staffelt sie sich über Wasservorstadt, Stadtplatz, barocktürmig aufragende Kirchen zum Steilkegel mit Burg empor. Salzburger Hofkünstler waren die Hauptmeister der Kirchen. In der spätgotisch-barocken **Pfarrkirche St. Laurentius**, die nach einem Brand 1820 innen neu ausgestattet wurde, fesseln in der Kreuzkapelle der Gnadenstuhl-Altar mit *Evangelistenfiguren* (1699) nach Entwurf des Mondseers Meinrad Guggenbichle, vor dem Chor zwei Gemälde von Cosmas Damian Asam: ›*Schutzengel*‹ und ›*Immaculata*‹ (1720). Der Salzburger Bartholomäus van Opstall schuf vermutlich die barocke **Allerheiligenkirche** und die typisch salzburgischen schwarz-goldenen Altäre, die auf 1683 datiert sind.

Am mitreißendsten aber ist der Marmoraltar in der **Schlosskapelle** der Burg mit einem furiosen Engelsturz-Gemälde (1697) von Rottmayr, flankiert von herrlichen Erzengeln von Michael Bernhard Mandl, dem Salzburger ›Rossebändiger‹-Meister. Die imposante aus Tuffquadern erbaute **Burg** (www.burg-tittmoning.de) schaut heute nur noch auf dekorative Weise wehrhaft drein, denn schon 1614 wurde sie nach Belagerungsschäden zum Jagdschloss umgebaut.

Eine ›natürlichere‹ Heimstatt als ihre vielgestaltigen und atmosphäredichten

TOP TIPP

Räume konnten die Schätze des **Heimathaus des Rupertiwinkels** (Tel. 0 86 83/7 00 10, Führungen Mai –Sept. Fr–Mi 14 Uhr, für Gruppen nach Vereinbarung) nicht finden, die ungemein reich sind an Außergewöhnlichem, ob Römermosaik, ob barocker Pestlöffel zur Verabreichung der Kommunion, wie auch an Alltäglichem, etwa einer Kollektion ornamentreich gewirkter Sparstrümpfe. Höhepunkte aber sind der Schnörkelwald aus 180 schmiedeeisernen *Grabkreuzen* des 17.–19. Jh. und die 130 *Schützenscheiben* der hiesigen Schützengilde von 1600 bis 1930, die für festliche Wettschießen hergestellt wurden. Da es Schützenbrauch war, den ersten Schuss zur Sonne hin abzufeuern, sind es runde Scheiben, bunt bemalt mit Göttern, Menschen oder Affen – aufschlussreiche Volkskunst.

Schützenscheibe mit Darstellung des Schmiedehandwerks (18. Jh.) im Tittmoninger Heimathaus des Rupertiwinkels

Ebenfalls in der Burg ansässig ist das neue **Gerbereimuseum** (Mai–Okt. tgl. 13–16 Uhr), einer interaktiven Dokumentation zu Tradition und Techniken der Lederbearbeitung – unter dem Motto ›Von der Lederhaut zur Lederhose‹.

Burghof und Scheibensaal sind häufig Schauplatz historischer Burgfeste und andere beliebter Kulturevents.

i Praktische Hinweise

Information: Städtisches Verkehrsamt, Stadtplatz 1, Tittmoning, Tel. 0 86 83/70 07 10, Fax 0 86 83/70 07 30, www.tittmoning.de

Oberbayern aktuell A bis Z

Vor Reiseantritt

ADAC Info-Service:
Tel. 0 18 05/10 11 12, Fax 0 18 05/30 29 28 (0,12 €/Min.)

ADAC im Internet: www.adac.de
www.adac.de/reisefuehrer

Oberbayern im Internet:
www.treffpunkt-oberbayern.de
www.urlaubsregion-oberbayern.de

Informationen erhält man bei:

Tourismusverband München-Oberbayern, Radolfzellerstr. 15, 81243 München, Tel. 089/8 29 21 80, Fax 089/82 92 18 28, Mo–Do 9–12 und 13–16, Fr 9–12.30 Uhr, *Prospekt-Tel.* 089/82 92 18 30, www.oberbayern-tourismus.de

Bayern Tourismus Marketing GmbH, Leopoldstr. 146, 80804 München, Tel. 089/2 12 39 70, Fax 089/21 23 97 99, Mo–Do 8.30–17, Fr 8.30–15 Uhr, www.bayern.by

OberbayernCard, www.oberbayern-card.de. Die Chipkarte, erhältlich in Tourismusbüros und bei Kurverwaltungen, gilt für über 100 Attraktionen der Region wie Museen, Schiffsfahrten, Erlebnisbäder etc. Es gibt sie für 3 oder 5 Tage, frei wählbar innerhalb von 14 Tagen, oder für 6 Tage innerhalb eines Jahres.

Allgemeine Informationen

Tourismusämter

Tourismusbüros der einzelnen Orte sind unter den ›Praktischen Hinweisen‹ bei den Ortsbeschreibungen zu finden oder beim Tourismusverband München-Oberbayern (s. o.) zu erfragen.

Notrufnummern

Polizei: Tel. 110

Unfallrettung: Tel. 110

Feuerwehr: Tel. 112

Notarzt: Tel. 115

ADAC-Rettungshubschrauber:
Tel. 110 oder 112

ADAC-Pannenhilfe Inland:
Tel. 0 18 02/22 22 22 (0,06 €/Min.) (rund um die Uhr), Mobil-Tel. 22 22 22 (unterschiedliche Gebührensätze der Netzanbieter für Kurzwahlnummern). Bei Pannen mit einem Mietfahrzeug ist immer zuerst der Vermieter zu informieren.

Fahrzeugbezogene Schutzbriefleistungen: Tel. 089/76 76 70

Notrufsäule: Wer die Dienste des ADAC in Anspruch nehmen möchte, muss diesen ausdrücklich verlangen.

◁ Oberbayern prahlt mit bäuerlichem Schick, atemberaubender Natur und cooler Kulinarik

ADAC Stau-Info: Mobil 2 24 99 (0,51 €/Anruf plus Verbindungskosten)

Österreichischer Automobil Motorrad und Touring Club
ÖAMTC Schutzbrief-Nothilfe:
Tel. 00 43(0)2 51 20 00

Touring Club Schweiz
TCS Zentrale Hilfsstelle:
Tel. 00 41(0)2 24 17 22 00

Konsulate

Österreichisches Generalkonsulat, Ismaninger Str. 136, 81675 München, Tel. 089/99 81 50, Fax 089/9 81 02 25, www.oegkmunechen.de

Schweizerisches Generalkonsulat, Brienner Str. 14, 80333 München, Tel. 089/2 86 62 00, Fax 089/28 05 79 61, www.eda.admin.ch

Anreise

Auto

Umfangreiches **Informations- und Kartenmaterial** können ADAC-Mitglieder in Deutschland kostenlos bei den ADAC-Geschäftsstellen oder unter Tel. 0 18 05/10 11 12 (0,12 €/Min.) anfordern.

Außerdem sind im ADAC Verlag erschienen: der ADAC Reiseführer und der ADAC ReiseführerPlus *München*, die AutoKarte *Süd-Bayern* (1: 200 000) der Freizeitatlas *Bayern* (1: 100 000), die Freizeitkarte *Münch-*

ner Alpenvorland (1:100 000), die Stadtatlanten *München, Werdenfelserland und Chiemgau*, die Stadtpläne *Bad Tölz, Garmisch-Partenkirchen, Landsberg, München, Rosenheim, Starnberg* und *Weilheim* (www.adac.de/karten).

Fünf **Autobahnen** laufen in München zusammen: Die Garmischer (A 95), Lindauer (A 96), Nürnberger (A 9), Passauer (A 92) und Salzburger Autobahn (A 8) münden direkt in den Mittleren Ring, während die aus Stuttgart kommende Autobahn (A 8) über die Verdistraße auf den Ring führt.

Aus **Österreich** führen die Autobahn Wien–Salzburg und die Inntal-Autobahn Brenner–Kufstein nach Oberbayern, aus der **Schweiz** die A 96 Lindau–Memmingen–München.

Bahn

Knotenpunkt ist der Münchner Hauptbahnhof. Von hier aus gibt es täglich Direktverbindungen nach Garmisch-Partenkirchen, nach Kochel, über Rosenheim und Traunstein nach Freilassing, nach Bayrischzell, Kiefersfelden, Bad Tölz.

Fahrplanauskunft:

Deutschland

Deutsche Bahn, Tel. 118 61 (gebührenpflichtig), Tel. 08 00/150 70 90 (sprachgesteuert), www.bahn.de

DB Autoreisezug, Tel. 0 18 05/24 12 24, www.dbautozug.de

Österreich

Österreichische Bundesbahn, Tel. 05 17 17, www.oebb.at

Ankunft und Abschied: der Tower des Münchner Flughafens im Erdinger Moos

Schweiz

Schweizerische Bundesbahnen, Tel. 09 00 30 03 00, www.sbb.ch

Die **S-Bahn** bedient mit ihren Endpunkten Herrsching (S 5), Tutzing (S 6), Wolfratshausen (S 7) und Holzkirchen (S 2) das südliche Münchner Umland in einem Radius von etwa 30 km (Infoschalter S-Bhf. im Hauptbahnhof). *Auskunft*:

MVV Münchner Verkehrs- und Tarifverbund, Tel. 089/41 42 43 44, www.mvv-muenchen.de

Flugzeug

Der **Flughafen München Franz Josef Strauß** (Flugauskunft, Tel. 089/97 52 13 13, www.munich-airport.de, s. S. 33) etwa 30 km nördlich von München ist Bayerns Drehscheibe des Luftverkehrs. Wichtigste Verkehrsanknüpfung mit dem Auto ist die Autobahn A 92.

Bank und Post

Bank

Schalterstunden von **Münchner** Banken und Sparkassen im Allgemeinen Mo–Fr 9–13 und 14–16, Do 9–13 und 14–18 Uhr. Längere Öffnungszeiten haben die Filialen der Reisebank AG in der Schalterhalle des Hauptbahnhofs (tgl. 6–23 Uhr) sowie im Flughafen (tgl. 6.15–22 Uhr).

In der **Region** sind Banken meist Mo–Fr 8–12 und 14–16, Do bis 17/18 Uhr geöffnet.

Post

Postämter sind in der Regel Mo–Fr 8–12 und 15–17 Uhr, Sa 8–12 Uhr geöffnet, in größeren Orten mittags auch durchgehend und abends bis 18 Uhr.

Längere Öffnungszeiten haben zudem in **München** das Postamt 1 (Residenzstr. 2, Mo–Fr 8–18, Sa 8–13 Uhr) sowie das Postamt 32 (Bahnhofsplatz 1, gegenüber Hauptbahnhof, Mo–Fr 7–20, Sa 8–16, So 9–15 Uhr).

Einkaufen

Öffnungszeiten

In **München** sind die Geschäfte in der Innenstadt sowie die Kaufhäuser in der Regel Mo–Sa 9/10–20 Uhr geöffnet. Im Übrigen sind die Geschäftszeiten etwa Mo–Fr 9–18/19, Sa bis 14/16 Uhr.

In der **Region** Oberbayern sind Geschäfte meist Mo–Fr 8/9–18/18.30 Uhr, oft mit Mittagspause, und Sa bis 12/13 Uhr geöffnet. In der Regel gibt es zwar keine längere Abendöffnungszeiten, Ausnahmen bilden aber mancherorts große Kaufhäuser und Lebensmittelgeschäfte. *Achtung*: Metzger haben vielerorts Montag geschlossen, in Dörfern haben viele Geschäfte auch Mittwochnachmittag ›Ruhetag‹.

Weiß-blaue Einkäufe

»Wat sind dat für Büschel auf den Hüten, die die Männer dort tragen?« Die Rheinländerin, die dies in einem Ton fragte, als säße sie in einer mikronesischen Exotenshow, war vierfach entgeistert zu hören, dass es erstens *Gamsbärte* seien, die zweitens nicht unterm Kinn, sondern auf dem Rücken von Bergziegen wachsen, dass drittens »die Büschel« gut und gerne bis zu 1000 € kosten können und viertens weit eher von ihren Landsleuten als von Hiesigen gekauft würden. Zu erstehen sind sie in Trachtengeschäften, die ja auch Trachtenaccessoires führen.

Dass in der **Trachtenmode** inzwischen alles erlaubt ist, ob umrüschtes Dirndl-Mini, ob Jeans-Trachtenblazer-Kombination, ob feierliches ›Opern-Dirndl‹, hat sich herumgesprochen. Kaufhäuser von München bis Berchtesgaden führen in ihren Trachtenabteilungen Dirndl und Lederhosen ab 220 €, das Handgenähte in Fachgeschäften liegt zwischen 440 und 1000 €, historische Modelle noch höher. Auch die flauschigen, wetterfesten Original-*Walkjanker* für Damen wie Herren in leuchtenden Farben sind handgefertigt. Bei den Accessoires sind die *Hosenträger* das Wichtigste, die je nach Raffinesse der Auszierung von 120 € aufwärts kosten. Bunte *Wildledergürtel* mit daran baumelnden *Börsen* bleiben unter dieser Summe. Die von Mann wie Frau zur Tracht so gern getragenen *Charivaris* sind freilich ein Luxus, den man in Trachtengeschäften, aber auch in Antiquitätengeschäften bekommt: Die silberne Schmuckkette wird an Lederhose und Trachtenrock angebracht. Man hängt sie mit Amuletten und Münzen voll, silbergefasste Hirschgeweihsprossen oder Wildsauzähne dürfen als hochsymbolische ›Männlichkeitserhalter‹ nicht fehlen.

Was die **Mitbringsel** angeht, so bewähren sich Gegenstände aus der Volkskunst-Tradition stets königlich-bayerisch.

Lausbübisches Trachten-Modell vor dekorativer Bergkulisse

Als da wären: Herrlich duftende *Gewürzsträußerl*; *Wachsgebilde* wie Städtewappen, Zierkerzen, historische Darstellungen, Volks- und Heiligenfiguren; Geschirr nach alter Handwerksart sowie Figuren aller Art aus *Zinn*, z. B. die Moriskentänzer en miniature; *Bierkrüge aus Steingut*, ob Maßkrug, Halbekrügl oder ›Keferloher‹ mit Zinndeckel; Tischdecken, Servietten, Geschirrtücher aus Bauernleinen in *Blaudruck*.

Aus Dießen am Ammersee wird man sich *Töpferwaren* mitnehmen, aus Berchtesgaden kunstvoll gemalte *Spanschachteln* und *Holzspielzeug*, aus Oberammergau Holzgeschnitztes in Schwindel erregend großer Auswahl, aus Ettal natürlich *Klosterlikör*, von der letzten Kugelmühle an der Almbachklamm bei Berchtesgaden vielfarbige *Marmorkugeln*, von der Saline Reichenhall ein *Salz*-Set mit vielerlei Salzarten.

Wer in den einzelnen Orten noch nicht an Mitbringsel gedacht hat, kann es in **München** nachholen. Hier findet er auf engstem Innenstadtraum fast all das Genannte, darüber hinaus allerlei sonst vom *Fatschenkind* bis zum steinernen *Bayerischen Löwen* in Kleinformat. Ein extravaganteres Souvenir wäre ein griechisches Väschen oder ägyptisches Nilpferd, wie es sie z. B. in der Glyptothek, den Antikensammlungen und der Ägyptischen Sammlung als *Kopien* zu kaufen gibt. Auch die Gemäldesammlungen bieten hochqualitative *Reproduktionen berühmter Gemälde* an. Das Exquisiteste wäre natürlich ein Stück aus der *Nymphenburger Porzellanmanufaktur*.

Auch feine *Pralinen* in hübschen Verpackungen mit dem Namen einer bekannten Confiserie können als Mitbringsel nie verfehlt sein, wobei es überdies die Frauentürme oder Bayerische Knödel als Schleckerlein gibt.

Confiserien

München

Café Luitpold, Brienner Str. 11, München, Tel. 089/2 42 87 50

Conditorei-Café Hag(Rottenhöfer), Residenzstr. 25/26, München, Tel. 089/22 29 15. ›Bayerische Knödel‹.

Elly Seidl Pralinenspezialitäten, Maffeistr. 1, München, Tel. 089/22 44 34. ›Münchner Kuppeln‹.

Oberbayern

Café Wagner, Wiesseerstr. 35, Gmund, Tel. 0 80 22/9 68 60

Café Spiesberger, Maximilianstr. 11, Berchtesgaden, Tel. 0 86 52/25 24

Café und Konditorei Krönner, Achenfeldstr. 1, Garmisch-Partenkirchen, Tel. 0 88 21/30 07. Bekannt für seine Agnes-Bernauer-Torte.

Kunstgewerbe

München

Münchner Geschenke-Stuben, Petersplatz 8, München,Tel. 089/26 74 56

Der Wachszieher am Dom, Thiereckstr. 2, München, Tel. 089/22 50 23

Sebastian Wesely Wachswaren, Rindermarkt 1, München, Tel. 089/26 45 19

Etcetera Kunst und Humor, Wurzerstr. 12, München, Tel. 089/22 60 68. Bayerische Kuriositäten, Schmuck und Gläser

Anhänger sollten luxuriös sein

Nymphenburger Porzellanmanufaktur, Verkaufsraum Odeonsplatz 1, München, Tel. 089/28 24 28 und Fünf Höfe, Theatinerstr., München, Tel. 089/15 90 37 18

Oberbayern

Bayerische Volkskunst, Am Kurpark 18, Garmisch-Partenkirchen, Tel. 0 88 21/31 34

Wachskunst und Kerzen Resch, Loisachstr. 34, Garmisch-Partenkirchen, Tel. 0 88 21/5 72 24

Ettaler Andenkenstüberl, Kaiser-Ludwig-Platz 2, Ettal, Tel. 0 88 22/42 75

Der Heinzeller, Dorfstr. 18, Oberammergau, Tel. 0 88 22/36 37. Holzschnitzereien

St. Lukas-Verein, Oberammergau. Infos im Passionsspieltheater, Tel. 0 88 22/9 45 88 33. Die Arbeiten dieses Holzbildhauervereins sind garantiert handgeschnitzt.

Berchtesgadener Handwerkskunst, im Heimatmuseum, Schloss Adelsheim, Schroffenbergallee 6, Berchtesgaden, Tel. 0 86 52/44 10 und Schlossplatz 1, Berchtesgaden, Tel. 0 86 52/97 97 90

Trachten und Zubehör

München

Charivari, Herzogspitalstr. 10, München, Tel. 089/2 60 47 80

Dirndl-Ecke am Platzl, Sparkassenstr. 10, München, Tel. 089/22 01 63

Loden-Frey, Maffeistr. 7–9, München, Tel. 089/21 03 90

Trachten Gössl, Residenzstr. 14, München, Tel. 089/44 23 86 67

Oberbayern

Rita Braun/Trachten Kirner, Amortplatz 1, Bad Tölz, Tel. 0 80 41/90 11

Trachtenhaus Grassegger, Am Kurpark 8, Garmisch-Partenkirchen, Tel. 0 88 21/94 30 00

Trachten Werner, im Hotel Wittelsbach, Dorfstr. 21, Oberammergau, Tel. 0 88 22/69 37

Trachten Stadler, Seestr. 1, Rottach-Egern, Tel. 0 80 22/2 69 69

Gerdi Westermeyr – Lust auf Mode und mehr, Seestr. 5, Prien, Tel. 0 80 51/24 05. Anfertigung von Originalmodellen.

Tracht und Mode Freizeit Max Köppl, Weihnachtsschützplatz 5, Berchtesgaden, Tel. 0 86 52/97 67 61

Essen und Trinken

Die bayerische Küche [s. S. 180 f.] ist weit über die Landesgrenzen hinaus berühmt für ihre deftigen herzhaften Gerichte und üppigen Portionen. Bei Einheimischen wie Touristen gleichermaßen beliebt, wird diese landestypische Kost auch allerorten serviert, ob in der Dorfwirtschaft mit Biergarten unter Kastanien oder in den zahlreichen Münchner Brauereigaststätten, von den Biergärten der Landeshauptstadt ganz zu schweigen. Daneben bieten italienische Trattorien und Pizzerien, griechische Tavernen, asiatische Restaurants und Speiselokale wie Mexikaner oder Afrikaner – und nicht zuletzt Vegetarier – reichlich Abwechslung für jedweden Ernährungsplan.

Feste und Feiern

Feiertage

1. Januar (Neujahr), 6. Januar (Heilige Drei Könige), März/April (Karfreitag, Ostersonntag, Ostermontag), 1. Mai (Tag der Arbeit), Mai/Juni (Christi Himmelfahrt, Fronleichnam, Pfingstsonntag, Pfingstmontag), 15. August (Mariä Himmelfahrt), 3. Oktober (Tag der Deutschen Einheit), 1. November (Allerheiligen), 25./26. Dezember (Weihnachten)

Feste

Fast jeder Ort hat sein traditionelles Schützen-, Patronats-, Trachtenfest oder Historienspiel. Diese lokalen Feste sind bei den Ortsbeschreibungen angegeben. Die Termine erfährt man aus der regionalen Presse und bei den Tourist-Informationen. Der Veranstaltungskalender lässt sich jedoch noch ergänzen mit Brauchtums-Ereignissen, die über ganz Oberbayern verbreitet sind und vielerorts gefeiert werden.

Januar/Februar

In München beginnt der **Fasching** mit der volkstümlichen *Inthronisation des Prinzenpaares* am 6. Januar am Marienplatz und wenige Tage später mit der festlichen Inthronisation im Deutschen Theater. Münchnerische Besonderheiten sind das *Fest der Damischen Ritter* im Löwenbräukeller, die Verleihung des Valentinordens an Persönlichkeiten mit Mutterwitz, das *Faschingstreiben* der Tollen Tage im Stadtzentrum und der *Tanz der Marktfrauen* am Faschingsdienstag am Viktualienmarkt. Anstelle des früheren, nie sehr geliebten Faschingszuges sind Stadtteilumzüge getreten; besonders der Giesinger ist eine Riesengaudi.

Ein beliebtes Ereignis: Maibaum-Aufstellen am Florianiplatz in Bad Reichenhall

In Mittenwald und Garmisch-Partenkirchen heißt der Maskenumzug am Donnerstag vor dem Faschingssonntag *Schellenrührer und Jacklschutzer*. Auf der Firstalm beim Spitzingsee ist am Faschingssonntag *Skifasching*.

April/Mai

In der **Karwoche** werden in München wie an vielen Orten Oberbayerns die Heiligen-Gräber in den Kirchen opulent geschmückt.

Der 23. April ist der Tag des Viehpatrons St. Georg. Er wird an vielen Orten mit einem **Georgiritt** begangen, wobei ein Darsteller des Heiligen auf einem Schimmel und ein Gefolge kostümierter Reiter zur Pferdebenediktion in eine bestimmte Kirche ziehen. Der aufwendigste Georgiritt mit Schwertertanz findet am Ostermontag in Traunstein statt, in Tittmoning wird das Fest am 1. Mai begangen, um den Feiertag zu nutzen.

Auch in Bayern wird am 1. Mai der **Maibaum** aufgestellt, eine uralte Beschwörung der Fruchtbarkeit der Erde. Er ist hier weiß-blau gestrichen oder mit weißblauen Bändern umwickelt und mit Trachtenfiguren und Handwerkszeichen geschmückt.

Am dritten Mai-Sonntag findet eine große **Trachtenwallfahrt** nach Maria Eck bei Siegsdorf statt. Der Marienmonat ist allenthalben in Oberbayern ein Wallfahrtsmonat, besonders in Altötting.

Essen und Trinken hält Leib und Seel' z'amm

Auszog'ne sind keine Sonnennacktanbeter im Englischen Garten und *Sparifankerl* keine besonders dünnen Pommes frites, *Datschi* ist kein Hundekosename und *Kaasloabe* kein Handkäse. Da aber ein allgemeines Wörterbuch des Bayerischen hier rahmensprengend wäre, beschränken wir uns, weil existenznotwendig, auf Speisekartenausdrücke. *Kaasloabe* und *Sparifankerl* wird man darin freilich nicht finden: Das eine ist ein Bläßling (Käselaib), das andere ein kleiner Teufel.

Seligkeit kann auch einfach sein

Bayerische Speisekarte

Auszog'ne – Schmalzgebäck, dessen Hefeteig rund ›ausgezogen‹ und in Butterschmalz ausgebacken wurde.

Beuscherl (auch Lüngerl) – Kalbslunge

Brotzeit – Kräftige Zwischenmahlzeit aus Weißwürsten mit Brezn oder Leberkäs mit Kartoffelsalat, auch Wurstsemmeln, Radi usw.

Dampfnudeln – Kein Nudelgericht, sondern ein Hefeteiggebäck, in Milch (oder Wasser) und Butterschmalz gedämpft, meist mit Vanillesauce oder Kompott serviert.

Datschi – Blechkuchen aus Hefeteig, mit Zwetschgen belegt.

Fleischpflanzerl – Frikadellen

Gselchts – Geräuchertes oder gekochtes Fleisch vom Schwein.

Hax'n – Gebratene Schweine- oder Kalbshaxe

Kalbsschäuferl – Gedämpfte, in Schnitten zerteilte Kalbsschulter.

Kletzenbrot – Süßigkeit aus Trockenfrüchten wie Kletzen (Birnen), Zwetschgen, Rosinen, Feigen, Datteln, mit Hasel- und Walnüssen, Zitrone, Rum und anderen Ingredienzen versetzt und zu kleinen Laiben gebacken.

Krautwickel – Kohlroulade

Kren – Meerrettich

Leberkäs – Aus Rind- und Schweinefleisch gemischter und gewürzter Fleischteig, der in Scheiben geschnitten und kalt, warm oder angebraten mit Kartoffelsalat, auch Spiegelei, zu allen Tageszeiten verzehrt wird. Leber oder Käse enthält er nicht; unter den vielen Deutungen des Wortes ist die Ableitung von ›Lebenskäse‹ – wie alte Münchner gerne sagen – am wahrscheinlichsten.

Leberknödelsuppe – Fleischbrühe mit Knödeln aus Milz, Rindsleber, Semmeln, Eiern und Gewürzen.

Leoni – Lyoner Wurst

Obazda – Camembert oder Gervais, mit gehackten Zwiebeln, Butter, Kümmel und Gewürzen angemacht.

Pfannkuchensuppe – Klare Brühe mit dünnen Streifen Eierkuchen als Einlage.

Radi – Rettich. Er wird in dünne Scheiben zur Spirale geschnitten und mit Salz ›zu Tränen‹ getrieben.

Radler – Bier mit Zitronenlimonade

Reiberdatschi – Kartoffelpuffer

Rohrnudeln – Hefeteiggebäck, im Rohr gebacken, oft mit Zwetschgen oder Äpfeln gefüllt.

Schmalznudeln – Schmalzgebackenes

Schmarrn – Schnelle Pfannenspeise aus Mehl, Milch, Eiern, in heißem Fett unter dauerndem Umstechen braunkrustig geröstet.

Schöberlsuppe – Suppe mit Einlage aus gerösteten Semmelscheiben.

Semmelknödel – Klöße aus in Milch eingeweichten Semmeln oder Weißbrot mit Eiern, Zwiebeln und Gewürzen.

Steckerlfisch – Aufgespießter, über Holzkohlen gebratener Flussfisch.

Surhax'n – Eingepökeltes, aber nicht geräuchertes Schweinefleisch (hauptsächlich Hax'n), in Sauerkraut gekocht. In Berlin ›Eisbein‹ genannt.

Tellerfleisch – Zartes, in Brühe gekochtes Rindfleisch, in Scheiben mit Meerrettich und Schnittlauch auf Holzteller serviert.

Wammerl – Durchwachsener Schweinebauch, gekocht, geräuchert, auch beides.

Weißwurst – 1857 in München kreierte Wurst aus Kalbsbrät, Speck und Gewürzen, die mit süßem Senf, Brez'n und Weißbier genossen wird. Früher wurde sie frisch aus dem Kessel verzehrt und nicht mehr aufgewärmt, deshalb hat sich der (inzwischen ungültige) Spruch gehalten, sie dürfe »das Mittagsläuten nicht mehr hören«. Wer sie in die Finger nimmt und ›auszuzzelt‹, ist nicht schlecht erzogen, sondern hängt ebenfalls am Althergebrachten.

Bier

Mögen die Lebensweisen des Mittelalters auch untergegangen sein: Bier als Nahrungsmittel zu verwenden, hat sich in Bayern ehern gehalten und taugt trefflich als immerwährende Ausrede. Zwar haben die Bayern den Gerstensaft beileibe nicht erfunden – das waren die Sumerer vor 5000 Jahren –, aber dass sie im Brauwesen führend wurden, bewirkte das berühmte Reinheitsgebot von 1516, das festschrieb, Bier aus Gerste, Hopfen und Wasser und keinem Zusatz sonst herzustellen. Im selben 16. Jh. wurde hier das lagerfähige untergärige Bier entwickelt – der Unterschied zum obergärigen liegt in der Art der Bierhefe –, das sogleich weit mehr Absatz fand, heute zu 85% gekauft wird.

Am Viktualienmarkt kann man auch faul sein

Biergattungen werden nach ihrem Stammwürzegehalt unterschieden, der nichts mit dem Alkoholgehalt zu tun hat. Dessen Bildung kommt erst durch Hefezusatz zustande und macht dann ein Drittel bis ein Viertel des Stammwürzegehalts aus. Zu den *obergärigen* Biersorten gehört vor allem das Weizen (Weiß)bier mit 11–12% Stammwürzegehalt, wobei es der Weizenbock auf 17 und der Weizendoppelbock auf 19% bringen. *Untergärige* Biersorten sind das wenig hopfenbittere Lagerbier mit 10–12% Stammwürze, das spritzige Pils mit 11–12%, das vollmundige Export mit 12–13% oder das malzaromatische Märzen mit 13–14%.

Starkbiere haben mehr als 16%. Mitte März bilden das seit 1634 von den Paulanern gebraute *Salvator-Starkbier* am Nockherberg und die anderen ›-ator‹-Biere der verschiedenen Brauereien die ›Vorfrühlingskur‹ der Münchner. Anfang Mai folgt dann die eigentliche ›Frühlingskur‹ mit dem *Maibock*, bei dem sich das Hofbräuhaus besonders auszeichnet. Bekannte **Brauereien** gibt es in Oberbayern u. a. in Andechs, Aying, Holzkirchen, Kaltenberg, Murnau, Maxlrain, Reutberg, Teisendorf, Tegernsee.

Die **Biergärten** werden vielfach auch noch ›Bierkeller‹ genannt, denn früher durfte im Sommer nicht gebraut werden, so lagerte man das Winterbier in tiefen Kellern am Rande der Stadt und pflanzte Schatten spendende Kastanien darüber. Dass die Brauer zum Bier auch noch eine Brotzeit hinstellten, unterbanden neidische Gastwirte. Also brachten die Leut' sich ihre Brotzeit selbst mit. Das *muss* man zwar nicht mehr, *darf* man aber heute noch. In Biergärten wird ›die Maß‹ (ein Liter) manchmal noch in Krügen aus Steingut ausgeschenkt. Da die Anpflanzung von Biergärten außerhalb Bayerns bisher aus rätselhaften Gründen nicht wirklich gelang, ist der Fremde gezwungen, das Paradies der Bayern in Bayern selbst aufzusuchen. Da mag er dann erkennen, aus welchem Stoff die vier sagenhaften Paradiesflüsse in Wirklichkeit bestehen, und dass die Mundschenkinnen dieses Paradieses als Walküren mit 10 bis 14 Maß in zwei Händen einherwandeln.

Am letzten Mai-Sonntag wird in München die neuntägige **Auer Dult** im einstigen Vorort Au rund um die Mariahilferkirche eröffnet: Jahrmarkt und Volksfest zugleich (auch Ende Juli und Ende Oktober). (Maibock und Starkbier, s. S. 181)

Juni

Fronleichnamsprozessionen durch festlich geschmückte Straßen in München, Lenggries, Schliersee, Seehausen am Staffelsee (Bootsprozession), Laufen und vielen anderen Orten.

Um den 24. Juni **Sonnwendfeuer** auf den Tegernseer und Berchtesgadener Bergen.

Juli/August

Fischer- oder Schifferstechen am Starnberger- und Ammersee, in Laufen und anderen Orten [s. S. 42].

14. August: **König-Ludwig-Feiern** anlässlich des Geburtstags Ludwigs II. in Berg, Prien und in Oberammergau, wo auf dem Kofel Bergfeuer in Form eines ›L‹, einer Krone und eines Kreuzes abgebrannt werden.

September/Oktober

Oktoberfest in München [s. S. 35].

November/Dezember

Leonhardiritte oder -fahrten am Tag des hl. Leonhard (6. Nov.), des Nothelfers der Gefangenen (sein Attribut: die Kette) und der Pferde, der seit dem 11. Jh. in Oberbayern besondere Verehrung genießt. Das berühmteste Fest findet am 6. November in Bad Tölz statt, weitere am selben Tag in Kreuth, Murnau, Fischhausen und Froschhausen. Manche Orte feiern am letzten Oktober-Sonntag oder am ersten Wochenende im November (Benediktbeuern, Schliersee, Breitbrunn, Kirchweidach im Rupertiwinkel). In Tutzing wird der hl. Stephanus als Viehheiliger mit einem Stephaniritt am 26. Dezember verehrt.

Kultur live

In bayerischen **Bauerntheatern** treten zwar längst keine Bauern mehr auf, auch das Bayerisch ist eher fremdenverkehrsgeschniegelt, und einen guten Teil der Stücke bilden Schwänke und Possen aus einer Lederhosengaudiwelt, die einzig und allein in Städterköpfen existiert – gleichviel, die vielzitierte bayerische, besonders oberbayerische Spielfreude tritt darin nach wie vor ungebremst zutage. Es gibt hier mehr als 300 Volksbühnen im Amateurstatus, dazu einige professionelle Theater, die sich redlich um die Pflege guter Volksstücke mühen. Sie spielen in Mundart historische Stücke, Ritterspiele, klassische Volksstücke von Anzengruber, Ganghofer, Thoma sowie bäuerliche Lustspiele mit fließenden Grenzen zu dem von Touristen so heiß geliebten Pseudo-Bauernulk. Einige Theater haben eine lange Tradition. Die **Ritterspiele Kiefersfelden** (www.kiefersfelden.de, Tel. 0 80 33/97 65 45) und das **Volkstheater Flintsbach** (www.volkstheater-flintsbach.de, Tel. 0 80 34/83 33) gehen auf das 17. Jh. zurück [s. S. 116]. Die **Theatergesellschaft Bad Endorf** (www.theatergesellschaft-bad-endorf.de, Tel. 0 80 53/37 43) begann 1790

Ja – wo schießen sie denn hin? – Die seit 1705 bestehende Tölzer Schützenkompanie spielt bei den Gedenkfeiern und kirchlichen Festen von Bad Tölz eine wichtige Rolle

mit religiösen Legenden-Spielen zur Kirchweih, die es heute noch, neben anderen Gattungen, aufführt. Das **Tegernseer Volkstheater** (www.tegernseer.volkstheater.de, Tel. 0 80 22/9 32 92) wurde 1898 gegründet, hat die damalige Konkurrenz des populäreren zweiten Bauerntheaters in Tegernsee (bei dem Ludwig Thoma schrieb; s. S. 97) überdauert und ist heute eine Profibühne mit Sitz in Tegernsee und breiter Tourneeskala. Ebenfalls erfolgreich ist das aus den 1920er-Jahren stammende **Chiemgauer Volkstheater** (www.chiemgauer volkstheater.de, Tel. 0 80 36/71 58), das mehrere Orte im Chiemgau fest bespielt und Gastspiele von München bis Mondsee gibt. Weitere Bühnen auf dem Land sind das **Ammerseer Bauerntheater** (www.ammerseer-theaterverein.de, Tel. 0 81 52/9 68 10), gleichfalls am Ammersee die **D'Gmoagaukler z'Inning** (www.gmoa gaukler.de, Tel. 0 81 43/ 81 23), die **Bauernbühne Wörthsee** (Tel. 0 81 53/82 82, Frühjahr und Herbst), die **Heimatbühne Starnberg** (www.heimatbuehne-starnberg.de, Tel. 0 81 51/9 06 00) und das bekannte **Berchtesgadener Bauerntheater** (www.watzmann.de / berchtesgadener-bauern theater, Tel. 0 86 52/28 58). Aus der Fülle der Münchner Mundartbühnen ragen die **Iberl-Bühne** (www.iberlbuehne.de, Tel. 089/74 99 72 21), das **Ludwig-Thoma-Theater** (Tel. 089/59 66 11) und das **Millionendorf-Theater** (www.millionendorf-theater.de, Tel. 089/69 37 03 38) heraus.

›Das Märchen von Märchenkönig LudwigII.‹: Zugstück in Flintsbach

Sport

Angeln

Durch seine Fülle an Seen, Flüssen und Gebirgsbächen ist Oberbayern ein Dorado für Angler. Man benötigt einen Erlaubnisschein des Fischwasserbesitzers und den staatlichen Fischereischein, der vom Gemeindeamt des Urlaubsortes bzw. vom Landratsamt für die Urlaubsdauer ausgestellt wird. *Auskunft*:

Landesfischereiverband Bayern, Pechdellerstr. 16, 81545 München, Tel. 089/6 42 72 60, Fax 089/64 27 26 66, www.lfvbayern.de

Golf

In Oberbayern gibt es heutzutage über 60 Golfclubs und 75 Plätze, überwiegend 18-Loch- und 9- Loch-Anlagen. Sie liegen u. a. in Bad Tölz, Bad Wiessee, Berchtesgaden, Chieming, Feldafing, Garmisch-Partenkirchen, Höslwang, München, Oberau, Prien, Reit im Winkl, Tegernsee, Tutzing, Wörthsee. *Auskunft*:

Bayerischer Golfverband, Georg-Brauchle-Ring 93, 80991 München, Tel. 089/15 70 22 31, Fax 089/15 70 22 34, www.bayerischer-golfverband.de

Radfahren

Ein attraktives Radwegenetz bietet in ganz Oberbayern reichlich Möglichkeiten für alle, die sich Landschaft und sehenswerte Orte auf dem Zweirad erschließen möchten. Eine Broschüre mit Routenbeschreibungen sowie diversen Pauschalangeboten gibt es beim Tourismusverband München-Oberbayern [s. S. 175], eine kostenlose Radwegekarte unter www.bayerninfo.de. *Auskunft*:

Allgemeiner Deutscher Fahrrad-Club (ADFC), Grünenstr. 120, 28077 Bremen, Tel. 04 21/34 62 90, Fax 04 21/3 4 6 29 50, www.adfc.de

Reiten

In der Nähe vieler Urlaubsorte gibt es Reiterhöfe und Reitställe (www.reiten.de), wo man Gelegenheit zum Reiten hat. Hier einige der bekannten Plätze: *Ponyreithof St. Margarethen* bei Brannenburg (www.ponyreithof.de, Tel. 0 80 34/29 09), *Gut Ising* bei Chieming (Tel. 0 86 67/7 90, www.gut-ising.de), *Reiterhof Raab* in Grassau (Tel. 0 86 41/36 73), *Gut Kronberg* in Höslwang (Tel. 0 80 75/91 50 80, www.gut-kronberg.de), *Gut Minihof* in Entraching bei Landsberg (Tel. 0 88 06/74 00, www.minihof.de).

Zugspitzplattschneerummel

Sommerrodeln

Auf speziellen Sommerbahnen – am Blomberg bei Bad Tölz, auf der Schliersbergalm bei Schliersee, am Stuckenberg in Unterammergau, in Garmisch-Partenkirchen, Marquartstein und Berchtesgaden bietet Oberbayern die Möglichkeit, auch ohne Schnee den Spaß am Rodeln in vollen Zügen zu genießen. Auskünfte geben der Tourismusverband München-Oberbayern [s. S. 175] und der im Buchhandel erhältliche *ADAC SommerGuide Alpen*.

Wandern

In Oberbayern kommen neben gemächlichen Wanderern auch geübte Tourengeher auf ihre Kosten. Wandertipps sind bei den jeweiligen Orten angegeben, deren Tourismusbüros auch Auskünfte über Routen etc. geben (oder: www.wanderbares-deutschland.de). Infos liefert auch der im Buchhandel erhältliche *ADAC SommerGuide Alpen*. Wichtig beim Bergwandern sind Einberechnung alpiner Gefahren wie z. B. abrupter Wetterwechsel, aber auch festes Schuhwerk, Rucksack, Kartenmaterial, Regenschutz und Proviant.

Alpine Auskunftsstelle des Deutschen Alpenvereins, Von-Kahr-Str. 2–4, 80997 München, Tel. 089/29 49 40, *Bergwetteransage*, Tel. 089/29 50 70, www.alpenverein.de.

Wintersport

Oberbayern bietet Möglichkeiten zur Ausübung sämtlicher Wintersportarten wie Ski alpin, Langlauf, Snowboard, Rodeln, Bobfahren, Eiskunst- und Eisschnellauf, Eisstockschießen. In allen Wintersportorten gibt es Skischulen. Auf die wichtigsten Wintersportgebiete wird in den Ortsbeschreibungen hingewiesen. Die jährlich neu erscheinenden Publikationen *ADAC SkiGuide Alpen* und *ADAC PistenAtlas* (www.adac.de/skiguide) informieren ausführlich über die Regionen. Auskunft zu *Schneehöhen*: www.schneehoehen.de

Statistik

Lage: Oberbayern wird von Lech, Altmühl, Salzach und den Alpen begrenzt. Seine Landschaft gliedert sich in einen Hochalpenkamm, in einen Streifen mit bewaldeten Vorbergen, in die Moränenlandschaft mit Ammersee, Starnberger See und Chiemsee, in die Ebene der Schotterplatte und in das Tertiärhügelland mit seinen Tälern und Hügeln. In diesem Reiseführer sind nur die Ferienregionen südlich der Linie Landsberg–München–Altötting dargestellt.

Fläche: Mit einer Fläche von 17 693 km² ist Oberbayern größer als Schleswig-Holstein oder Thüringen. 51,6% sind Landwirtschaftsfläche, 34,6% Wald.

Verwaltung: Oberbayern gliedert sich in 20 Landkreise (mit 506 Gemeinden) und 3 kreisfreie Städte (München, Ingolstadt, Rosenheim).

Landeshauptstadt: München (1,27 Mio. Einw.)

Denkmäler: Etwa 26 500 künstlerisch und geschichtlich bedeutende Bauten, davon 4000 Kirchen, Burgen, Schlösser.

Wirtschaft: Die Bereiche ›Dienstleistung‹ und ›Handel und Verkehr‹ erbringen zusammen rund 52% des oberbayerischen Bruttosozialprodukts, wobei dem Tourismus eine ganz besondere Rolle zukommt: 26,6 Mio. Gäste-Übernachtungen, davon 7,7 Mio. in München (2004). Elektrotechnik, Straßenfahrzeug- und Maschinenbau sowie chemische Industrie bilden das industrielle Schwergewicht. Der Anteil der Erwerbstätigen in Land- und Forstwirtschaft sinkt.

Einwohner: 4,21 Mio. (2004)

Unterkunft

Camping

Beschreibungen geprüfter Campingplätze bieten die jährlich neu erscheinenden

Publikationen *ADAC Camping Caravaning Führer* (auch als CD-ROM, www.adac.de/campingfuehrer), *ADAC StellplatzFührer* und *ADAC Bungalow Mobilheim Führer*, die im Buchhandel erhältlich sind.

Hotels und Pensionen

Die Unterkunftsmöglichkeiten in Oberbayern umfassen Hotels aller Kategorie, die oft günstige Pauschalangebote im Programm haben, Garni-Hotels (nur Übernachtung und Frühstück), Gasthöfe, eine große Anzahl von Privatpensionen in Häusern und in Bauernhöfen (›Urlaub auf dem Bauernhof‹) sowie möblierte Ferienhäuser und Ferienwohnungen mit 2 bis 8 Betten, die man für kürzer oder länger mieten kann. Ausführliche Prospekte darüber liegen in den örtlichen Tourist-Informationen oder Kurverwaltungen und werden auf Wunsch zugeschickt. Die ›Praktischen Hinweise‹ nennen einige empfehlenswerte Häuser. Weitere Infos erteilt die Bayern Tourismus Marketing GmbH [s. S. 175]

Urlaub auf dem Bauernhof

Im Bauernland Oberbayern wird die Möglichkeit des Ferienquartiers zunehmend beliebter, vor allem auch bei Familien mit Kindern, die in der ländlichen Umgebung und Nähe zu Tieren Erholung suchen. *Auskunft*:

Landesverband Urlaub auf dem Bauernhof, Kaiser-Ludwigplatz 2, 80336 München, Tel. 089/5 44 79 99 50, Fax 089/5 44 79 99 30, www.uadby.de

Ein Exemplar der Weiß-Blauen Flotte

Angenehme Tage in Oberbayern!

Verkehrsmittel im Land

Bahn

Die Bahnverbindungen sind in ganz Oberbayern recht gut. Ermäßigungen bieten das *Bayern-Ticket* und das *Schöne-Wochenende-Ticket*.

Deutsche Bahn, Tel. 1 18 61 (gebührenpflichtig), Tel. 08 00/1 50 70 90 (sprachgesteuert), www.bahn.de

Bus

Das regionale Busliniennetz ist außerordentlich dicht und erschließt auch kleinere Orte regelmäßig. *Auskunft*:

Regionalverkehr Oberbayern, Hirtenstr. 24, 80335 München, Tel. 089/55 16 40, Fax 089/55 16 41 99, www.rvo-bus.de

Mietwagen

Mietwagenfirmen gibt es in allen Städten und größeren Orten. Mitglieder können über die ADAC-Geschäftsstellen oder unter Tel. 0 18 05/31 81 81 (0,12 €/Min.) bei der ADAC-Autovermietung günstig ein Auto vorbuchen.

Schiff

Chiemsee, Tegernsee, Königssee, Starnberger- und Ammersee können mit einer starken Weiß-Blauen Flotte aufwarten, die zum Teil das ganze Jahr über im Liniendienst verkehrt. Die Adressen finden sich bei den jeweiligen ›Praktischen Hinweisen‹. *Auskunft*:

Bayerische Seenschifffahrt, Seestr. 55, 83471 Schönau am Königssee, Tel. 0 86 52/96 36 18, Fax 0 86 52/96 36 74, www.bayerische-seenschifffahrt.de

Register

Bildnachweis

Umschlag-Vorderseite: Haus in Ohlstadt. Foto: *Gregor M. Schmid, Gilching*

Titelseite
Oben: Schliersee mit Brecherspitz (Wh. von S. 16/17)
Mitte: Bayerische Trachtenträgerinnen (Wh. von S. 101)
Unten: Hauptplatz von Landsberg am Lech (Wh. von S. 53)

Bayernwerk Wasserkraft AG, Kochel am See: 85 unten – *Bildagentur Huber, Garmisch-Partenkirchen:* 6, 6/7 (Alfeld), 8 (R. Schmid), 8/9 (Radelt), 10 (M. Mayer), 10/11 (Radelt), 11 oben (Otto Stadler), 15 unten, 16/17 (R. Schmid), 19 (Gräfenhain), 24 (R. Schmid), 29 (R. Schmid), 26 (R. Schmid), 36 (R. Schmid), 46/47 (Alfeld), 48 (R. Schmid), 50 unten (R. Schmid), 53 (R. Schmid), 58/59 (Radelt), 104/105 (Gräfenhain), 134 (Wh. von 11 oben), 165 oben (R. Schmid), 174 oben (R. Schmid), 174 Mitte rechts (R. Schmid), 174 Mitte links, 174 unten (Wh. von 8), 177, 182 (R. Schmid) – *Anton J. Brandl, München:* 41 oben, 121 oben, 135 (2), 166 oben, 168 – *Foto Baumann-Schicht, Bad Reichenhall:* 153, 158 oben, 165 unten, 167, 181 – *Foto Haag, Oberammergau:* 79 – *Foto Schreyer-Löbl, Bad Tölz-Ellbach:* 7 oben, 38/39, 49, 65, 75 unten, 86 unten, 91, 117, 122, 160 – *Franz Marc Frei, München:* 27 unten, 31, 44, 62 unten, 76 unten, 95 unten, 96 unten, 102, 104 unten, 115 unten, 178, 179 – *Fremdenverkehrsverband Pfaffenwinkel, Schongau:* 61 unten, 62 oben – *Ursula Gloor, Hausham:* 103 – *Emanuel Gronau, Weilheim:* 37, 45, 50 oben, 56, 63, 78 oben, 82, 88 – *Gerold Jung, Ottobrunn:* 43, 53, 59, 68, 72 oben, 74, 76 oben, 77, 78 unten, 85 oben, 96 oben, 101, 109, 111, 113, 115 oben, 145, 150 (2), 184 oben – *Kur & Fremdenverkehr Bad Aibling:* 110 – *Knut Liese, Ottobrunn:* 93, 108, 120 – *Nationalparkverwaltung Berchtesgaden:* 157 – *Leonhard Reinmiedl, St. Leonhard:* 170 – *Franz Reiter, Bad Feilnbach:* 183 oben – *Andreas Riedmiller, Oberzollhaus:* 8 unten, 23 unten, 27 oben, 35, 40, 41 unten, 52, 61 oben, 66, 70, 73, 81, 83, 90, 98/99, 118/119, 131 unten, 136, 158 unten, 180, 185 – *Salzbergwerk Berchtesgaden (F. Stanggassinger):* 155 oben – *Jost Schilgen, Berlin:* 34 – *Gregor M. Schmid, Gilching:* 42, 60 oben, 67, 72 unten, 80, 86 oben, 87, 89, 95 oben, 106, 126 oben, 130, 133, 144 oben, 169, 176 – *Silvestris, Kastl (Heiner Heine):* 55 – *Spielbank Bad Wiessee:* 100 – *Stadtmuseum Weilheim:* 57 – *Städtisches Verkehrs- und Kulturamt Burghausen:* 125 – *Johannes Steiner, München:* 69 – *Janos Stekovics, Halle:* 129 – *Süddeutscher Verlag Bilderdienst (DIZ), München:* 13 (2), 15 oben – *Georg Unterhauser, Waging am See:* 138, 140 unten, 142, 143 oben, 147 oben, 173 unten – *Verkehrsverband Abtsdorfer See, Laufen:* 171 – *Verkehrsverein Inzell:* 151 – *Verlag Schnell & Steiner Regensburg (Gregor Peda, Passau):* 60 unten – *Thomas Peter Widmann, Regensburg:* 12, 14, 22 (2), 23 oben, 25, 30, 32, 71, 107, 114, 116, 121 unten, 123, 126 unten, 131 oben, 132, 137 (2), 140 oben, 141, 143 unten, 144 unten, 146, 147 unten, 148, 149, 154 (2), 155 unten, 156, 159, 162, 163, 164, 166 unten, 173 oben

In der ADAC-Reiseführer-Reihe sind erschienen:

Ägypten
Algarve
Allgäu
Amsterdam
Andalusien
Australien
Bali und Lombok
Barcelona
Berlin
Bodensee
Brandenburg
Brasilien
Bretagne
Budapest
Bulgarische Schwarzmeerküste
Burgund
Costa Brava und Costa Daurada
Côte d'Azur
Dalmatien
Dänemark
Deutschland, City Guide
Dominikanische Republik
Dresden
Dubai, Vereinigte Arabische Emirate, Oman
Elsass
Emilia Romagna
Florenz
Florida
Französische Atlantikküste
Fuerteventura
Gardasee
Germany, City Guide
Golf von Neapel
Gran Canaria
Hamburg
Hongkong und Macau
Ibiza und Formentera
Irland
Israel
Istrien und Kvarner Golf
Italienische Adria
Italienische Riviera
Jamaika
Kalifornien
Kanada – Der Osten
Kanada – Der Westen
Karibik
Kenia
Kreta
Kuba
Kykladen
Lanzarote
London
Madeira
Mallorca
Malta
Marokko
Mauritius und Rodrigues
Mecklenburg-Vorpommern
Mexiko
München
Neuengland
Neuseeland
New York
Niederlande
Norwegen
Oberbayern
Österreich
Paris
Peloponnes
Piemont, Lombardei, Valle d'Aosta
Polen
Portugal
Prag
Provence
Rhodos
Rom
Rügen, Hiddensee, Stralsund
Salzburg
Sardinien
Schleswig-Holstein
Schottland
Schwarzwald
Schweden
Schweiz
Sizilien
Spanien
St. Petersburg
Südafrika
Südengland
Südtirol
Sylt
Teneriffa
Tessin
Thailand
Toskana
Tunesien
Türkei-Südküste
Türkei-Westküste
Umbrien
Ungarn
USA-Südstaaten
USA-Südwest
Usedom
Venedig
Venetien und Friaul
Wien
Zypern

Weitere Titel in Vorbereitung

Leserforum

Die Meinung unserer Leserinnen und Leser ist wichtig, daher freuen wir uns von Ihnen zu hören. Wenn Ihnen dieser Reiseführer gefallen hat, wenn Sie wichtige Hinweise zu den Inhalten haben – Ergänzungs- und Verbesserungsvorschläge, Tipps und Korrekturen – dann schreiben Sie uns:

Redaktion ADAC Reiseführer
ADAC Verlag GmbH
81365 München
verlag@adac.de

Impressum

Lektorat, Bildredaktion: Johannes Graf von Preysing
Aktualisierung: Dagmar Walden
Karten: Mohrbach Kreative Kartographie, München
Reproduktion: eurocrom 4, Villorba/Italien
Druck, Bindung: Passavia Druckservice, Passau
Printed in Germany

ISBN 3-87003-702-4
ISBN 3-89905-288-9

Gedruckt auf chlorfrei gebleichtem Papier

Neu bearbeitete Auflage 2005

ADAC
reisemagazin
44 GRIECHISCHE INSELN
Reise
ins Licht
GRIECHISCHE INSELN

ADAC
reisemagazin
RIVIERA, LIGURIEN, PIEMONT
Italiens
schönste
Winkel
ITALIEN
DIE RIVIERA

ADAC
reisemagazin
MADEIRA & AZOREN
Inseln der
Abenteuer
MADEIRA
AZOREN

ADAC
reisemagazin
Mallorca
zum Träumen
MALLORCA

ADAC
reisemagazin
SCHOTTLAND:
Ganz cool
im Kilt
PRINZ CHARLES
SCHOTTLAND

ADAC
reisemagazin
SCHWEDEN
Im Zauber
von Wasser
und Licht
SCHWEDEN

ADAC
reisemagazin
Thailands
schönste
Strände
THAILAND

ADAC
reisemagazin
Bezaubernde
Toskana
Grüne Hügel, weiße Villen, roter Wein
TOSKANA